CB066813

ESSES CORPOS
QUE ME HABITAM
NO SAGRADO
DO EXISTIR

GERALDO DE MORI (ORG.)

ESSES CORPOS
QUE ME HABITAM
NO SAGRADO
DO EXISTIR

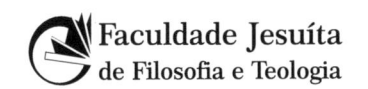

Apoio:
CAPES

Faculdade Jesuíta
de Filosofia e Teologia

Edições Loyola

Dados Internacionais de Catalogação na Publicação (CIP)
(Câmara Brasileira do Livro, SP, Brasil)

Esses corpos que me habitam no sagrado do existir / Geraldo Luiz De Mori, (org.). -- São Paulo, SP : Edições Loyola : Faculdade Jesuíta de Filosofia e Teologia, 2022. -- (Cristianismo e modernidade)

Vários autores.
"Apoio: CAPES"
Bibliografia.
ISBN 978-65-5504-173-6

1. Antropologia 2. Corporeidade 4. Mística 3. Teologia pastoral I. Mori, Geraldo Luiz De. II. Série.

22-108911   CDD-233.5

Índices para catálogo sistemático:
1. Corporeidade e teologia : Cristianismo   233.5

Eliete Marques da Silva - Bibliotecária - CRB-8/9380

Capa: Dimas Oliveira, SJ
    Foto de Ahmad Odeh on Unsplash
Diagramação: Viviane Bueno Jeronimo

Conselho Editorial
Danilo Mondoni (PUG, Roma)
Gabriel Frade (FAU-USP, São Paulo)
Élio Gasda (Univ. Comillas, Madrid)
Lúcia Pedrosa-Pádua (PUC-Rio, Rio de Janeiro)

A revisão do texto desta obra é de total responsabilidade da Faculdade Jesuíta de Filosofia e Teologia - FAJE

CAPES (PROEX) – Coordenação de Aperfeiçoamento de Pessoal de Nível Superior

FAJE – Faculdade Jesuíta de Filosofia e Teologia
Av. Dr. Cristiano Guimarães, 2127 – Planalto
31720-300 Belo Horizonte – MG

Edições Loyola Jesuítas
Rua 1822 nº 341 – Ipiranga
04216-000 São Paulo, SP
T 55 11 3385 8500/8501, 2063 4275
editorial@loyola.com.br
vendas@loyola.com.br
www.loyola.com.br

Todos os direitos reservados. Nenhuma parte desta obra pode ser reproduzida ou transmitida por qualquer forma e/ou quaisquer meios (eletrônico ou mecânico, incluindo fotocópia e gravação) ou arquivada em qualquer sistema ou banco de dados sem permissão escrita da Editora.

ISBN 978-65-5504-173-6

© EDIÇÕES LOYOLA, São Paulo, Brasil, 2022

102982

Sumário

Prefácio 7
Carlos Caldas

Apresentação 11
Geraldo Luiz De Mori

[I] Mística Cristã

1. Corporeidade e mística cristã em
   autores(as) medievais 17

   "Cristo consome a medula dos nossos ossos". Corporeidade
   na doutrina mística de João de Ruusbroec (*1293-†1381) 19
   Michel Mario Kors (bolsista PNPD da FAJE)

   Este corpo que fala: Hadewijch e o furor do amor 41
   Maria Simone Marinho Nogueira (UEPB)

2. Corporeidade e mística cristã em autores(as)
   modernos(as) 57

   A experiência do corpo na mística de Santa Teresa d'Ávila:
   conflito, amor e transcendência 59
   Lúcia Pedrosa-Pádua (PUC-Rio)

   Os sentidos corpóreos e os sentidos espirituais na
   espiritualidade inaciana 73
   Geraldo Luiz De Mori (FAJE)

[II] Mística e Cotidiano

3. Corporeidade em místicos(as) do cotidiano 1 87

   Prática espiritual na poesia e na filosofia 89
   Eduardo Guerreiro Brito Losso (UFRJ)

Sóror Juana Inés de la Cruz 105
Imaculada Nascimento (UFMG)

4. Corporeidade em místicos(as) do cotidiano 2 123

A mística do desencanto em José Tolentino Mendonça 125
Paulo Antônio Couto Faria (PUC Minas)

Mística ao "rés-do-chão": a sacralidade do cotidiano
na poesia de Adília Lopes 143
Marcio Cappelli Aló Lopes (PUC-Campinas)

[III] Mística e Militância

5. Corporeidade em Testemunhos e militâncias 1 163

Experiência mística corpórea em Simone Weil:
amor e sofrimento 165
Andréia Cristina Serrato (PUCPR)

Etty Hillesum: mística do cotidiano vulnerável 185
Dom Vicente de Paula Ferreira (Bispo Auxiliar de Belo Horizonte)

6. Corporeidade em Testemunhos e militâncias 2 199

Na liberdade de filhos e filhas de Deus: ser fiel ao reino de Deus.
O testemunho de Pedro Casaldáliga 201
Paulo Sérgio Lopes Gonçalves (PUC-Campinas)

A existência metaxológica de Ernesto Cardenal: poesia
e mística como formas do habitar 219
José Sebastião Gonçalves (ISTA)

7. A emergência de intersubjetividades religiosas
e políticas através da corporeidade 233

Teologia e literatura através do corpo: um diálogo entre
Giorgio Agamben e Vladimir Korolenko 235
Alex Vicentin Villas Boas (UCP/PUCPR)

Quero a fome de calar-me. Sobre a poesia de Daniel Faria 253
Marcos Lopes (Unicamp)

Apresentação dos autores 269

Apresentação do grupo de pesquisa "As Interfaces da
Antropologia na Teologia Contemporânea" 275

Índice Remissivo 277

Prefácio

Carlos Caldas

Os dicionários de língua portuguesa nos informam que a palavra *mística* é grega de origem – *mystikós*, do mesmo campo semântico de *mysterion* – mistério, palavra que é usada para designar o que é suprarracional, isto é, além dos limites da razão humana. Antes de prosseguir, uma ressalva necessária: é importante distinguir o racional do irracional e do suprarracional. Racional é o que é assimilável e compreensível pela razão humana. O que pode ser verificado empiricamente é racional. Eu posso entender que 1 + 1 = 2, e consigo demonstrar empiricamente essa operação matemática. Isso é racional. O irracional é o que não tem lógica. Irracional é dizer que um quadrado é circular. Tendo dito isso, podemos voltar à nossa primeira afirmação: *mística* pertence ao mesmo campo semântico do *mistério*, que tem a ver com o suprarracional, o que ultrapassa o alcance da razão, e que ao mesmo tempo não é irracional. A mística aponta para outra epistemologia, uma que não necessariamente despreza o racional, mas ao mesmo tempo não o tem como fronteira.

Os dicionários de língua portuguesa também nos informam que a já mencionada palavra grega *mystikós* é derivada do verbo *múein* (algumas vezes transliterado como *myein*), que significa literalmente "fechar", no caso, os olhos, e a boca: fechar os olhos para enxergar o que está além dos limites da matéria, e fechar também a boca, para não revelar a ninguém o que se descobriu. A partir daí, a palavra *mística* passou a ser usada para designar uma experiência espiritual de busca do sagrado, do transcendente, do sublime, da realidade que está acima e além do que pode ser apreendido pela via dos sentidos físicos.

A partir de tal definição, é fácil pensar na experiência mística como sendo algo inteiramente desencarnado, incorpóreo, uma realidade vivenciada apenas no recôndito do ser, sem qualquer expressão externa. De fato, não há como negar que um tanto da experiência mística é vivenciado apenas no interior, no íntimo da existência. Mas é justamente aí que está na história das ideias religiosas a novidade trazida pela tradição cristã: a partir do *mistério* da encarnação do Logos em Jesus de Nazaré, o cristianismo poderá falar de uma mística que valoriza o corpo, a matéria. Eis aí um dos grandes paradoxos da fé cristã: na encarnação, o espiritual e o corporal, o transcendente e o imanente, o celeste e o terrestre, a teologia e a antropologia se encontram. Paradoxo, sabemos, é a contradição aparente. No paradoxo, coexistem duas situações em que aparentemente uma excluiria a outra, como na poesia infantil *Ou isto ou aquilo*, de Cecília Meireles. Em e a partir de Jesus a mística se corporifica. Há um rico, criativo e denso legado literário cristão que testifica da busca, do encontro e do aprofundamento da experiência místico-espiritual de e com Deus não apenas no "vazio" da subjetividade humana, mas no e através do corpo. O existir cristão não é uma realidade meramente "platônica".

A partir destas constatações, o Grupo de Pesquisa **As Interfaces da Antropologia na Teologia Contemporânea**, do Programa de Pós-graduação em Teologia da Faculdade Jesuíta de Filosofia e Teologia – FAJE – em Belo Horizonte, liderado de maneira extremamente competente pelo Prof. Dr. Geraldo Luiz De Mori, já realizou três edições do **Colóquio Interfaces**. Como o próprio nome da atividade acadêmica já indica, trata-se de uma abordagem interdisciplinar, que agrega contribuições teóricas de diferentes campos do saber, tais como a crítica e a teoria literária, a psicologia, a história, a filosofia e, como não poderia deixar de ser, a teologia. Um dos produtos da atividade do mencionado Grupo de Pesquisa é o livro que você agora tem a felicidade de ter em suas mãos, que sociabiliza as falas e comunicações apresentadas por ocasião do III Colóquio, realizado em 2019.

Há no livro uma riqueza e uma variedade muito grandes de aproximações ao tema, que demonstram um esforço de tentar compreender diferentes possibilidades que envolvem as relações complexas entre a experiência mística e a corporeidade. Dentre estas encontram-se dois estudos sobre a mística medieval: um explora João de Ruusbroec, um padre flamengo ainda praticamente desconhecido no Brasil, que viveu na virada do século XIII para o XIV, e o outro apresenta a irmã beguina

Hadewijch da Antuérpia, também virtualmente desconhecida em nossas paragens. A importância destes dois textos dificilmente poderá ser exagerada, pois a mística cristã renano-flamenga anterior ao período da Reforma Protestante ainda é pouco estudada no Brasil, o que é, no mínimo, surpreendente, visto que foi um movimento de busca de aprofundamento na espiritualidade que mais tarde influenciaria tanto um protestante como João Calvino como também um católico como Inácio de Loyola. A propósito, a espiritualidade inaciana e sua relação com a corporeidade também é apresentada no livro, assim como a questão do corpo na experiência mística de Santa Teresa d'Ávila.

Praticamente desde que o humano aprendeu a arte da escrita a poesia tem sido um veículo privilegiado para relatar experiências de busca do transcendente. Nada mais natural que seja assim, pois a poesia trabalha com o simbólico, com a subjetividade, com a sugestão, com a metáfora, o que faz com que seja mais adequada para tratar de temas espirituais que a linguagem da proposição lógica. Por isso, no presente livro encontram-se exposições na perspectiva do que recentemente se convencionou chamar de *teopoética*: aspectos poético-místicos de obras de autores e autoras como José Tolentino Mendonça, Adília Lopes, Daniel Faria, Pedro Casaldáliga, Ernesto Cardenal, Etty Hillesum, Simone Weil e da Soror Juana Inés de la Cruz.

Mas o texto traz também diálogo com a prosa propriamente, em capítulo que apresenta a obra do romancista russo Vladimir Korolenko (1853-1921). Como ferramenta teórica para esta análise, foram utilizadas contribuições do filósofo italiano contemporâneo Giorgio Agamben.

Em suma: **Esses corpos que me habitam no sagrado do existir** traz uma conversação de nível elevadíssimo e rica por demais entre a literatura (particularmente a poesia), a filosofia e a teologia, a respeito do tema da experiência mística que se expressa pela corporeidade. Textos medievais, modernos e contemporâneos, de autores brasileiros e europeus foram chamados para uma conversa sobre a mística e a corporeidade. É material denso, para ser lido e relido, degustado com paciência, pois não é de modo algum *fast food*.

Uma última palavra: meu agradecimento mais que sincero ao já mencionado Prof. Dr. Geraldo De Mori, organizador do presente volume. Geraldo foi meu supervisor no estágio de pós-doutorado, na condição de bolsista do PNPD da CAPES na FAJE. Seu rigor metodológico e sua atenção meticulosa no processo de orientação acadêmica constituíram-se para mim em lições inesquecíveis, que na minha limitação tento emular. Foi uma surpresa gratíssima quando recebi de sua parte o convite para prefaciar este livro. Senti-me como João, o Batista, quando foi procurado por Jesus, seu primo, no Jordão, para ser batizado: "eu é que deveria ir a ti, mas eis que tu é que vens a mim".

Belo Horizonte, tempo do Advento, 2021

Apresentação

Geraldo Luiz De Mori

O Grupo de Pesquisa **As Interfaces da Antropologia na Teologia Contemporânea**, do Programa de Pós-Graduação em Teologia, da Faculdade Jesuíta de Filosofia e Teologia (FAJE), realizou, entre os dias 8 e 9 de agosto de 2019, o **III Colóquio Interfaces**, cujo tema, *Esses corpos que me habitam no sagrado do existir,* buscou estabelecer interfaces entre mística, literatura e corporeidade. A relação entre corporeidade e encarnação, objeto de pesquisas fenomenológicas e teológicas sobre o corpo nas últimas décadas, constitui um dos centros de interesse do Interfaces nos últimos anos. Com efeito, o foco dos estudos do Grupo no triênio 2014-2016 foi o das vertentes epistemológicas dessa relação. Isso lhe permitiu uma abordagem da configuração histórico-social do corpo, de suas instâncias performativas de sentido e de seus entrelaçamentos com a teologia cristã. O **I Colóquio Interfaces**, realizado em agosto de 2015, teve como tema *Corpo-Encarnação* e trouxe para a discussão alguns aspectos dessa articulação. As conferências apresentadas deram origem ao livro *Corpo-Encarnação*, publicado por Edições Loyola e organizado pelos líderes do Grupo (Virgínia Buarque e Geraldo De Mori). As comunicações saíram no núm. 2 do vol. 6 de *Pensar. Revista eletrônica da FAJE* (<http://faje.edu.br/periodicos/index.php/pensar/issue/view/517>) e no núm. 1 do vol. 1 de *Annales FAJE* (<http://www.faje.edu.br/periodicos/index.php/annales/issue/view/527>). No triênio seguinte, 2017-2019, o Grupo escolheu como eixos para pensar a interface corporeidade-encarnação as categorias *enigma, pathos* e *dádiva*, abordadas, inicialmente, em chave estético-literária. O **II Colóquio Interfaces**, realizado em agosto de 2017, com o tema *Escritas do crer no corpo, em obras de língua portuguesa*, aprofundou, à luz dessas categorias, a perspectiva geral do Grupo. Um livro, com o mesmo título do Colóquio, organizado pelos mesmos líderes do Grupo, foi publicado por Edições Loyola e as comunicações saíram no núm. 1, do vol. 2 de *Annales FAJE* (<http://faje.edu.br/periodicos/index.php/annales/issue/view/537>). O mesmo enfoque, embora com ênfase na questão mística, foi privilegiado no **III Colóquio**, que discutiu, nos painéis e comunicações, as narrativas de místico/as e poetas. A presente obra reúne os conteúdos apresentados nos painéis. Prevista para 2020, por conta da pandemia da Covid-19, só agora a obra pôde ser publicada. As comunicações foram publicadas em 2019, no núm. 3, do vol. 4 de *Annales FAJE* (<http://www.faje.edu.br/periodicos/index.php/annales/issue/view/570>).

O **III Colóquio Interfaces** foi organizado ao redor de três tipos de escrita da experiência mística em sua relação com a corporeidade: (I) o da *Mística Cristã*, abordada em dois painéis, o primeiro, trazendo as escrituras místicas medievais, como a de João de Ruusbroec (Michel Mario Kors) e Hadewijch de Antuérpia (Maria Simone Marinho Nogueira); o segundo, abordando a escritura mística moderna, como a de Teresa de Jesus (Lúcia Pedrosa-Pádua) e Inácio de Loyola (Geraldo De Mori); (II) o da *Mística e Cotidiano*, também com dois painéis, o primeiro, com um estudo sobre a poesia de Gilka Machado (Eduardo Guerreiro Losso) e Sóror Juana Inés de la Cruz (Imaculada Nascimento); o segundo abordando os escritos poético-místicos de José Tolentino de Mendonça (Paulo Couto Faria) e Adília Lopes (Marcio Cappelli Aló); (III) o da *Mística e Militância*, também com dois painéis, o primeiro, estudando as figuras e escritos de Simone Weil (Andréia Cristina Serrato) e Etty Hillesum (Dom Vicente de Paula Ferreira); e o segundo, analisando os textos poético-místicos de Pedro Casaldáliga (Paulo Sérgio Gonçalves) e de Ernesto Cardenal (José Sebastião Gonçalves). Como conclusão, um diálogo interdisciplinar discutiu o tema: *A emergência de intersubjetividades religiosas e políticas através da corporeidade* (Alex Villas Boas e Marcos Lopes). Com exceção do texto de Eduardo Guerreiro Losso, que propôs para esta publicação um estudo sobre a prática espiritual na poesia e na filosofia, todos os demais textos correspondem às contribuições apresentadas nos diferentes painéis ao redor dos quais foi realizado o III Colóquio.

As escritas mística e poética atingem, em geral, não somente o que metaforicamente muitos denominam como sendo o "fundo da alma", mas também e, sobretudo, a totalidade do corpo, dizendo algo de seu *enigma*, revelando muito de seu *pathos* e abrindo-lhe novas possibilidades para ressignificar-se como *dádiva*. As contribuições dos/as autores/as aqui reunidas mostram como essas escritas veiculam todo um universo simbólico, em muitas tradições religiosas identificado com o sagrado, o santo, Deus, e em boa parte da escrita poética, identificado com um modo de apreender o mundo, a si mesmo, o outro, o transcendente. A mística e a poesia podem brotar de onde menos se espera, mostrando, por um lado, o poder fecundo da palavra, que busca de tantas maneiras dizer o mundo e a existência humana, e, por outro lado, entreabrindo o mistério que de tantas maneiras quer dar sentido aos que o buscam. Os membros do Grupo Interfaces, como também os que participaram do III Colóquio e colaboraram nessa obra, desejam que a leitura da mesma alimente o peregrinar dos que buscam, como os/as místicos/as e poetas, viver a existência nos corpos como *enigma, pathos* e *dádiva*.

O III Colóquio Interfaces não teria acontecido sem a participação ativa dos membros do Grupo de Pesquisa. Dentre eles, alguns compuseram comigo a Comissão Organizadora: René Dentz (UNIPAC, MG), Marcio Cappelli Aló (UMESP, SP), Paulo Sérgio Lopes Gonçalves (PUC-Campinas, SP), Davi Chang Lin (FAJE, MG), Davi Caixeta (FAJE, MG). É importante ainda recordar os nomes dos pesquisadores que compuseram a Comissão Científica: Faustino Luiz Couto Teixeira (UFJF, MG), Ceci Maria Costa Baptista Mariani (PUC-Campinas, SP), Carlos Frederico Barboza de Souza (PUC Minas, MG), Marcela Manzzini (UCA, Argentina), Cícero Cunha Bezerra (UFS, SE). O auxílio de Rodrigo Ladeira e Márcia Ferreira Florentino, Coordenador e Secretária da Extensão foi fundamental. É preciso mencionar o auxílio dos recursos do PROEX, do Programa de Pós-Graduação em Teologia da FAJE, essencial na organização e realização do evento, na editoração dos Annais e na publicação da presente obra.

[1]
Mística Cristã

1
Corporeidade e mística cristã em autores(as) medievais

"Cristo consome a medula dos nossos ossos". Corporeidade na doutrina mística de João de Ruusbroec[1] (*1293-†1381)[2]

Michel Mario Kors[3]

> De verdade, nós continuamos a viver depois da morte do nosso corpo, mas é apenas através do corpo que vamos adquirir os méritos para chegar à vida bem-aventurada. São Paulo entendeu disso, dizendo: "Os atributos invisíveis de Deus são compreendidos através das coisas feitas" (Rm 1,20). Todas as coisas que Ele criou, que têm corpo e por isso são visíveis, só podemos entendê-las através dos sentidos de nosso corpo. Por esse motivo, precisamos de um corpo. Sem um corpo não poderíamos adquirir esse entendimento, que só nos eleva à contemplação das verdades, essenciais para nossa bem-aventurança[4] (Bernardo de Claraval, *Sermões sobre o Cântico dos Cânticos*, Sermo 5,1).

---

1 Optamos aqui por manter o nome Ruusbroec, predominante na maioria dos textos do autor e sobre ele, embora – na obra que preparamos sobre ele – tenhamos escolhido Ruysbroeck, mais clara aos ouvidos brasileiros e também presente em alguns manuscritos do século XIV (Nota do Autor).

2 Uma versão em inglês do presente texto foi publicada em 2020 por *Perspectiva Teológica*, v. 52, n. 2, p. 497-513.

3 Contato: mikelkors@hotmail.com

4 Todas as traduções deste texto são da minha autoria, menos as citações da Bíblia, que são da *Bíblia Sagrada CNBB* (2018) – "Verum nos vivimus quidem post corpus; sed ad ea quibus beate vivitur, nullus nobis accessus patet, nisi per corpus. Senserat hoc qui dicebat: Invisibilia Dei, per ea quae facta sunt, intellecta conspiciuntur (Rom. I, 20). Ipsa siquidem quae facta sunt, id est corporalia et visibilia ista, nonnisi per corporis instrumentum sensa, in nostram notitiam veniunt. Habet ergo necessarium corpus spiritualis creatura quae nos sumus, sine quo nimirum nequaquam illam scientiam assequitur, quam solam accepit gradum ad ea, de quorum fit cognitione beata." (Sermones super Cantica Canticorum, Sermo V. De quatuor generibus spirituum, videlicet Dei, angeli, hominis et pecoris. Sancti Bernardi Opera 1,21-22). Apud DAILEY 2013, p. 59.

Introdução

> *O passado é um país estrangeiro: lá, eles fazem as coisas de modo diferente*[5] (L. P. Hartley [1895-1972], *The Go-Between*, Prólogo).

Esta articulação do escritor inglês Hartley tem uma consequência importante: assim que entramos nesse país estrangeiro, nós somos os estrangeiros. É sempre bom estar consciente desse fato.

Em primeiro lugar, pode-se dizer que a Idade Média nunca aconteceu. Essa época é, com efeito, uma construção que começou na renascença italiana. O primeiro a falar de uma "idade média" foi Leonardo Bruni de Arezzo (1370-1444), no seu tratado sobre a história da cidadania florentina. O historiador norte-americano e grande especialista da renascença italiana, James Hankins, da Harvard University, comenta assim:

> Podemos, portanto, discernir na *História* de Bruni, e isto pela primeira vez na tradição ocidental, os contornos de uma estrutura conceitual, que dominava a historiografia europeia desde então: a divisão tripartite da história em um período *antigo*; [...] um período *medieval*, [...] e um período *moderno*[6] (HANKINS, 2001, p. XVII-XVIII).

No entendimento de Bruni, a Idade Média começou com a queda do Império Romano, em 476, e durou até o fim do século XII. Hoje em dia, o fim da Idade Média está tradicionalmente posicionado por volta do ano 1500 e o começo, no século V. Por muito tempo, para não dizer até agora, a Idade Média foi considerada como uma época de estupidez, ignorância, escuridão e obscurantismo. Um exemplo recente desse desprezo pela Idade Média é o de um jornalista que, falando sobre o comportamento do atual Presidente da República, exprimiu sua indignação, da seguinte maneira:

> A sua cruzada contra o conhecimento científico, fundada na ignorância galopante disseminada por gente como Olavo de Carvalho, só encontra precedentes no **obscurantismo reinante da Idade Média** (*Diário do centro do mundo*, 22-7-2019).

---

5 "The past is a foreign country: they do things differently there."
6 "We can thus see in Bruni's *History*, for the first time in Western tradition, the outlines of a conceptual framework that has dominated European historiography ever since: the tripartite division of history into an *ancient* period; [...] a *medieval* period; [...] and a *modern* period [...]."

Esse clichê não se justifica. Houve épocas na Idade Média com muito menos obscurantismo do que hoje em dia em muitos lugares.

Em vez de ter obsessões com os limites temporais, seria melhor ver a história da Europa como uma interminável série de mudanças e transições, transformando-se apenas lentamente do Império Romano para a sociedade moderna, como a conhecemos hoje, e que definitivamente começou com a era da industrialização, cujo início aconteceu na Inglaterra, por volta de 1750. "O novo é o velho transformado", como o historiador holandês Johan Huizinga (1872-1945) já havia afirmado no início do século XX. Em seu último livro, de 2014, o famoso historiador francês Jacques Le Goff, insistiu mais uma vez na importância das continuidades entre Idade Média e Renascença. Nesse texto, para não provocar confusão, vamos respeitar os limites que a maioria dos historiadores usam para o período que compreende a Idade Média, isto é, do século V até o século XV, um período de mais de um milênio.

Em segundo lugar: "o" corpo também não existiu na Idade Média. Podemos, quando muito, apenas falar de "corpos", no plural, sem artigos definidos, nem indefinidos. O povo medieval não tinha um conceito muito específico do corpo, assim como nós (BYNUM, 1995, p. 7). Devemos considerar que um médico do século XIII falava de maneira completamente diferente sobre um corpo do que um teólogo do mesmo período, e não se pode comparar o médico com um teólogo do século VIII.

É importante ainda enfatizar que na Europa Ocidental existiam, além do cristianismo, mais duas religiões monoteístas, o Islã e o Judaísmo, fato importante que não podemos ignorar.

No dia 29 de abril de 711, o comandante do exército islâmico, Tarik Ibn Zaji, entrou no território espanhol. Somente em 732 as tropas islâmicas foram batidas, perto de Poitiers na França, que fica a trezentos quilômetros de Paris. Depois dessa batalha, o reinado islâmico só se manteve na Península Ibérica, até 1492, quando o Reino de Granada caiu. A cultura islâmica, no início, sem dúvida superior e mais refinada do que a cultura cristã, teve uma profunda influência sobre a cultura europeia em muitas áreas, como a teologia, a filosofia, a medicina, a arquitetura e a matemática. Essa interferência aconteceu igualmente no reinado cristão de Jerusalém, que existiu entre 1099 e 1291, e compreendia o atual Israel, a Palestina e parte sul de Líbano.

O Judaísmo, para falar da terceira religião monoteísta, já estava presente na Europa Ocidental desde o século VI a.C., e ainda mais depois da destruição, pelos Romanos, do Templo em Jerusalém, em 70, e a guerra entre Judeus e Romanos, nos anos 66-135[7].

Felizmente para nosso assunto, durante a Idade Média, as três religiões monoteístas, Islã, Judaísmo e Cristianismo, concordavam sobre o que define o corpo físico, independente da época e local geográfico. Este entendimento do corpo físico, que incorpora elementos da filosofia como os da medicina, será muito importante para o tema aqui tratado, ou seja, para entendermos corretamente a posição do corpo físico em face da experiência mística.

Para a maioria das pessoas no Ocidente, o corpo físico é hoje pensado como um sistema fechado. Para nós modernos, a pele representa o claro limite de nosso corpo, limite entre o que está dentro e o que fica fora do corpo. Na Idade Média, como nos tempos gregos e romanos, ninguém pensava dessa maneira.

1. O corpo na Idade Média: caraterísticas gerais[8]

Na visão medieval (e também na visão antiga) a forma humana era considerada como um conjunto de órgãos e sistemas muito mais abertos e porosos do que nós modernos estamos acostumados a pensar. Da filosofia natural dos antigos gregos e romanos, a Idade Média adotou o conceito de que a natureza, os planetas, o universo inteiro, constam de quatro elementos: fogo, terra, água e ar. Cada elemento é alinhado com mais dois fundamentais: o grau de umidade e o grau de calor. Os quatro elementos com os seus graus são: fogo: seco e quente; terra: úmida e quente; água: úmida e fria; ar: seco e quente.

A inversão dos elementos mencionados é representada pelos quatro fluidos ou humores no corpo humano, ou seja: sangue, muco, bílis negra e bílis amarela. No entendimento medieval, os quatro fluidos deviam ficar em um equilíbrio perfeito, senão, o corpo adoeceria, até gravemente, até a morte. Esse conceito antigo e medieval do equilíbrio dos humores encontra-se ainda hoje na nossa linguagem,

---

7   Sobre o Islã, Judaísmo e Cristianismo, veja NIRENBERG, 2014 e STEINBERG, 2007.
8   O que segue é baseado principalmente em HARTNELL, 2019, p. 12-16.

por exemplo, quando dizemos: "estou mal-humorado", ou ainda: "me sinto desequilibrado".

Mas o conceito medieval dos humores e dos elementos não para aqui. Ele tinha uma proporção literalmente universal. Cada estação do ano era ligada a um elemento. Por exemplo, o verão ao fogo. A estação podia influenciar negativamente os fluídos humanos. Igualmente importante era a classificação da vida humana em quatro períodos: infância, adolescência, idade adulta, velhice, que individualmente traziam mudanças na constituição dos fluídos, até o chegar do frio da velhice e da morte. E o raciocínio ainda não para por aí! Os planetas, as estrelas e o zodíaco também influenciavam os humores.

Como uma imagem, às vezes, diz mais do que mil palavras, vamos analisar uma página de um manuscrito medieval, escrito na Inglaterra, ao início do século XII. Contém um gênero de diagrama que mostra como o ser humano está interligado com a terra e o cosmo. Vou explicar alguns elementos importantes desta miniatura:

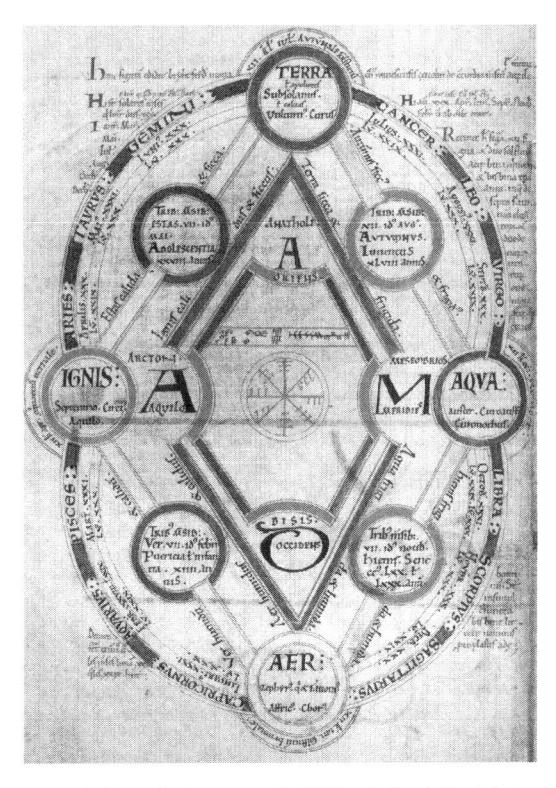

Diagramme de Byrthferth, cerca de 1080, Oxford, St. John's College Library. Disponível em: <https://commons.wikimedia.org/wiki/File:Byrthferth_enchiridion.jpg?uselang=pt-br>. Acesso em: abril/2022.

No centro vemos uma imagem completamente abstraída do ser humano, na qual ele está sendo apenas indicado pelas letras ADAM, ou seja, o nome de Adão em latim. São, de novo, quatro letras. No losango externo, podemos observar os quatro elementos, chamados em latim: *terra, ignis, aer* e *aqua*. Também vemos no mesmo losango os 12 signos do zodíaco, que foram divididos, isso fica claro, por quatro. As quatro estações do ano são mencionadas, por exemplo: *Estas calida et siccus*, o que significa: "Verão quente e seco". No lozango podemos ainda observar os quatro elementos, p.e. *ignis calidus e siccus*, "o fogo quente e seco". No losango interno são mencionados os pontos cardeais. No sentido mais puro da palavra, a imagem é totalmente antropocêntrica. Isso significa finalmente que, para entender o corpo humano é preciso observar e interpretar o cosmos que está em torno dele. Trata-se de uma visão holística do ser humano, na qual tudo está interligado. O corpo físico do ser humano é entendido como um minicosmo, que faz parte e reflete ao mesmo tempo o cosmo inteiro.

Munidos desse conhecimento do corpo na Idade Média podemos entender muito melhor que a integração do corpo na experiência mística representava uma evidência para os autores e autoras místicos medievais. Muito simplesmente: sem corpo, não tem mística.

2. A vida e as obras de João de Ruusbroec

> Na história das aventuras espirituais do homem, encontramos às vezes certos grandes místicos, que parecem recolher e fundam junto, no crisol do coração, as diversas tendências daqueles que os antecederam, e, adicionando a esses elementos o tom de suas próprias experiências abundantes, nos trazem uma visão de Deus e do homem que é ao mesmo tempo intensamente pessoal e universal. Esses são espíritos construtivos, cujas criações na área espiritual resumem e representam a prestação de uma época inteira; como em outras áreas o grande artista, músico, o poeta – sempre sendo a criança da tradição como da inspiração. Ruusbroec é um místico desse gênero[9] (UNDERHILL, 1915, p. 1-2).

---

9 "In the history of the spiritual adventures of man, we find at intervals certain great mystics, who appear to gather up and fuse together in the crucible of the heart the diverse tendencies of those who have preceded them, and, adding to these elements the tincture of their own rich experience, give to us an intensely personal, yet universal, vision of God

Apesar da sua reputação mundial, João de Ruusbroec, até agora, é pouco conhecido no Brasil. Talvez vá mudar em breve, porque estão sendo traduzidos dois de seus tratados para serem publicados no país[10].

Apresentaremos, em primeiro lugar, uma breve introdução à vida e às obras de Ruusbroec[11]. Em seguida, indicaremos o enquadramento teórico da abordagem aqui feita, analisando, enfim, alguns textos de Ruusbroec, a fim de posicionar a corporeidade na sua doutrina mística.

O beato João de Ruusbroec nasceu em Ruisbroeck, perto de Bruxelas, em 1293. Aos onze anos, transferiu-se para Bruxelas, onde viveu por quase quatro decênios. Com cerca de 24 anos foi ordenado sacerdote e, entre outras atividades, estava ligado como *vicarius* à igreja colegial bruxelense Sta. Gúdula. Em 1343, mudou-se para as florestas vizinhas de Groenendaal, literalmente significa Vale Verde, a dez quilômetros do centro medieval de Bruxelas, junto com dois cônegos que partilhavam de suas ideias, a fim de viverem como eremitas e levarem uma vida espiritual mais aprofundada. Depois de críticas sobre sua maneira "desvinculada", isto é, vivendo juntos como sacerdotes seculares, eles finalmente adotaram a regra dos cônegos de Santo Agostinho e, em 1350, fundaram o mosteiro de Groenendaal. No dia 2 de dezembro de 1381, Ruusbroec, prior desse mosteiro, morreu aos oitenta e oito anos.

Ruusbroec revelou-se autor místico num círculo limitado, já durante a época em que viveu ainda em Bruxelas. Contudo, sua reputação mais ampla, também em nível internacional, desenvolveu-se a partir de 1350, quando ele foi ordenado o primeiro prior do mosteiro de Groenendaal. Ele escreveu onze obras no total, muito desiguais em volume, e algumas cartas:

1. O reinado dos amantes
2. O casamento espiritual

---

and man. These are constructive spirits, whose creations in the spiritual sphere sum up and represent the best achievement of a whole epoch; as in other spheres the great artist, musician, or poet – always the child of tradition as well as of inspiration – may do. John Ruysbroeck is such a mystic as this."

10 No âmbito de meu estágio pós-doutoral com a bolsa do PNPD, da CAPES, serão traduzidos, do neerlandês médio para o português moderno, alguns tratados do místico flamengo.

11 Sobre a vida de Ruusbroec, ver KORS, 2016 (edição de textos primários em latim) e WARNAR, 2007.

3. *A pedra brilhante*
4. *As quatro tentações*
5. *Sobre a fé cristã*
6. *O Tabernáculo espiritual*
7. *Sete tipos de clausura*
8. *Um espelho de bem-aventurança eterna*
9. *Os sete degraus da escada do amor espiritual*
10. *O pequeno livro de explicação*
11. *As doze beguinas*

Nos seus tratados, Ruusbroec fez apenas uso do dialeto vernáculo de sua cidade natal, Bruxelas. De suas obras, hoje em dia, o tratado *O casamento espiritual* é o mais conhecido e considerado o mais importante também. Para se ter uma ideia do tamanho da sua obra: a edição mais recente conta com quase 800 páginas (veja RUUSBROEC, 2014).

A doutrina mística de Ruusbroec, bastante complicada, recusa uma classificação simples, mas é possível apontar algumas características. Trata-se de uma teologia dinímica da Trinidade, como a encontramos no texto seguinte. Palavras-chaves são em negrito:

> Cada amante é um com Deus e em **descanso**, e similar a Deus na **atividade** do **amor**. Porque Deus, na Sua **Natureza** sublime – da qual temos em nós uma **semelhança** –, com respeito à **unidade essencial**, Ele fica com prazer em um **descanso** eterno. Com respeito à **triunidade**, Ele está trabalhando, em uma **atividade** eterna. Cada um deles é o aperfeiçoamento do outro, porque o **descanso** habita em **unidade**, e atividade em **tri-unidade**. E assim ambos permanecem por toda a eternidade. Por isso, se uma pessoa puder **gozar** Deus, deve **amar**; e se ela tem vontade de **ama**r, então ela pode **saborear** (*O casamento espiritual*, b1996-2004; apud McGINN 2014, p. 130).

O famoso pesquisador sobre a mística cristã, Bernard McGinn, já comentou esse texto em 2014. Retomamos a seguir algumas de suas observações[12]:

Neste trecho, há muita terminologia que é essencial na linguagem mística de Ruusbroec: amor, amar, gozar, descanso, atividade, natureza, semelhança, saborear, unidade, unidade essencial essencial, triunidade.

---

12 McGINN, 2014, p. 130 e seguintes.

A unidade final que Ruusbroec mostra para os seus leitores é essencialmente trinitária: "descanso habita em unidade, e atividade em triunidade", exatamente porque "cada um deles é o aperfeiçoamento do outro". Segundo Ruusbroec, é o poder do amor que nos permite entrar na interação das três Pessoas que são um só Deus.

A mística trinitária de Ruusbroec deve muito ao neoplatonismo cristão, especialmente ao paradigma "descanso interno – fluxo exterior, refluxo interior". Falando da Trindade, isso significa que, segundo Ruusbroec, esta Trindade pode ser caracterizada como um dinamismo constante e simultâneo: entre o gozar do amor insondável, entre o fluxo exterior e o refluxo interior, e a volta para o abismo insondável que é a essência de Deus. Esse modelo dinâmico, pleno de dialética, é uma invenção de Ruusbroec. O objetivo da vida mística, se podemos falar de um objetivo, é então obter sempre mais participação nessa dinâmica trinitária, que nós experienciamos normalmente, de maneira distinta e successiva. Essência, atividade e descanso são os três momentos dialéticos na teologia trinitária de Ruusbroec. Porém, a teologia mística de Ruusbroec é principalmente uma "teologia do amor" no seu dinamismo e não um exame abstrato e metafísico sobre a natureza da essência de Deus.

3. Ruusbroec como autor "inspirado"

Por volta do ano 1370, os confrades de Ruusbroec confeccionaram um manuscrito de grande formato, composto por dois volumes, reunindo suas obras completas. Um volume desse manuscrito ainda existe e está conservado na Biblioteca Real de Bruxelas[13]. Esse volume contém uma miniatura muito famosa de Ruusbroec e que foi feita por volta do ano 1400, pouco depois de sua morte. Se é um retrato fiel, não sabemos e importa pouco porque é mais relevante o que essa pintura diz sobre Ruusbroec como autor:

---

13 Sobre esse manuscrito veja KIENHORST & KORS, 2003.

Recorte de uma reprodução de um manuscrito do século XIV, cerca de 1380. Disponível em: <https://commons.wikimedia.org/wiki/File:Ruusbroec_miniatuur.jpg>. Acesso em: abril/2022.

Na miniatura de Ruusbroec, do lado esquerdo, vemos Ruusbroec debaixo de uma árvore. Sobre ele voa uma pomba, símbolo do Espírito Santo. Nas mãos de Ruusbroec está uma tabuleta de cera. Desde os tempos dos egípcios, romanos e gregos as tabuletas de cera foram usadas para escrever e anotar. A imagem abaixo é um exemplar do séc. XV, ainda preservado, e que contém uma canção de Maria em neerlandês médio, com anotações de música em cima:

Disponível em: <http://www.anok.is/arb/saga_reykjavikur/rvk_e/1200-1750/?_006_F3509_009>. Acesso em: abril/2022.

Voltemos para a miniatura de Ruusbroec. A tabuleta de cera está em suas mãos e é utilizada por ele para anotar as palavras inspiradas pelo Espírito Santo. Ele está de pé em frente de uma escrivaninha, usando a tabuleta de cera com anotações para compor o texto definitivo num pergaminho. Aqui Ruusbroec é representado como um autor, *auctor* em latim, e o produto final, o manuscrito, fica no meio, no chão. Pode até simbolizar o manuscrito que contém a miniatura que estudamos agora. Essa miniatura revela um aspecto importante sobre Ruusbroec como autor: seus escritos foram, segundo seus contemporâneos, em primeiro lugar, diretamente inspirados pelo Espírito Santo. Só depois Ruusbroec compõe um texto que corresponde às exigências da retórica. Isso significa que, para o leitor medieval, Ruusbroec falou em primeiro lugar como homem inspirado por Deus e só depois como escritor. Tudo o que Ruusbroec diz a respeito do corpo na experiência mística foi considerado na sua época como normal, e isso é essencial quando analisarmos a corporeidade na fala de Ruusbroec. É importante ressaltar que este modo de representação era mais ou menos um lugar comum, no que diz respeito a autores místicos, como nesta miniatura de Hildegarda de Bingen.

Disponível em: <https://www.wikiart.org/en/hildegard-of-bingen/fifth-vision. Acesso em: abril/2022>.

Vemos aqui a autora com uma tabuleta de cera, escrevendo as visões que ela recebe de Deus (processo representado pelas chamas em cima de sua cabeça), e à esquerda o secretário Volmar, que escreve e redige o texto em pergaminho[14].

4. Corporeidade nas obras de Ruusbroec: enquadramento teórico

Observamos, na Introdução a esse texto, no parágrafo 1, como, na Idade Média, o corpo físico estava interligado com o seu ambiente e o cosmo inteiro. O corpo não era considerado um sistema fechado, mas um conjunto mais ou menos permeável. Então, o corpo humano estava também mais envolvido na experiência mística medieval do que nós costumamos pensar hoje em dia. Tem que acrescentar, talvez, contrariamente ao pensamento de muitos, que durante a Idade Média não existia em geral um dualismo entre a alma e o corpo físico, nem tinha uma desvalorização do corpo. Isso é mais típico do platonismo e do neoplatonismo. Quando analisarmos, a seguir, o corpo nos escritos de Ruusbroec, ficará claro que fazemos nossa análise no âmbito da teologia e filosofia cristãs, mas sempre na perspectiva que é a nossa, de filólogo e historiador. Vamos ver agora mais em detalhe o quadro teórico.

Até os anos 80 do século passado, havia pouco interesse pela corporeidade na Idade Média, e menos ainda pelo corpo na literatura espiritual medieval. Isso mudou, e muito, graças aos estudos feministas e aos assim chamados *"gender studies"*. Tal como esperado, o foco estava nas autoras, e quase nunca nos autores, de modo que, até agora, a corporeidade na obra de Ruusbroec, nunca foi assunto de uma pesquisa sistemática.

É importante mencionar um livro que é muito relevante para o tema da corporeidade na Idade Média, e para nosso enquadramento teórico: a obra *Promised bodies*, de Dailey (2013). Nas primeiras 90 páginas desse livro, a autora desenvolve um quadro teórico para analisar a questão do corpo na literatura mística medieval. Em seguida, ela ilustra a teoria com uma análise de várias obras de Hadewijch, mística belga medieval. O livro de Dailey é a mais importante contribuição para entender a

---

14 A revista *Ons geestelijk erf* publicará um artigo meu sobre a miniatura de Ruusbroec no contexto europeu.

corporeidade nas obras de Hadewijch, autora que influenciou profundamente Ruusbroec. Por esse motivo, adotamos a seguir as linhas gerais do enquadramento teórico de Dailey[15].

Na verdade, argumenta Dailey, no Cristianismo, o corpo significa dois corpos: o corpo externo e o corpo interno. O corpo externo é mais ou menos igual ao corpo físico. Na vida humana, os dois corpos são interligados numa dinâmica recíproca. Dailey comenta da seguinte maneira o papel do corpo exterior:

> O corpo exterior não é conceituado como uma entidade fixa, mas sim como um veículo com um potencial de transformar; não como um organismo biologicamente distinto, mas como um espelho dinâmico, que pode refletir o operar divino no interior e transformar substancialmente sua materialidade, se estiver receptivo à graça divina[16] (DAILEY, 2013, p. 2).

O entendimento dessa duplicidade do corpo tem uma longa história, que começou com Paulo, que, na Segunda Carta aos Coríntios, fala sobre o homem exterior e o homem interior (ou seja, *o exo anthropos* e *o eso anthropos*, na formulação original de 2Cor 4,16). Nessa vida, os dois corpos, o exterior e o interior, nunca serão completamente unidos. Isso só acontecerá depois da morte, num momento futuro, quando o corpo inteiro será renovado em um corpo glorificado. A visão de Deus e a união com Ele acontecerão somente num futuro remoto; nas célebres palavras de Paulo, na Primeira Carta aos Coríntios: "Agora, nós vemos como num espelho, confusamente; mas, então veremos face a face. Agora, conheço apenas parcialmente, mas, então conhecerei completamente" (1Cor 13,14; CCNB 2018).

Não é causa de surpresa então que essas palavras de Paulo tenham sido muitas vezes citadas na literatura mística. A união com Deus começa aqui, na terra, parcialmente, como os místicos a descrevem, mas é um processo que não tem fim, e apenas atinge o seu objetivo depois da morte; ou seja, quando se dará o conhecimento de Deus completo.

O conceito de homem exterior e interior significa também que o corpo do místico ou da mística é material e espiritual, interior e exterior

---

15 Além deste livro, há mais dois que têm interesse para o assunto: BYNUM (2017) e BYNUM (1987), que são clássicos na área dos estudos medievais.
16 "The body is therefore not conceptualized as a fixed entity, but as a potentially transformative vehicle; not as a biologically discrete organism, but as a dynnamic mirror that can reflect the work of the divine within and substantially alter its own materiality if receptive to divine grace."

ao mesmo tempo (DAILEY, 2013, p. 10). Isso significa que, consequentemente, quando um místico fala de seu corpo, ele pode referir-se ao corpo interior juntamente com o exterior. Assim, as distinções claras entre os dois corpos, interior e exterior, ficam mais e mais obscuras.

No pensamento do Apóstolo Paulo, há uma ligação íntima entre texto e corpo, como ele escreve na Segunda Carta aos Coríntios:

> Vós é que sois a nossa carta, escrita em nossos corações, conhecida e lida por todos. É conhecido que sois uma carta de Cristo, redigida por nosso intermédio, escrita não com tinta, mas com o Espírito do Deus vivo, não em tábuas de pedras, mas em tábuas de corações humanos (2Cor 3,2, CCNB 2018).

A esse respeito, Dailey tece em seu livro, *Promised bodies*, o seguinte comentário: "Essa carta deve virar uma *escrita*, que se manifesta através a vida ou das obras do corpo exterior, e que deve ser lida como texto" (DAILEY, 2013, p. 10)[17]. Isso é o processo de in-corporação, ou *embodiment* em inglês. O *embodiment* está intimamente relacionado com a interpretação e as propriedades mediadoras da linguagem. Esse processo está por trás da obra de Ruusbroec, assim como da de Hadewijch e de muitos outros autores místicos medievais. Por este motivo, os textos místicos não podem ser lidos em termos de acontecimentos externos puramente corpóreos, mas sempre em relacionamento com o homem interior.

Orígenes e Agostinho foram os teólogos que desenvolveram mais profundamente o conceito paulino do homem exterior e interior. A maior e mais influente contribuição foi a de Agostinho. Essencial na sua teologia é a noção segundo a qual é importante construir uma "ponte" entre o corpo e a visão prometida de Deus (DAILEY, 2013, p. 33). Só o amor é capaz de superar a brecha entre Deus e o ser humano (DAILEY, 2013, p. 33). O amor é o fator decisivo para a salvação trinitária na teologia de Santo Agostinho (DAILEY, 2013, p. 56). Ele salienta o dinamismo entre o homem interior e exterior, e o exterior e o interior (*Idem*, p. 59; Dailey aprofunda em pormenor os conceitos de Agostinho, p. 27-61). Hadewijch e Ruusbroec foram influenciados pelo pensamento de Agostinho sobre esse tema da corporeidade.

---

17 "This written letter is destined to become a writing that manifests itself through the life and works of the outer body and is read like a text."

Ruusbroec adotou e desenvolveu dois conceitos cruciais da espiritualidade feminina belga do século XIII: a devoção à humanidade de Cristo e a devoção eucarística, que encontramos, por exemplo, na obra de Hadewijch (cf. BYNUM, 1987, p. 105). Não podemos esquecer que a devoção ao *Corpus Christi* surgiu na primeira metade do século XIII, na Bélgica, mais especificamente na diocese de Liége, em primeiro lugar graças às iniciativas de Julienne de Mont-Cornillon (1193-1258), que desenvolveu uma devoção particular ao Sacramento, desde que recebeu visões sobre esse assunto, aos 13 anos de idade. O Dia do *Corpus Christi* foi reconhecido como tal pelo bispo de Liége, em 1246, e depois, em 1258, pelo papa Urbano IV. Parece que Julienne escreveu o ofício, que foi revisado pelo próprio Tomás de Aquino. Detalhe importante: como Ruusbroec, ela era da Ordem de Santo Agostinho[18].

Qual seria a melhor maneira de abordar a corporeidade nos tratados de Ruusbroec? De fato, ele não é um autor místico que fala muito sobre seu corpo. Na realidade, ele quase nunca fala sobre si mesmo, raramente encontramos a palavra "eu" em sua obra. Então, o papel da corporeidade fica mais ou menos diminuído em seus tratados, mas existe sim, e pode ser explicado, entre outras coisas, por sua teologia eucarística, na qual vamos reencontrar os dois elementos já mencionados; ou seja: a devoção à humanidade de Cristo e a devoção ao Sacramento do altar.

5. Os corpos de Cristo, no contexto da eucaristia, como "modelo" para a experiência mística

Seguindo uma longa tradição, Ruusbroec distingue no corpo exterior as faculdades menores. As menores são os cinco sentidos, o sentimento, o afeto. Eles têm como centro o coração, que é, basicamente, o centro do corpo externo. As faculdades menores sempre têm um papel importante na experiência mística.

No homem interior, Ruusbroec distingue as três faculdades chamadas superiores. Estas são: a memória (*memoria*), a inteligência (*ratio*) e a vontade (*voluntas*), cujo centro é chamado espírito ou fundo, que é a essência do corpo interior. Nesse fundo de nossa alma somos um espelho vivo da imagem de Deus, nas palavras de Ruusbroec:

---

18 Sobre Julienne e o *Corpus Christi*, veja HAQUIN, 1999.

> Somos todos feitos à essa imagem eterna, porque, na parte mais nobre da nossa alma, isto é, no fundo das nossas faculdades superiores, somos feito um espelho vivo eterno de Deus, no qual Deus imprimiu sua Imagem eterna, e no qual nenhuma outra imagem pode chegar. O espelho sempre fica perante o Rosto de Deus (*Um espelho de bem-aventurança eterna*, RUUSBROEC, Opera Omnia, vol. 8, l. 904-909).

Isso representa o nível estrutural, natural, ontológico e permanente no relacionamento entre o ser humano e Deus.

Face a este discurso do ser humano como espelho de Deus, como imagem e semelhança, é compreensível que Ruusbroec nunca afirme que a união mística seria uma forma preferível ou mesmo única de vida espiritual; a mística não possui uma dimensão ética. Ruusbroec, depois de falar da união mística com Deus, emite a seguinte opinião:

> Essa união com Deus todas as pessoas boas têm, mas, como acontece, elas nunca vão saber disso durante as suas vidas, a menos que sejam piedosas e livres de todas as criaturas. No mesmo momento que o homem se afasta dos pecados, ele é recebido por Deus na unidade de si mesmo, na parte mais elevada do seu espírito, para que descanse em Deus, agora, e para todo o sempre (*O casamento espiritual*, RUUSBROEC, Opera Omnia, vol. 3, l. b 1721-b1730).

Se alguém quiser experienciar o encontro e a união com Deus, só precisa ir para a Eucaristia, como Ruusbroec mostra em suas obras. Por isso, vamos ver o que Ruusbroec fala sobre o papel do corpo na eucaristia, em sua obra-prima, *O casamento espiritual*:

> Então, Cristo quer que o comemoremos, todas as vezes que consagramos, oferecemos e recebemos o seu Corpo. Preste atenção, de que maneira precisamos comemorá-lo.
> Primeiro, temos que observar e contemplar como o Cristo se inclina para nós, com sua amorosa afeição, sua grande ânsia e seu gozo corpóreo, com um profundo fluxo na nossa natureza corporal. Porque ele doa a nós o que recebeu da nossa humanidade, ou seja: carne e sangue, e a sua natureza corporal. Igualmente, temos que considerar e contemplar este corpo precioso, torturado, perfurado e totalmente ferido por nossa causa, em virtude do amor e da fidelidade [de Cristo]. Desta maneira, somos enriquecidos e nutridos pela humanidade gloriosa do Cristo, na parte inferior da nossa humanidade.

Em segundo lugar, no sublime dom do sacramento, ele doa-nos também o seu Espírito, pleno de glória e de dons preciosos, de virtudes, de indizíveis maravilhas de caridade e de nobreza. Desta maneira, somos enriquecidos, nutridos e iluminados na unidade do nosso espírito e das faculdades superiores, graças à habitação em nós do Cristo, com todas as Suas riquezas.

Em terceiro lugar, ele doa, no sacramento do altar, sua essência em um esplendor incompreensível. Desse modo, somos unidos e trazidos até o Pai. E o Pai recebe os seus filhos eleitos junto com seu Filho natural. Assim chegamos à nossa herança da Divindade, em bem-aventurança eterna.

Olha, se uma pessoa lembrar e contemplar todos esses fatos supramencionados como convém, ela vai encontrar o Cristo em todas as formas em que o Cristo vem até ela. Ela tem de erguer-se para receber o Cristo com seu coração, com desejo, afeição sentida, todas as faculdades, e com gozo saudoso. Desta maneira, o Cristo recebeu ele mesmo. E esse gozo nunca pode ser demasiado grande [...] Por esse motivo, quero que uma pessoa se dissolva por gozo, prazer e alegria. Porque ela receberá e estará unida a ele, que é o mais bonito, mais gracioso e amável de todos os filhos humanos (*O casamento espiritual*, OPERA OMNIA, vol. 3, l. b 1342-1372).

Para Ruusbroec, como acabamos de ver, na eucaristia acontece um encontro e uma união real com Deus. A sua perspectiva é claramente trinitária: chegamos, através do Cristo e com o Espírito Santo ao Pai, e depois ficamos numa união com a Divindade. Ruusbroec nunca afirma que a união mística seria uma forma preferível ou mesmo única de vida espiritual; a mística não possui dimensão ética. Como Ruusbroec diz: "Essa união com Deus todas as pessoas boas têm, mas, como acontece, elas nunca vão saber disso durante as suas vidas". O místico só tem uma experiência do que está implícito na vida de cada cristão.

O que interessa para o tema desse estudo, que é a corporeidade, é o trecho do texto no qual Ruusbroec explica como o Cristo chega a nós com sua corporeidade. Em geral, o discurso de Ruusbroec representa a importância decisiva do desejo e do amor, e esses dois elementos estão presentes no Cristo também, como vemos no texto acima citado: "com Sua amorosa afeição, Sua grande ânsia e com Seu gozo corpóreo, com um profundo fluxo para nossa natureza corporal". Para o gozo corpóreo, Ruusbroec usa, no texto original, a palavra "ghelust", que está perto do inglês moderno "lust" ou do alemão "Lust". Para nós modernos haverá quase sempre uma conotação sexual, e o próprio Ruusbroec não nega que pode acontecer um sentimento sexual, e ele comenta assim:

> Há pessoas com um temperamento fraco e uma natureza sensual. Acontece, quando elas rezam e querem exercitar-se com gozo e amor na humanidade do Senhor, que elas, mesmo sem querer, são facilmente provocadas, e incitadas a uma satisfação sexual (*Um espelho da eterna bem-aventurança*, OPERA OMNIA, vol. 8, l. 1176/88).

Não podemos surpreender-nos que Ruusbroec rejeite tal fenômeno, e ele dá uma dica para superar esse sentimento sexual: "É preciso que as pessoas esqueçam de si, e olhem só para Ele, que elas amam. Desse modo elas serão enchidas d'Ele, na alma e no corpo, no coração e nos sentidos". No texto de Ruusbroec que acabamos de analisar, vemos que o corpo exterior tem um papel muito importante, mas sempre deve adaptar-se e referir-se ao corpo interior, ou seja, ao espírito ou à alma do ser humano. O exemplo a seguir é obviamente o Cristo, que possui uma sintonia perfeita entre o corpo interior e exterior. A corporeidade do Cristo está incluída na experiência mística, ou seja: Ele se inclina por nós como o Verbo encarnado.

Também vemos que o corpo exterior, como o descreve Ruusbroec, é permeável e aberto ao mundo externo. Por esse motivo, o Cristo pode efetivamente entrar no corpo, como diz Ruusbroec "com um profundo fluxo na nossa natureza corporal". Esta vinda de Cristo em nós pode ser mais ou menos radical e violenta – vamos então analisar brevemente essa metáfora da comida e da bebida no contexto litúrgico, começando com o contexto do título deste estudo:

> O amor de Cristo é voraz e generoso ao mesmo tempo: embora ele dá tudo o que ele tem e é, ele também toma tudo que nós temos e somos. Ele exige mais de nós do que podemos dar a ele. Sua fome não tem medida: ele nos consome completamente, porque ele é um glutão que tem bulimia, e consome a medula dos nossos ossos. [...] Pode ser que minhas palavras soem estranhas, mas os que sabem entendem minha intenção (*Um espelho da eterna bem-aventurança*, OPERA OMNIA, vol. 8, ll.725-730; 741-742).

Não é apenas o Cristo que nos consome, a alma também tem essa fome de Deus: "[...] e assim que sempre comemos e somos comidos"

(*Um espelho da eterna bem-aventurança*, OPERA OMNIA, vol. 8, l. 777). Nesse sentido, representa um processo perfeitamente recíproco, em uma outra formulação de Ruusbroec: "Seja você que come a mim, seja eu a Você, me está desconhecido" (*Sete tipos de clausura*, OPERA OMNIA, vol. 9, l. 569). A metáfora forte "dos nossos ossos", deve ser entendida na linguagem medieval como "a essência/o melhor do nosso corpo".

Como já o observou Caroline Bynum, a metáfora da comida e bebida encontra-se nas obras de Ruusbroec quase exclusivamente dentro de um contexto litúrgico (BYNUM, 1987, p. 110, 186). Vamos analisar agora, então, como Ruusbroec descreve a corporeidade na experiência fora de um contexto litúrgico.

6. Corporeidade na experiência mística (fora de um contexto litúrgico)

"Nos escritos devocionais, como na poesia de amor medieval, o corpo e o desejo são interligados [...] e também descobrimos nos autores místicos, que esse amor apaixonado e sempre desenvolvido para Deus permanece nas almas só quando elas receberem os seus corpos de volta" (BYNUM, 2017, p. 374)[19]. Essa estreita relação entre desejo e corpo na experiência mística está presente na obra de Ruusbroec. Ele assumiu um conceito de Hadewijch para descrever essa relação como "furor/frenesi de amor", em neerlandês medieval chamado *orewoet*. Ruusbroec o descreve assim:

> Se não for possível obter Deus e nem desistir dele, desses dois nasce um frenesi e um desassossego em algumas pessoas, de fora e de dentro. Quando ela está nesse frenesi, nenhuma criatura poderia ajudá-la, no que diz respeito ao sossego e outra coisa qualquer, no céu ou na terra. [...] Frenesi do amor é um desassossego interior, que resiste a satisfazer à ou a seguir a razão, a não ser que ele obtenha o que ele ama. Frenesi do amor interior come o coração de uma pessoa e bebe o sangue dela. Aqui, o calor sentido no interior está no seu auge, ao longo de toda a vida humana; e a natureza corpórea humana está sendo miraculosamente lacerada e consumida sem labor exterior – e o fruto das virtudes

---

19 "In devotional writing, as in medieval love poetry, body and desire are connected [...] we also discover in the mystics that passionate and ever unfolding love of God lodges fully in souls when they get their bodies back."

amadurece muito veloz [...] (*O casamento espiritual*, OPERA OMNIA, vol. 3, ll. b513-527).

Como se pode ver, tem uma conexão íntima entre homem interior e exterior, quando escreve: "nasce um frenesi e um desassossego [...] de fora e de dentro". Como Ruusbroec diz, em outro lugar, sobre essa conexão:

> [...] a subida simples do nosso espírito traz consigo os sentidos interiores e também as faculdades corpóreas, e tudo o que está vivo e sensitivo na natureza. [...] [A] nossa natureza corpórea deve ser unida ao nosso espírito em tudo o que fazemos (*O tabernáculo*, OPERA OMNIA, vol. 5, l. b:2053-2057).

Ruusbroec enfatiza, portanto, o prazer corpóreo que o místico ou mística experimenta:

> [...] de vez em quando uma certa luz brilha nas pessoas que têm esse frenesi do amor [...] Nessa luz, o coração e o poder apetitivo delas se erguem para esta luz. No encontro com a luz, o gozo e o prazer são tão grandes, que o coração não pode aguentar, e estoura de alegria, por meio da voz. Isso é chamado jubilação, ou seja, uma alegria que não pode ser explicada em palavras (*O casamento espiritual*, OPERA OMNIA, vol. 3, l. b572-579).

Esse frenesi vai, quase por consequência, bem além de qualquer abordagem intelectual ("resiste à razão"), e Ruusbroec usa a metáfora da comida/bebida a fim de melhor descrever essa experiência violenta: "Frenesi do amor interior *come* o coração de uma pessoa e *bebe* o sangue dela e a natureza corpórea humana está sendo miraculosamente lacerada e *consumida*". Reencontramos aqui a mesma ideia que Ruusbroec exprime sobre a Eucaristia, que, em sua essência, pressupõe um "ser" comido e bebido, da parte de Jesus e de nós.

> Quando alguém entra nesse estado de desassossego [...] e a luz dos raios divinos ardem tão quentes do céu, e o coração amante ferido fica inflamado por dentro, quando o calor da afeição e o frenesi do amor estão sendo inflamados com tanta veemência, que o homem cai num desassossego, igual a uma mulher que está em parto e o seu bebê não pode sair. [...] A aflição perdura por tanto tempo, que o homem murcha e seca na sua natureza corpórea, igual a uma árvore numa região árida. Assim ele morre do frenesi de amor, e vai para o céu diretamente,

sem parar no purgatório. Embora quem morrer de amor, morre bem, enquanto uma árvore dá uma fruta boa, alguém não pode destruí-la (*O casamento espiritual*, OPERA OMNIA, vol. 3, l. b 604-616).

Este texto refere-se claramente ao texto do Apóstolo Paulo, Fl 1,23: "Estou num grande dilema: desejo partir para estar com Cristo – o que para mim é muito melhor –, mas, por vossa causa, é necessário continuar no corpo". Para Ruusbroec, morrer de amor é bom, mas enquanto o corpo ainda "dá um fruto bom", melhor é ficar vivo nesse corpo terrestre, assim resolvendo, da sua maneira, o dilema de Paulo.

Considerações finais

A corporeidade nas obras de Ruusbroec é, pela primeira vez, estudada como tema em si. Esse tema pode ser descrito nos termos da teoria de Dailey, mas temos que enfatizar que na obra de Ruusbroec a integração do corpo interior e exterior parece mais evidente do que na tradição anterior, isso é, especialmente na espiritualidade feminina do século XIII. A corporeidade é um tema com ocorrência limitada na doutrina mística de Ruusbroec, e está principalmente ligada à devoção eucarística, mas, como vimos, não exclusivamente. Um estudo mais aprofundado da corporeidade nas obras completas de Ruusbroec fica então um desiderato para o futuro.

Referências

BRUNI, Leonardo. *History of the Florentine people*. Vol. 1, books 1-10. Edited and translated by J. Hankins. (=The I Tatti Renaissance Library 3). Cambridge (Mass.)-London: Harvard University Press, 2001.

BYNUM, Caroline Walker. *Holy feast and holy fast. The religious significance of food to medieval women*. Berkeley-Los Angeles-London: University of California Press, 1987.

_____. *The resurrection of the body in Western Christianity, 200-1336*. Expanded edition. Reprinted with a new introduction and afterword. (=American lectures on the history of religions 15). New York: Columbia University Press, 2017.

_____. Why All the Fuss about the Body? A Medievalist's Perspective. In: *Critical Inquiry*, v. 22,1, p. 1-33, 1995.

DAILEY, Patricia. *Promised bodies. Time, language & corporeality in medieval women's mystical texts*. New York: Columbia University Press, 2013.

HANKINS, James. Preface. In: BRUNI, Leonardo. *History of Florentine People*, v. 1. Edited and translated by J. Hankins. Cambridge; London: Harvard University Press, 2001.

HAQUIN, André & DELVILLE, Jean-Paul. *Fête-Dieu (1246-1996)*. Vol. 1: Actes du Colloque de Liège, 12-14 septembre 1996. Vol. 2: Vie de sainte Julienne de Cornillon. Louvain-la-Neuve: Brepols Publishers, 1999.

HARTNELL, Jack. *Medieval Bodies. Life, Death and Art in the Middle Ages*. London: Profile Books – wellcome collection, 2019.

LE GOFF, Jacques. *Faut-il vraiment découper l'histoire en tranches?* Paris: Éditions du Seuil, 2014.

KIENHORST, Hans & KORS, Mikel. Codicological evidence for a chronological rearrangement of the works of Jan van Ruusbroec (1293-1381). In: *Quaerendo*, v. 33, p. 135-174, 2003.

KORS, Mikel. Studie en kritische tekstuitgave van Henricus Pomerius' De origine monasterii Viridis Vallis. In: *Ons geestelijk erf*, v. 87,3-4, p. 227-331, 2016.

McGINN, Bernard. Essential themes in Ruusbroec's mysticism, In: *A Companion to John of Ruusbroec*. Leiden: Brill, 2014, p. 130-178.

NIRENBERG, David. *Neighbouring fates: Christianity, Islam, and Judaism in the Middle Ages and today*. Chicago: Chicago University Press, 2014.

RUUSBROEC, *Opera Omnia*. Guido De Baere (org.). (=Corpus Christianorum/Continuatio Mediaeualis, CI-CX/Studiën en tekstuitgaven van Ons geestelijk erf XX, 1-10). Tielt: Lannoo/Turnhout: Brepols, 1981-2006. 11v.

RUUSBROEC: *The Complete Ruusbroec*. I: *English Translation*; II: *Middle Dutch Text*. Guido De Baere & Thom Mertens (orgs.). (=Corpus Christianorum Scholars Version) Turnhout: Brepols, 2014 . 2 v.

STEINBERG, *Jews and Judaism in the Middle Ages*. Westport: Praeger Publishers, 2007.

UNDERHILL, Evelyn. *Ruysbroeck*. London: Bell, 1915.

WARNAR Geert. *Ruusbroec: Literature and mysticism in the fourteenth century*. (=Brill's studies in intellectual history 150) Leiden: Brill, 2007.

Este corpo que fala: Hadewijch e o furor do amor

Maria Simone Marinho Nogueira[1]

Introdução

Na Idade Média, mais precisamente entre os séculos XIII e XIV, encontramos um movimento feito por mulheres que buscavam o divino a partir da união das instâncias afetivas e intelectivas, por vezes acompanhado de visões, gritos, lágrimas, arrebatamentos[2]; outras vezes seguido apenas por uma intensa reflexão[3]. Independente das formas das expressões daquela relação, o fato é que houve um grupo de mulheres no Medievo que deu voz às suas experiências místicas expondo o corpo como espaço não só dessas vivências, mas também de suas escritas, mesmo quando aquele oscilava entre o lugar privilegiado de realização do experienciar místico e o desejo ou a necessidade da sua anulação[4]. Apesar deste movimento quase pendular, o que não muda é a necessidade de escrita das mulheres mística medievais[5], o que nos faz pensar, como afirmou Maria Zambrano, que "não se escreve, certamente, por necessidades literárias, mas pela necessidade que a vida tem de se revelar" (ZAMBRANO, 1995, p. 25).

---

1 Contato: mar.simonem@gmail.com
2 Como podemos ver em Beatriz de Nazaré, Angela de Foligno, Chiara de Rímini, Juliana de Norwich, Mechthild de Magdeburg, Margery Kempe, para citar só algumas.
3 Como é o caso da mística de Marguerite Porete (†1310).
4 Para um estudo da mística na sua relação com o corpo, focado, entretanto, nas místicas italianas dos séculos XIV e XV, remetemos para GUGLIELMI, 2008.
5 Já falamos um pouco sobre a necessidade da escrita nessas mulheres em NOGUEIRA, 2015.

A eclosão dessas vidas se revela no horizonte do sagrado, numa literatura mística, onde se cruzam as formações identitárias de várias mulheres letradas, neste texto representadas por Hadewijch da Antuérpia[6]. É assim, na sua contemporaneidade (Idade Média), posta à margem como mulher e como beguina[7], que fala a mística holandesa. É, na nossa contemporaneidade, também como marginalizada (já que não faz parte do cânon) que nos fala Hadewijch numa literatura mística de autoria feminina. O seu lugar de fala, neste sentido, é o *locus* que lhe é próprio numa escrita de si, mesmo temporalmente distante dos dias atuais e, mesmo mergulhada paradoxalmente num *eu que quer* e ao mesmo tempo *não quer* (posto que deseja a sua aniquilação no fundo sem fundo do infinito), que dá lugar a um corpo de linguagem, como escreve Certeau, num corpo de escrita que ela põe no mundo[8]. Ou, como escreve Romagnoli:

---

6 Não sabemos quase nada da vida de Hadewijch. O pouco que sabemos vem das suas obras que podem ser classificadas em *Poemas*, *Cartas* e *Visões*. Nos *Poemas* percebemos toda sua cultura letrada, inclusive o domínio da técnica trovadoresca. Nas *Cartas* vemos não só que pertencia a uma comunidade feminina, Beguina, como era líder da mesma. Nas *Visões*, graças à *lista dos perfeitos*, que aparece no final desta obra, podemos estabelecer uma data aproximada da sua atividade literária, isso porque ali ela faz menção a uma beguina de nome Aledis que foi queimada em 1236. Como se trata de uma obra da maturidade, apesar de Hadewijch ter começado a ter visões muito cedo (nas *Cartas* fala que começou aos 10 anos. Nas *Visões*, aos 19 anos), podemos situar seu nascimento entre o final do século XII e o início do XIII. Não sabemos quando nem como morreu, mas possivelmente tinha uma origem nobre ou vem de uma família muito abastada. Kurt Ruh (2002) chega mesmo a dizer que ela provavelmente teve em casa um "Hausleher" e McGinn, por sua vez, abre o seu capítulo sobre Hadewijch dizendo que ela "permanece um mistério, tanto pelos paradoxos e perplexidades de seus escritos como por sua vida" (McGINN, 2017, p. 300).

7 "Beguina é uma palavra controvertida. Poderia derivar de 'begart' (antes de 1236): membro de uma comunidade religiosa que não pronunciava votos. O movimento beguinal deve muito ao *Cântico dos Cânticos*, cujo comentarista mais influente ao longo da história desta corrente, e muito além, foi São Bernardo. O tema da 'mística nupcial', estreitamente ligado a este poema de amor do Antigo Testamento, atravessa e fecunda a espiritualidade das beguinas. Sozinhas ou reunidas em comunidades, essas mulheres quiseram livrar-se dos marcos tradicionais da vida religiosa. Muito numerosas a partir do século XII em Flandres, assim como no norte da França, na Bélgica e na Alemanha, as beguinas, por causa dos processos eclesiásticos que inclusive levaram uma delas, Marguerite Porete, à fogueira, tiveram que organizar pouco a pouco a sua proteção no interior dos beguinatos, verdadeiras entidades jurídicas e econômicas" (GOSSET, 2004, p. 6-7). Para mais informações sobre o movimento das beguinas, veja-se McGINN, 2017 e OPITZ, 1990.

8 O excerto completo diz: "No discurso místico também haverá uma narrativização do locutor, circulação interminável em torno da instância produtora que é o lugar in-finito e inseguro do 'eu'. Mas antes que a escrita se fomente neste 'foco de erosão', ela deve arrancar-se do silêncio. De onde falará ela? Visto que as instituições não mais que as proposições recebidas não regulam essa questão primeira, é o 'eu' que faz abertura. [...] Ele se aloja no limiar

A explosão mística da baixa Idade Média não foi um fenômeno exclusivamente feminino. [...] mas o modelo feminino da mística entre o século XIII e XIV teve, indubitavelmente, caracteres novos e muito originais. À abstração da linguagem teológica, as mulheres contrapuseram a concretização do corpo do ser de Cristo na história do mundo, não já como Deus juiz poderoso e legislador, senão como Deus crucificado. Situadas às margens da religião do Livro, elas colocaram no centro de sua fé o corpo adorado de Cristo; excluídas do ministério da Palavra, confiaram na possibilidade da comunicação do corpo, um corpo capaz de falar, inclusive sem palavras, de encarnar o discurso e de fazer presente a verdade [...] o exaltar-se e transfigurar-se na luz e no fogo ardente da união íntima (ROMAGNOLI, 2006, p. 50).

Assim, o corpo passa a ser a superfície de uma escritura, logo, lugar de enunciação, onde a palavra, nascida no silêncio e por ele velada, constrói o corpo de uma linguagem em que o *eu*-mulher[9], marginalizada, transgride não só as normas sociais, mas o próprio limite da linguagem, e se autoinstitui trovadora de Deus[10], nem que para isso o seu corpo/texto também seja aniquilado. Em relação ao limite da linguagem, escreve a mística holandesa na *Carta XVII*:

> Porém, ainda quando confesso que parece maravilhas, estou segura de que não te assombrarás, sabendo que a linguagem celestial supera a

---

    como o que a produz, à maneira como uma voz 'se coloca' para dar lugar a um corpo de linguagem, mas aqui a voz se cala, lugar vazio, voz branca, no corpo de escrita que ela põe no mundo" (CERTEAU, 2015, p. 283-284). Ou, numa outra leitura da corporeidade da linguagem: "O papel da escrita é constituir, com tudo o que a leitura constituiu, um 'corpo' [...]. E, este corpo, há que entendê-lo não como um corpo de doutrina, mas sim [...] como o próprio corpo daquele que, ao transcrever as suas leituras, se apossou delas e fez sua a respectiva verdade: a escrita transforma a coisa vista ou ouvida 'em forças e em sangue' [...]. Ela transforma-se, no próprio escritor, num princípio de ação racional" (FOUCAULT, 1992, p. 143).

9 "Esta palavra da expressão do eu não se deixa facilmente encontrar, vimo-lo na literatura. É no domínio da espiritualidade feminina que autores mais realmente individualizados vão surgir: desde o século XII com Hildegarda de Bingen, depois, nos séculos XIII e XIV, Beatriz de Nazaré, Hadewijch, Matilde de Magdeburgo, Margarida d'Oingt, e outras ainda, muito conscientes, parece, do seu poder de escrever. Elas alcançam um lugar na literatura, e frequentemente em língua vernácula" (RÉGNIER-BOHLER, 1990, p. 536).

10 Deus frequentemente é representado como feminino nos textos das místicas medievais. Marguerite Porete, por exemplo, o denomina por *Dame Amour*. No geral, o termo utilizado é *Minne*: Amor. Substantivo feminino no holandês antigo. Palavra bastante utilizada pelas mulheres místicas para designar Deus. Daí muito teóricos da mística falarem de uma *Minnemystic*, sobretudo quando se referem à mística das beguinas.

compreensão dos terrenos. Para tudo que é terreno se encontram palavras e se pode dizer em neerlandês, porém não me servem aqui o neerlandês e tampouco as palavras. Apesar de conhecer a língua o mais fundo que se possa, não me serve para o que acabo de mencionar e não conheço meio de exprimi-lo[11] (HADEWIJCH, 1989, p. 118).

Ou ainda em relação às normas sociais, *Carta IV*:

No empenho por guardar uma regra, alguém se enreda em mil preocupações das quais teria sido melhor manter-se livre: aí também se equivoca a razão. Um espírito de boa vontade cria, em seu interior, mais beleza do que nenhuma regra possa ordenar (HADEWIJCH, 1989, p. 51).

"Criar beleza", como escreve Tabuyo, parece ser todo um programa de vida para as beguinas e em especial para Hadewijch. Beleza, por sua vez, indelevelmente marcada na carne e no espírito, que se expressa no seu modo de estar no mundo e se relacionar com os outros, não só na reflexão que faz sobre si mesma como nas muitas orientações que dá às suas *queridas*, como tantas vezes lemos nas *Cartas*. Mas passemos ao furor do Amor cujo acontecimento se dá num corpo ávido de Deus.

O corpo e o furor do Amor (*orewoet van Minnen*)

Criar beleza, por sua vez, se relaciona com a experiência entre o humano e o divino, numa mística que em Hadewijch relaciona aspectos da mística nupcial (ou esponsal, que vemos em Bernardo de Claraval), da mística especulativa (ou do ser, da essência, que encontramos em Mestre Eckhart) e da *Minnemystik* (mística do amor), que une as características afetivas e especulativas ao simbolismo do amor cortês (cf. TABUYO, 1999, p. 41-42). Em outras palavras, é um tipo de mística bastante peculiar ao movimento das beguinas. Como nos chama atenção Toscano e Ancochea:

As beguinas falam de uma mística da fruição e de uma fruição da essência. Fruir significa desfrutar, gozar plenamente de uma coisa, e gozar

---

11 O primeiro nome da escritora belga aparece registrado de duas formas: Hadewich ou Hadewijch. Quanto ao segundo nome, que na verdade é o seu local de origem, pelo menos três formas são encontradas: Antuérpia (português); Anvers (francês) e Amberes (espanhol). Optamos aqui por Hadewijch da Antuérpia, mas algumas vezes utiliza-se de traduções ou comentários que usam outras grafias.

plenamente da união significa duas coisas: que Isso que busco, o objeto amado, tem estado desde sempre ali, esperando-me; e significa também que esse eu que creio que sou há de morrer, para dar origem a esse eu que no fundo verdadeiramente sou, embora ainda não o perceba com clareza ou inclusive às vezes o ignore. Para que se produza o encontro tem que haver um eu profundo que É, que elimina ao que não-é, frente a Deus, uno, não-é nada, ou melhor, é puro nada (TOSCANO e ANCHOCHEA, 2003, p. 76-77).

Os temas da aniquilação, união, fruição e da consciência de uma origem divina, expressa na ideia de um retorno *ao que era antes de ser*[12], nas palavras de uma outra beguina, Marguerite Porete, são encontrados também em Beatriz de Nazaré cujas ideias são muito semelhantes às de Hadewijch[13]. Importa observar que essas ideias fazem parte de um percurso de amadurecimento ou de aperfeiçoamento que na mística holandesa é movido pelo furor do amor que passa, necessariamente, pelo corpo. Vejamos, de forma introdutória, duas citações das *Cartas*, embora a expressão *orewoet van minnen* (furor do amor) não apareça nas missivas. Escreve Hadewijch na *Carta IX*, ao tratar da união com Deus:

> Deus faça-te ver, querida filha, como ele é [...] e que te absorvas nele. No mais profundo da Sabedoria é onde aprenderás o que ele é e que maravilhosa suavidade é para os amantes habitar no outro. Cada um habita no outro de tal maneira que nenhum deles saberia distinguir-se. Porém gozam reciprocamente um do outro, boca a boca, coração a coração, corpo a corpo, alma a alma. Uma mesma natureza divina flui e transpassa a ambos. Cada um está no outro e os dois passam a ser uma só coisa: e assim hão de permanecer (HADEWIJCH, 1989, p. 78).

Ou ainda, na *Carta XI*, em que nossa escritora divide com uma amiga os inícios da sua vivência mística, numa linguagem bem própria da área semântica do furor do amor. Lemos, depois de termos conhecimento que desde os dez anos de idade o *amor mais violento* pressionou-a:

---

12 Sobre tal tema cf. nosso artigo NOGUEIRA, 2016.
13 Sobre a relação entre Beatriz de Nazaré e Hadewijch da Antuérpia não existe ainda um estudo em profundidade para saber quem influenciou quem. Mas as duas têm muita coisa em comum nas suas ideias. Apesar de Beatriz ter se tornado uma monja cisterciense, sabe-se que estudou com as beguinas e que tem muito da mística delas.

> Por tudo o que decifrava entre ele e eu nesta vivência do amor, porque os amantes não costumam esconder-se um do outro, mas a compartilhar muito, o que se dá na experiência íntima que fazem juntos, um desfruta do outro, come-o, bebe-o e o engole inteiramente [...] (HADEWIJCH, 1989, p. 85).

Como podemos perceber, e como escrevem Cirlot e Garí, o amor a Deus não é apenas uma ideia, mas uma experiência na qual a alma arrasta o corpo para participar dela (cf. CIRLOT e GARÍ, 1999, p. 42). Neste direcionamento, pensamos que os muitos sentidos em que se pode entender o conceito de *orewoet*, que aqui estamos traduzindo por *furor*, dizem muito das ideias da beguina holandesa, uma vez que ela própria não nos oferece uma descrição clara do termo. Assim, vejamos como alguns estudiosos o traduzem. Gozier diz que o termo tem múltiplas ressonâncias e pode ser entendido como 1. ira do amor, 2. a ardente fogueira do amor, 3. o fogo devorador do desejo, 4. a queimadura da alma tocada pelo amor, 5. dor impotente do desejo não realizado, 6. a fúria sagrada do fundo da alma, 7. o desejo violento da natureza tocado em sua raiz por Deus mesmo, 8. a ira do amor que nada de finito pode apaziguar, 9. a fúria original de amar, 10. o indescritível desejo de Deus, 11. o curso do amor (o adotado por ele) (cf. GOZIER, 2010, p. 184). Kurt Ruh, por sua vez, diz que o termo 1. está relacionado à ideia de força, 2. que se trata de amor na sua condição extrema, ou seja, na sua forma estática, 3. se refere a uma condição em que a alma se encontra em Deus, isto é, numa condição de êxtase (RUH, 2002, *passim*). Já Vallarsa escreve que *orewoet* 1. representa uma força ativa em um plano puramente místico, 2. uma força que implica uma orientação para um bem maior e, ao mesmo tempo, um dinamismo que a converte em um movimento de contínua renovação (VALLARSA, 2010, p. 87-88).

Pensamos que todos esses sentidos ressoam, com muita propriedade, na complexa trama poética da nossa beguina, já que é nos seus versos que a palavra *orewoet* aparece de forma mais expressiva (doze vezes, contra apenas duas aparições nas *Visões* e nenhuma nas *Cartas*). Nas *Visões* a expressão aparece na décima quarta visão, a última, e se refere (nas duas vezes) ao êxtase: Hadewijch se descreve como estando dentro do furor do amor. Se sente livre, audaz, arrebatada, sem deixar de sentir um grande terror. Encerra a descrição da visão com as seguintes palavras:

> O aspecto daquele que se sentava nesse trono novo – que era eu mesma – era o do Rosto admirável e terrível, e ouvi uma voz semelhante ao trono que impunha silêncio, de modo que só ela ouvisse, e me disse: "Oh tu, a mais forte em todos os combates, tu que tens vencido em tudo e abriste a Totalidade selada que nenhuma criatura poderia abrir, ninguém que não houvesse aprendido nas penas e no temor do amor como sou homem e Deus, oh valente! Por tua valentia, e porque nada a ti pôde dobrar, te chamarei intrépida entre todas, e é justo que me conheças perfeitamente" (HADEWIJCH, 2005, p. 124).

O Rosto admirável e terrível faz parte do furor do amor que arrebata Hadewijch para um bem maior e que representa o amor na sua forma mais extrema. Mas faz parte também do dinamismo das estações do ano que se alternam na poesia da escritora em apreço que metaforiza de alguma forma a doutrina do aperfeiçoamento de si que encontramos nas *Cartas* e o amadurecimento do seu percurso místico que lemos nas *Visões*, apresentando uma harmonia temática em textos de estilos tão diferentes. Assim, importa a Hadewijch amadurecer/crescer no Amor e saber, ao mesmo tempo, que o caminho que leva ao Amor passa por grandes provações, como podemos ler na *Carta VI*:

> Se te entregares ao Amor, chegarás em breve à maturidade. [...] Viver autenticamente segundo as exigências do amor significa apegar-se tão exclusivamente à vontade do justo amor para satisfazê-lo, que alguém já não prefere coisa alguma e, se tiver algum desejo, almeje mais ainda o que corresponde ao Amor, ainda que se trate de sua própria condenação ou salvação. [...] Todos queremos ser Deus com Deus, porém, Deus o sabe, somos poucos os que queremos ser homens com sua humanidade, levar com ele sua cruz, estar nela e pagar até o final a dívida da humanidade (HADEWIJCH, 1989, p. 58 e 67).

Pensar Deus na sua humanidade, um Deus que se fez homem, significa, também, pensá-lo não como um "senhor soberano", como um ídolo, mas como uma figura carregada de amor e de tudo que daí possa derivar. Afinal, não é a toa que as beguinas representem Deus por *Minne*. Esta representação, se assim podemos nos expressar, não deixa de ser uma autorrepresentação dessas mulheres que, parafraseando Cirlot e Garí, no corpo sofrido de Cristo contemplaram a si mesmas. Afinal o que têm essas mulheres que escapam, ao mesmo tempo, do controle das duas instituições pensadas para elas no Medievo, o casamento e o mosteiro, senão seus corpos? Neste sentido, talvez devêssemos refletir um pouco mais, como nos aponta Romagnoli, citando Bynum, que:

> [...] o código místico deve ser lido e compreendido – o que não significa necessariamente aceito – dentro de uma mais ampla consideração dos modelos culturais, sociais e religiosos da sociedade medieval e do funcionamento dos símbolos[14] (ROMAGNOLI, 2006, p. 60).

Neste quadro mais amplo, e voltando a Hadewijch, podemos dizer que o seu percurso espiritual não é o institucionalizado, o marcado pelas hierarquias, pelos poderes ou pela prática de uma linguagem apologética que visa uma adesão, mudando a vontade dos destinatários, como tão bem reflete Michel de Certeau em sua *A fábula mística* (cf. CERTEAU, 2015, *passim*). Esse caminho místico é marcado por um *eu* que deseja e que tem como ponto de partida um estado de grande excitação (furor do amor) como veremos agora num passo da *Visão VII*, numa citação um pouco extensa, mas bastante representativa de um corpo que se espiritualiza ou de um espírito que se corporifica, enfim, de uma não separação entre corpo e espírito. Sigamos a doce tormenta de Hadewijch:

> [...] Meu coração, minhas veias e meus membros tremeram e se estremeciam de desejo; e, como em outras ocasiões, me senti em uma terrível tempestade, que se não estava toda plena de meu Amado e ele não me preenchia totalmente de si, enlouqueceria na minha agonia e a fúria do amor me mataria. O desejo de amor me atormentava e me torturava de tal forma que meus membros pareciam romper-se um por um e minhas veias, uma por uma, sucumbiam a tanto esforço. [...] Direi portanto só isto: que desejava gozar plenamente do meu Amado, conhecer-lhe e saboreá-lo sem reservas, sentir o gozo perfeito de sua humanidade com a minha, e que a minha se estabelecesse na sua, fortalecida por sua integridade contra toda queda e sabendo se comprazer perfeitamente

---

14 Por outro lado, como nos esclarece Régnier-Bohler, "A literatura espiritual, pelo contrário, apresenta a particularidade de ver enfim as mulheres falarem em língua vulgar suas experiências espirituais. [...] Apesar da diversidade das emergências de uma enunciação de mulheres, o que é reunido sob a designação de 'mística feminina' testemunha que a relação com o escrito, em todo caso, é adquirida para a expressão de um percurso espiritual" (RÉGNIER-BOHLER, 1990, p. 539).

na entrega pura, única e plena a toda virtude. Desejava satisfazer-me com sua Divindade, sendo com ele um só espírito [...]. Satisfazer ao Amado em uma entrega total. Não há maior satisfação que a de crescer e chegar a ser Deus com Deus, para isto é necessário suportar pena e sofrimento, exílio e dissabores constantemente renovados, deixando que cheguem e passem sem desgosto íntimo, não saboreando mais que o doce amor, as carícias e os beijos. Assim, eu desejava que Deus fosse plenamente meu, para que eu fosse dele e satisfazê-lo por sua vez (HADEWIJCH, 2005, p. 79-80).

Vemos, assim, que todo o corpo de Hadewijch fala: coração, veias e membros são lugares de circulação de um sagrado que a habita. Corpo vulnerável, dobra-se e se desdobra nos sofrimentos e dissabores que não podem ser detidos, como as dores de um parto (cf. HADEWIJCH, 1989, *Carta XXI*), pois este sofrer faz parte de uma ressignificação do corpo em que se inscreve para além da dor, o amor. O corpo, deste modo, se torna memória, doravante de uma escrita que busca uma linguagem, incerta, indecifrável, poética certamente, que diga sem dizer, a experiência de chegar a ser Deus com Deus. Ou não é isto que percebemos num outro passo da sétima visão quando a beguina se refere a Deus/*Minne* sob a forma viril, doce e linda, no rico esplendor do seu rosto, sem deixar de ser humilde e de se submeter completamente ao outro. Complementa: "[...] me pegou em seus braços e me apertou contra ele, e todos os meus membros sentiram os seus na plenitude que eu havia desejado com o coração, conforme minha própria humanidade" (HADEWIJCH, 2005, p. 81). Mas, como a linguagem de um corpo/texto atravessado pelo sagrado, Hadewijch perde a visão do homem belo na sua forma externa, ele se desvanece sem deixar rastro. Segundo ela, a imagem se apagou e se fundiu na Unidade (dos dois) que já não pode conhecê-lo ou apreendê-lo fora dela.

A intensa experiência da mística holandesa traz a marca de um corpo que suporta altivamente as dores provocadas pelo excesso do Amor que oscila entre a plenitude e a privação. Este jogo paradoxal de riqueza-pobreza, de se encontrar para se perder, se reflete na sua escritura mística em que as palavras precisam ser entendidas no fluxo do pensamento de quem as recria como aquilo que se mostra do excesso do vivido e que não pode ser contido pela linguagem ordinária. Vejamos, a título de ilustração, alguns versos dos *Poemas Estróficos* (*Strophische*

Gedichten) *XXXI* – compostos como canções – e dos *Poemas Rimados* (*Mengeldichten*) *XIII*: o primeiro fala sobre o Amor e afirma que sobre ele só quer nobres pensamentos de amor, que com sua força infinita dilata sua essência. Mas ao refletir sobre o *estranho sabor do amor* que consola e aflige, escreve:

> Nem Salomão, o sábio, [...]
> se atreveria a resolver este enigma.
> Que discurso lhe faz justiça [ao Amor]?
> É poema que desafia qualquer melodia! [...]
> que por fim dele receba natureza nova que supera o sentido:
> melodia que desafia a qualquer poema!
> Canto que sobrepassa toda palavra, [...]
> O amor invencível desconcerta a mente:
> está perto de quem se extravia
> e longe de quem o compreende (HADEWIJCH, 1999, p. 98-99).

A consciência da escrita e, sobretudo, do limite da linguagem (que se desenha nos limites do corpo?) se mostra com bastante clareza nesses versos, afinal, nenhuma narrativa lhe é adequada, ele (o Amor) é impactante, quem o compreende só consegue mantê-lo distante, ao contrário, quem dele se extravia mais próximo dele está. Como entender tão desconcertantes palavras? No horizonte da mística em que a experiência fala mais do que o discurso, embora o discurso tente dizer muito do experienciar que sobrepassa toda palavra. Sigamos com alguns versos do *Poema Rimado XIII*:

> [...] seu abismo insondável é sua forma mais bela,
> perder-se nele é alcançar a meta.
> Ter fome dele é alimentar-se [...]
> eclipsando-se se revela, [...]
> se se esconde, nos mostra seus segredos, [...]
> seu mais profundo silêncio é o seu canto mais alto, [...]
> sua ameaça nos acalma [...]
> não ter nada é a sua riqueza inesgotável. [...]
> sua segurança nos leva ao naufrágio [...]
> sua escola nos ensina a nos perder, [...]
> para se manifestar se esconde sem deixar rastros, [...]
> Este é o testemunho que eu mesma e muitas outras podemos manifestar (HADEWIJCH, 1999, p. 106-107).

Enquanto nos versos anteriores demos mais ênfase ao limite da linguagem, nestes gostaríamos de destacar, embora o problema da linguagem permaneça (já que seu canto mais alto é o seu mais profundo silêncio), os pares de opostos que expressam o furor do amor[15]. Assim, vemos que *perder-se é encontrar-se, ter fome é alimentar-se, manifestar-se é esconder-se, estar seguro é naufragar*. A linguagem é paradoxal, como paradoxal são os sentimentos provocados pela fúria do Amor, afinal, ter fome de Deus é sentir-se alimentado pelo desejo de degustá-lo, de saboreá-lo. Ora, se um dos sentidos de *orewoet* pode ser força ou desejo, podemos afirmar que o furor do amor é *motus* que conduz a alma para Deus, mas como a compreensão de Deus ultrapassa a nossa humana capacidade de pensar, talvez o modo de apreendê-lo (saboreá-lo), de alguma forma, seja no movimento do furor do amor. Dito de outro modo, sendo Deus o fim do desejo e, portanto, o desejado em último grau, é forçoso que o apreendamos enquanto o desejamos[16].

Talvez por isso o tema do furor do amor ou da fúria do amor seja tão caro a nossa mística beguina e atravesse os seus *Poemas*, não deixando de aparecer, também, com outras formas de expressão, nas *Cartas* e nas *Visões*, como já indicamos. Para finalizar, não podemos deixar de mencionar o *Poema Estrófico XVI*, onde Hadewijch enumera sete nomes que convêm ao amor, na nossa leitura, os sete convêm também ao seu furor[17]. São ele: laço, luz, carvão, fogo, orvalho, fonte viva e inferno, sendo este último, para ela, o que convém ao Amor acima de tudo, o mais justo e o mais sublime dos seus nomes. O Laço une os amantes (de modo que um penetra o outro por completo); a Luz mostra porque temos que amar a humanidade e a divindade (ao homem-Deus e ao Deus-homem na unidade); o Carvão inflama os sentimentos dos amantes; o Fogo faz os amantes arderem na unidade (onde já não haverá diferença alguma); o Orvalho apaga o fogo (e se estende como bálsamo e brisa unitiva); a

---

15 O *Poema Estrófico* (*Strophische Gedichten*) XXVIII é todo dedicado ao tema e, embora faça uma afirmação do termo, quando diz ser o furor do amor uma herança magnífica, todo o poema se constrói com pares de opostos.

16 Já afirmamos isso a propósito do tema do desejo em Nicolau de Cusa. Cf. NOGUEIRA, 2012.

17 Interessante perceber que ao citar os nomes ela afirma, como se quisesse se precaver de qualquer acusação: "Se enumero estes nomes/é porque estão nas Escrituras" (HADEWIJCH, 1999, p. 110).

Fonte Viva é o fluxo e o refluxo do divino (onde os amantes matam a sede e se renovam). Por fim, o Inferno, ao qual nenhum amante escapa, é ver-se devorado, tragado em sua essência abissal.

Como se percebe no rápido relato que fizemos dos nomes do amor[18], estes revelam experiências que, por sua vez, oscilam, como a força do furor, entre a tempestade e a calmaria, como o Fogo e o Orvalho, por exemplo. No entanto, quando atentamos para o último nome, Inferno, a impressão que temos é que ele não só une todos os outros nomes no que diz respeito à intensidade da experiência (não há um instante de repouso quando nele se está), como também, paradoxalmente, se chega à linguagem da negação (do desnudamento, do vazio)[19] pois, como Hadewijch escreve:

> [...] o inferno a tudo destrói
> [...] pois arruína a alma e os sentidos [...]
> os Amantes não poderão mais que vagar nas tempestades do amor,
> errar com corpo e alma, pensamento e coração,
> Amantes perdidos neste inferno (HADEWIJCH, 1999, p. 115).

A linguagem da negação pode ser lida também como um reflexo do desnudamento da corporeidade pelo qual passa Hadewijch em cada etapa da sua doce tormenta de amor em direção a Deus. Seu corpo é também um lugar privilegiado da experiência mística, mas, assim como a linguagem, ele também impõe seus limites. Logo, aniquilar-se no Amor não significa negar o corpo, significa tão somente não mais diferenciá-lo em relação ao espirito e se auto reconhecer como uma unidade que tem uma origem divina. No mesmo direcionamento, a linguagem da negação[20], percebida pelo uso dos paradoxos e por termos

---

18 Cada nome revela uma experiência do Amor e, assim, não podemos deixar de lembrar de *Os sete modos do Amor* de Beatriz de Nazaré.

19 Como chama atenção Tabuyo, nota 4: "Hadewijch distingue em seus escritos entre a experiência desnuda do nada divino, o vazio, o abismo sem nome que nenhuma palavra pode expressar, e a experiência visionária, grávida de imagens e símbolos. A experiência de pobreza e nudez, de despossessão absoluta, encontra-se nos *Poemas*. Nas *Visões*, relato de iniciação, aparece, em vez disso, 'o mundo do anjo', a experiência da viagem visionária como expressão e modelo de seu itinerário místico; experiência que, porém, emudece, se cala sempre ao se aproximar do limiar do abismo divino, salvaguardando, assim, seu mistério" (TABUYO, 2005, p. 11).

20 A propósito de a linguagem da negação não ser a negação da linguagem, estamos nos referindo à teologia negativa ou à linguagem apofática que tem como referência, sobretudo, *A*

como destruição, ruína, perda, vazio, deserto, silêncio, também não revela a negação da linguagem. Aponta tão somente para a ideia de que um experienciar de Deus se diz muito mais no silêncio, enquanto plenitude do falar, do que nas afirmações formalizadas de quem pensa compreender o Amor. Afinal, como já frisou nossa mística, Ele está mais perto de quem se extravia do que de quem O compreende. Desta forma, vazio e plenitude, como corpo e espírito, parecem fazer parte de uma mesma unidade na mística da beguina holandesa. Assim ela pode afirmar:

> Aniquilar-se no Amor
> é o mais alto que sei;
> por mais distante que esteja do meu alcance
> não conheço obra melhor.
> Encarando o Amor com desejo,
> já sem coração nem pensamento,
> quando se extingue ao fim nossa paixão na sua
> encontramos a força que o conquista para sempre (HADEWIJCH, 1999, p. 103).

Considerações finais

Encontramo-nos, assim, diante de um corpo/texto de uma mulher do século XIII, cuja escrita, densa, complexa e multifacetada, revela muito da sua relação humano-divina (para ficarmos apenas com o tema abordado aqui) por meio dos relatos de suas experiências místicas. Hadewijch da Antuérpia fala e escreve em primeira pessoa. É ela que ouve, fala, treme, goza, languidesce, sente, raciocina, pensa com o coração, com as veias e com seus membros, enfim, com todo seu corpo que morre várias vezes por causa do furor do amor e dele sai sempre renovado, como ela mesma afirma por si mesma e por outras: *este é o testemunho que eu mesma e muitas outras podemos manifestar*. Testemunho que já citamos mais acima e que reaparece em outros

---

teologia mística, do pseudo-Dionísio, influência direta ou indireta das mulheres místicas medievais. Sobre as linguagens que aparecem na obra dionisiana na sua relação com o amor, cantado também por Hadewijch, ver o interessante estudo de Marion, *O que não se diz – A apófase do discurso amoroso* (MARION, 2010, p. 5).

Poemas e em outras partes da sua obra. Não importa que este eu que sente seja um eu a ser superado nos encontros e desencontros do Amor, importa que este eu se realize como um todo, como um corpo na sua carne e espírito, e neste todo escreva uma narrativa que a salvou do esquecimento, no percurso de um caminho místico experimentado na doce tormenta do amor e indicado na poesia da sua obra, afinal, repetimos os versos já citados de Hadewijch: *é poema que desafia qualquer melodia! Melodia que desafia a qualquer poema!*

Referências

CERTEAU, Michel de. *A fábula mística.* Vol.1, trad. Abner Chiquieri, Rio de Janeiro: Forense Universitária, 2015.

CIRLOT, V. e GARÍ, B. *La mirada interior. Escritoras místicas y visionarias en La edad media.* Barcelona: Ediciones Martínez Roca, 1999.

FOUCAULT, Michel. A escrita de si. In: *O que é um autor?* Lisboa: Passagens. 1992, p. 129-160.

GOSSET, Thierry. *Mujeres Místicas. Época Medieval.* Trad. Esteve Serra. Barcelona: J. J. de Olañeta, 2004.

GOZIER, André. *Hadewijch d'Anvers, béguine et mystique. Le Pavement de saphir.* Paris: L'Harmattan, 2010.

GUGLIELMI, Nilda. *Ocho místicas medievales (Itália, siglos XIV y XV). El espejo e las tinieblas.* Buenos Aires: Miño y Dávila Editores, 2008.

HADEWIJCH DE AMBERES. *Deus Amor e Amante.* Trad. Roque Frangiotti. São Paulo: Paulinas, 1989.

_____. *Visiones.* Edición y traducción de María Tabuyo. Barcelona: José J. de Olañeta, Editor, 2005.

_____. *Poemas.* In: TABUYO, María. *El linguage del desejo.* Edição e tradução de María Tabuyo. Madrid: Editorial Trotta, 1999, p. 59-148.

MARION, Jean-Luc. *O visível e o revelado.* Trad. Joaquim Pereira. São Paulo: Loyola, 2010.

McGINN, B. *O florescimento da mística: homens e mulheres da nova mística: 1200-1350.* Trad. Pe. José Raimundo Vidigal. São Paulo: Paulus, 2017.

NOGUEIRA, Maria Simone Marinho. Mística feminina – Escrita e transgressão. In: *Revista Graphos,* vol. 17, n° 2, 2015, UFPB/PPGL, p. 91-102.

_____. Lá onde estava antes de ser: Marguerite Porete e as almas aniquiladas. In: *Scintilla* – Revista de Filosofia e Mística Medieval, v. 13, 2016, p. 11-30.

_____. Apprehendere desideratum in desiderio: a questão do desejo nos Sermões de Nicolau de Cusa. In: MACHETTA, Jorge e D'AMICO, Claudia (orgs.). *La cuestión del hombre en Nicolás de Cusa: fuentes, originalidad y diálogo con la modernidad.* Buenos Aires: Biblos, 2015, p. 425-434.

OPITZ, Claudia. O quotidiano da mulher no final da Idade Média (1250-1500). In: DUBY, Georges; PERROT, Michelle; KLAPISCH-ZUBER, C. (org.). *História das mulheres no ocidente.* Trad. Francisco G. Barba e Teresa Joaquim. São Paulo/Porto: Ebradil/Afrontamento, 1990, p. 353-435. (Vol. 2: A Idade Média).

RÉGNIER-BOHLER, Danielle. Vozes literárias, vozes místicas. In: DUBY, Georges; PERROT, Michelle; KLAPISCH-ZUBER, C. (org.). *História das mulheres no ocidente.* Trad. Francisco G. Barba e Teresa Joaquim. São Paulo/Porto: Ebradil/Afrontamento, 1990. p. 517-591. (Vol. 2: A Idade Média).

ROMAGNOLI, Alessandra Bartolomei. El tema del corpo en la mística feminina medieval. In: CHIAIA, María (coord.). *El dulce canto del corazón. Mujeres místicas, desde Hildegarda a Simone Weil.* Trad. Carolina Meseguer. Madrid: NARCEA, 2006.

RUH, Kurt. *Storia della Mistica Occidentale.* Trad. G. Cavallo-Guzzo e C. De Marchi. Milano: Vita e Pensiero, 2002. Volume II: *Mistica femminile e mistica iraneescana delle origini.*

TABUYO, Maria. *Introducción. Visiones de Hadewijch de Amberes.* Barcelona: José J. de Olañeta, Editor, 2005, p. 7-45.

_____. *El linguage del desejo. Introducción. Poemas de Hadewijch de Amberes.* Madrid: Editorial Trotta, 1999, p. 9-56.

TOSCANO, María; ANCOCHEA, Germán. *Mujeres en busca del Amado*: Catorce siglos de místicas cristianas. Barcelona: Obelisco, 2003.

VALLARSA, Alessia. *"Nell'alta conoscenza del nudo amore". Un testo anonimo della mistica brabantina del XIV secolo: le Mengeldichten 17-29.* 2010. Tese (Dottorato di Ricerca in scienze storiche) – Dipartimento di Storia, Universutà Degli Studi di Padova, Padova. Disponível em: <http://paduaresearch.cab.unipd.it/2393/>. Acesso em: 20 Mar. 2019.

ZAMBRANO, M. *La confesión: género literario.* Madrid: Siruela, 1995.

2
Corporeidade e mística cristã em autores(as) modernos(as)

A experiência do corpo na mística de Santa Teresa d'Ávila: conflito, amor e transcendência

Lúcia Pedrosa-Pádua[1]

Introdução

A dimensão espiritual é diretamente afirmada na obra teresiana. Sabemos como Santa Teresa de Jesus (1515-1582) descreve os processos interiores profundos do *castelo interior*, distingue as *moradas* da alma, propõe um *caminho de perfeição* e é adentrada na realidade das experiências extraordinárias. Sabemos, igualmente, como as realidades prosaicas e cotidianas, na obra de nossa autora, não receberam o mesmo valor das realidades espirituais, estando a prová-lo o desprezo pelo conteúdo de suas cartas, até o século XX.

A corporeidade, em Santa Teresa, apresentaria também menor importância? Seria tratada de maneira negativa? Inferior? Não nos parece. Não é para a direção da desvalorização do corpo que a literatura teresiana e os estudos modernos de suas obras apontam. Ao contrário, Teresa é testemunha do valor teologal do corpo, da centralidade das relações concretas neste mundo e das capacidades corpóreas ainda hoje insuspeitadas.

A mística de Santa Teresa não se pauta, preferentemente, por uma relação de oposição-exclusão entre corpo e alma, mas, sim, por uma relação de integração-inclusão (GARCIA RUBIO, 2006, p. 95-114), proporcionada pela centralidade da "sacratíssima Humanidade" de Jesus Cristo em sua experiência espiritual. Por isso, tende a ser integrada, integradora e processual. Mística e corpo estão unidos e se necessitam. Nesta relação de integração-inclusão há conflito, há amor, há transcendência. É o que veremos neste estudo.

---

[1] Contato: lpedrosa@puc-rio.br

1. Corpo como campo de conflitos e tensões

Sim, é verdade que, com relação à linguagem, a noção do corpo de Santa Teresa vem carregada do substrato filosófico-antropológico de seu tempo. Este substrato traz uma visão platônico-dualista, que povoa a *doctrina communis* no século XVI. A esta noção, soma-se uma visão negativa da mulher, sempre associada às realidades consideradas inferiores do corpo e do sexo, como ser apenas necessário à reprodução e ao prazer masculino, embora teoricamente o cristianismo sempre tenha defendido a sua dignidade e igualdade, enquanto pessoa, em relação ao homem.

A concepção consciente que Teresa tem do corpo conota o substrato dualista de raiz platônica, embora ela o vá superando ao longo da vida. Teresa experimenta em si a diferenciação das dimensões corporal e anímica, e, por vezes, transparecem em sua obra distinções opositivas entre elas. Assim, o corpo seria a grosseira muralha do castelo interior (1 Moradas 1,2)[2], sua "superfície grosseira" (5 Moradas 1,6). O corpo encarcera a alma: "essa pobre alma está aprisionada aos males do corpo" (Vida 11,15). Nos estados místicos mais intensos, a pessoa sente o corpo e a miséria da vida como cativeiros: "A pobre alma [...] se aflige por se ver submetida a tantos inconvenientes, empecilhos e obstáculos decorrentes do fato de estar no cárcere deste corpo" (Caminho 32,13). Cuidar do corpo parece uma perda de tempo: "...perder tempo com o corpo, dormindo e comendo" (Vida 21,6). Surge o desejo de liberdade, e esta parece ser possível apenas com o "sair do corpo" (Ibid.) e deixar-se levar pelas experiências interiores, da alma.

A poesia *Vivo sem em mim viver* é um conhecido exemplo da tensão que se volta contra o corpo:

---

2 As citações teresianas deste estudo seguirão a tradução brasileira dos livros de Santa Teresa: TERESA DE JESUS. *Obras Completas* (coord. Frei Patricio Sciadini; trad. do texto estabelecido por Tomás Álvarez). São Paulo: Carmelitanas/Loyola, 1995. Citaremos diretamente, mencionando o título da obra teresiana – Vida (*Livro da Vida*), Caminho (*Caminho de Perfeição*), Moradas (*Castelo Interior ou Moradas*), Fundações, Relações, Poesias – seguido dos números do capítulo e do(s) parágrafo(s). No caso de *Moradas*, o número que antecede o título indica a morada correspondente. Assim, o(a) leitor(a) pode conferir as citações nas diversas edições das obras de Santa Teresa.

> Este cárcere, estes ferros
> em que a alma vive metida!...
> Só de esperar a saída
> Me faz tanto padecer,
> que morro de não morrer (Poesia 1)³.

2. A superação do dualismo corpo-alma: um processo de humanização

Porém, uma experiência mais luminosa e decisiva vai aos poucos provocando uma superação e mesmo uma crítica a este dualismo entre corpo e alma. O querer morrer, deixar o corpo e livrar-se do limite não são o ponto de chegada da mística teresiana, que se encontra num processo humanizador de valorização da vida e das relações, provocado pela experiência da presença de Deus Trino e da Humanidade sagrada de Cristo.

2.1. A superação da tensão vida-morte pela experiência de Deus Trino

À semelhança do apóstolo Paulo (Fl 1,23-24), Teresa de Jesus vai viver uma tensão escatológica e um processo que podemos chamar de conversão à vida concreta. Vislumbrou as potencialidades de uma vida plena em Cristo e os limites da existência terrena, mas, como Paulo, a tensão foi resolvida em direção ao querer viver para servir. A experiência da encarnação de Cristo torna-se cada vez mais forte e provoca uma mudança em sua noção de Deus. Ligada à experiência da encarnação, acontece a experiência da presença de Deus Trino em si e em todas as criaturas. De forma existencial, vai ficando cada vez mais claro que não é morrendo que se está com Deus, porque Ele já se encontra com o humano. Ele se dá a nós na Humanidade de Cristo, Ele nos habita por seu Espírito. Esta experiência é tal que o "querer viver" se sobrepõe e vence o desejo de morte:

> É verdade que, nas vezes em que se esquece disso [da glória de servir o Crucificado], a alma volta a sentir com ternura os desejos de fruir de Deus e de sair deste desterro, em especial vendo que O serve tão pouco.

---
3 Aspirações à vida eterna.

> Mas logo volta a si e, percebendo que O tem continuamente consigo, contenta-se com isso e oferece a Sua Majestade o *querer viver* – a oferenda mais custosa que ela pode lhe dar (7 Moradas 3,7)[4].

A valorização do corpo e desta vida presente se faz consciente e refletida nas sétimas moradas. O texto acima o testifica. Porém, já é presente em diversas experiências espirituais anteriores. O livro *Caminho de Perfeição* já manifesta sua percepção de que o próprio Deus, em Cristo, está na terra e é dela revestido, a fazer com que o próprio Pai queira ser *nosso* Pai neste mundo (Caminho 27,2.3). Tudo isso vai transformando o conflito escatológico – desejo de morte – em desejo de vida e serviço.

Do ponto de vista da linguagem, a espiritualidade da corrente espanhola também será importante neste processo de integração corpo e alma. Esta corrente trabalha a dialética, nada tranquila, entre corpo, alma e espírito. Várias vezes, a dimensão corpórea aparece na experiência espiritual teresiana, aliada aos movimentos da alma (psicologia) e do espírito (o mais profundo). E o corpo aparece, tal como a alma e o espírito, como dimensão que se transforma e humaniza na relação com Deus e com os irmãos, e que se expressa de novo modo neste mundo (PEDROSA-PÁDUA, 2015, p. 41).

No conjunto da experiência teresiana, predomina uma atitude positiva diante das criaturas como pano de fundo, pois Deus está presente em todas as coisas e se comunica: "o Senhor está presente e se comunica conosco" (Vida 18,15); "Parecia-me que, de dentro de minha alma [...] elas [as três Pessoas] se comunicavam a todas as coisas criadas, não faltando nem deixando de estar comigo" (Relações 18). Todas as criaturas falam de Deus:

> Em todas [as coisas] criadas por Deus tão grande e sábio deve haver imensos segredos de que podemos nos beneficiar [...] em cada coisinha que Deus criou, há elementos que transcendem o entendimento, ainda que se trate de uma simples formiguinha (4 Moradas 2,2).

E entre todas, a pessoa humana é a criatura mais admirável, criada à imagem de Cristo. Por isso, o itinerário teresiano terminará não na atitude estoica dos filósofos, que suporta o corpo, mas num corpo que ama:

---

4 Itálico nosso.

Não penseis que a união [com Deus] consista em [...] ao passar eu por sofrimentos e enfermidades, padecê-los com alegria. [...]. Quantas coisas assim faziam os filósofos! [...]. Aqui, só duas coisas nos pede o Senhor: amor a Sua Majestade e ao próximo (5 Moradas 3,7).

2.2. Uma afirmação altissonante: "Não somos anjos, pois temos um corpo"

Um ponto chave da mística teresiana é a experiência da Humanidade de Cristo, que a fará ater-se à necessidade de contemplar Cristo nos mistérios da sua vida (especialmente a Paixão), e segui-lo na oração e na vida. Impõe-se a experiência do "divino corpo" (Vida 22,1), que leva à afirmação de que "não somos anjos, pois temos um corpo" (Vida 22,10). Impõe-se a percepção interior ou visão imaginária de Cristo sempre a seu lado, caminhando com ela como testemunha de tudo o que ela fazia. Impõe-se a experiência das mãos de Cristo, com sua grandíssima beleza, do divino rosto e de toda sua Humanidade ressuscitada, a imagem do Cristo vivo. Impõe-se a maternidade e o realismo da vida de Maria, sua mãe[5].

A humanidade de Cristo é o fundamento que possibilita não recear as coisas corpóreas, e não se afastar desta dimensão, mesmo diante de experiências extraordinárias. A pessoa não é uma "alma de anjo", ela está neste "corpo mortal" como Cristo, em sua humanidade terrestre, esteve. A experiência teresiana desta humanidade é inequívoca e irrevogável: dela vem todo bem (6 Moradas 7,14-15; Vida 22,10). É uma experiência tão real e positiva que, subjetivamente, Teresa *não quer* outro bem a não ser o que vem de Cristo, mesmo aceitando a hipótese de que seja possível meditar apenas a sua divindade, prescindindo de sua humanidade.

Daí um incrível humanismo teresiano, em sua doutrina e, de modo muito visível, em suas cartas. O interesse pela saúde está sempre presente, o interesse pelas pessoas concretas, por suas penas e alegrias. Temos em sua obra uma narrativa sincera de sua vida, de seus padecimentos físicos, de sua preocupação com as mãos frias de um tio, de seus amores. Graças a isso é possível descobrir, hoje, as enfermidades

---

5 Sugerimos a leitura dos capítulos 22, 27 e 28 do *Livro da Vida*.

que a acometeram; fazer crônicas de época, costumes e formas de relacionamento.

Resumindo: apesar da doutrina comum de inferiorização do corpo, há na mística teresiana um processo de integração e humanização, não isento de conflito, arbitrado de forma determinante pela contemplação dos mistérios de Cristo.

3. O corpo humanizado é corpo de amor

O corpo, humanizado por Deus, torna-se corpo de amor. Amor que se entrega, não importando mais saúde, doença ou sofrimentos. A gratuidade é característica desse amor, que se torna, assim, mediação de graça. Teresa de Jesus ensina que o natural do amor é "agir sempre de mil maneiras" (6 Moradas 9,18). As pessoas muito apaixonadas não servem por salário, mas gratuitamente, em "harmonia de obras, atos e palavras" (7 Moradas 4,7).

Das imagens que Teresa usa em *Moradas* para se expressar em sua experiência, muitas são de caráter corporal: esposos, beijo, braços, abraços, imagem. Ela sabe, por exemplo, que a comparação que faz entre a união profunda com Deus e o matrimônio é grosseira, pois trata-se de dimensões diferentes. Entretanto, afirma não ter encontrado outra comparação que defina tão bem esta verdade (5 Moradas 4,3).

Cativado pela pessoa de Jesus, o corpo humanizado vai se assemelhando a ele, vivendo a vida que ele viveu, tornando-se servidor, como ele foi. Ser espiritual é, para Teresa de Jesus, ser escravo do mundo, como Jesus foi (observem a força desta frase: "Quereis saber o que é ser espiritual? É ser escravo do mundo, marcados pelo selo da cruz, como Ele foi" – 7 Moradas 4,8).

Enfim, na aventura existencial que tem, em *Moradas*, sua máxima expressão, o corpo está sempre presente, ativa ou passivamente, deixando-se alterar, moldar pela ação de Deus. Há uma plasticidade neste corpo de amor.

Na experiência mística, o Espírito invade todas as raízes humanas, atravessa sua personalidade e psicologia. O corpo, plasticamente, participa da ação do Espírito. Mas o mais importante não é o fenômeno místico. Teresa descobre que o corpo não é apenas reação psicossomática a essa experiência. Ele é, isto sim, transparência, janela da alma, expressão do que acontece em seu interior, revelando sua razão de viver. É corpo-sinal que expressa a relação amorosa entre "Deus e a alma". É corpo transformado e capacitado ao trabalho, à luta, ao serviço aos irmãos e a Deus neles. O serviço é a síntese do corpo capacitado para o amor.

O corpo de amor é comunicativo, aberto à vida, eminentemente relacional (Teresa pode ter escrito cerca de 15.000 cartas!). Mediação do amor interpessoal. A experiência vivida e ensinada pela Doutora de Ávila é uma experiência integradora básica do ser humano como pessoa. Está, por isso mesmo, apta a superar o dualismo entre corpo e alma e a viver a riqueza da relação dialética entre ambos.

Aqui vemos como Teresa de Jesus entendeu a profunda relação entre a mística e a corporeidade. No princípio, havia entrado em guerra contra o limite corpóreo, a sua fragilidade e fraqueza. Porém, a mesma experiência foi a que lhe trouxe a pacificação com o corpo, pois Teresa pode comparar o seu limite corpóreo com a oferta indefesa de Deus, em Cristo, que se fez limite e fragilidade, *fez-se carne*.

Teresa aceitou o limite quando percebeu que a última palavra de Deus é Cristo, e não a morte que liberta do corpo, e que um dia ela tanto desejou e mesmo sentiu em si. Daí veio sua força para a entrega em amor, com e como Cristo. Confrontada com seu limite, Teresa experimentou Deus como pura, eterna e divina ativação das suas forças e possibilidades humanas para o amor – esta é a resposta de Deus à finitude humana. O corpo divinizado, ou cristificado "é mais corpo de que nunca" (CASTRO, 2000, p. 476), conformado à sua vocação de ser para Deus.

4. O corpo como capacidade de transcendência

Os corpos são transcendidos na experiência espiritual. Isto abrange tanto a auto-transcendência que transforma o corpo feminino em sua auto-percepção e inserção social, quanto o corpo sinal da transcendência de Deus nas experiências extraordinárias.

4.1. Nova autopercepção do ser mulher

O corpo é capaz de resistência e de superação de vulnerabilidades, ao receber um valor pessoal que o transcenda, uma motivação forte. Neste sentido, a fé viva é inigualável, ela transporta montanhas (Mt 17,20). Na sua experiência própria, Teresa de Jesus nos conta que, apesar das dores, não deixa de rezar nem de escrever. Todo o itinerário das moradas aponta para a fortaleza como dom, e para o serviço como atitude primordial – fortaleza e amor caminham juntos. São dons que ajudam Teresa a criticar o conceito de debilidade feminina e a conclamar suas irmãs à oração como união com o Forte, visando ao serviço, sem subterfúgios ou escusas (7 Moradas 4,11). Isto nos mostra como Teresa vê uma intrínseca relação entre as dimensões corpórea e espiritual, o que justifica uma visão menos frágil de si mesma.

A dimensão corpórea está em inter-relação com a dimensão psicológica. O corpo é corpo psicológico. Teresa tende a observar a pessoa como um todo: se tende à fragilidade e se deixa levar indiscriminadamente pelas experiências interiores (diríamos hoje somatização), ou se tem a imaginação suscetível que leva a ver o que imagina, se está muito doente, ou saudável, se tende à melancolia (depressão), se tem os "males da idade".

O corpo não é assim uma realidade independente ou uma dimensão totalmente realizada, por isso ele é parte integrante do processo de humanização. Neste processo há uma gradual libertação de amarras que o escravizam (como o apego excessivo a amigos e parentes, obsessão pela saúde, redução da vida aos negócios e dinheiro, redução da vida ao trabalho), com consequente aumento da liberdade interior, ao qual o corpo corresponde amando e servindo. Acontece uma gradual conquista de coerência entre gestos, palavras e sentimentos, ou seja, coerência entre corpo e interioridade. A humanização expressa por Santa Teresa acentua particular aceitação do corpo físico e sexuado e aumento da consciência de gênero, da importância da mulher, da situação de discriminação por parte dos varões que se tornam juízes de mulheres, da opressão de semiteólogos que tendiam a ver demônios em tudo, da opressão das mulheres nos casamentos, dos casamentos em idades excessivamente jovens. Teresa vê a mulher como que "encurralada", com nenhuma ou pouca possibilidade de expressão no espaço público e eclesial[6].

---

6 Ganha particular relevância, neste sentido, o texto de *Caminho de Perfeição 4,1*, segundo o códice de El Escorial, em que Santa Teresa descreve a situação das mulheres como

Teresa de Jesus altera a fronteira que delimitava o entendimento da teologia e o magistério aos homens e, pior, negando a capacidade de raciocínio e entendimento das mulheres. Provou, na prática e na doutrina, que saber e sabedoria não correspondem necessariamente ao sexo masculino. As *Moradas* servem de alerta aos homens que, arvorando-se em entendidos, em virtude de princípios que não sejam o conhecimento teológico (com especial destaque à Sagrada Escritura) e o dom do discernimento espiritual, acabam por prejudicar aos outros. Pela vida e obra de Teresa de Jesus percebe-se que esta autoestima e segurança dão outra postura ao corpo, à voz, ao olhar, à atitude nas relações.

Assim, o corpo não é um fato realizado, mas um corpo que se faz, se autorrealiza e auto-percebe nas relações sociais. Ele adquire liberdade, é fortalecido pela vida interior e repropõe a maneira de viver. Ele se humaniza.

4.2. *Corpo e fenômenos extraordinários*

Os fenômenos extraordinários na mística teresiana exercem fascínio. Embora a teologia espiritual tenha desvalorizado tais fenômenos, reduzindo-os a fenômenos psíquicos, eles podem apresentar um interesse teológico-antropológico-cósmico.

O que são estes fenômenos místicos?

O Pe. Tomás Alvarez, teresianista maior, os chama de "manifestações acessórias da vida mística" (2000, p. 679), distintas da vida mística. Por que distintas? Porque a vida mística é um processo de união com Deus, independentemente de manifestações extraordinárias. A experiência de Deus é, por si só, misteriosa e secreta. A fé pode ser compreendida como uma experiência mística, pois, para que a fé se realize enquanto fé, uma experiência única, intransferível e pessoal do mistério de Deus acontece, para além do plano sensorial empírico, embora se dê dentro do raio da consciência. O fenômeno místico, por sua vez, é manifestativo. Por isso, a experiência e o fenômeno não se identificam.

Ao unir os termos na expressão "fenômeno místico", nos referimos às manifestações do "misterioso e secreto" que às vezes acompanham a vida mística e que às vezes não apenas as manifestam como também

"encurraladas" por varões que se fazem de "juízes de mulheres". Cf. PEDROSA-PÁDUA, 2011, p. 119.

a intensificam no místico que as vive. Por serem fenômenos parapsicológicos, "é normal que frequentemente provoquem sérias suspeitas por parte do psicólogo e receios de fraude e falsificação por parte do teólogo" (ALVAREZ, 2000, p. 680). No entanto, o fenômeno místico é incontestável – na Bíblia, na história da espiritualidade cristã e nas demais tradições religiosas.

Na obra teresiana, vemos que Teresa narra o fato fundamental de sua vida mística através de um conjunto de fenômenos que ela chama de "mercedes" de Deus, traduzidas ao português como "graças" de Deus (6 Moradas 8,8). Estamos, portanto, no nível da graça ou das graças místicas que Teresa descreve, sobretudo, em seus livros autobiográficos como *Vida*, *Relações* e *Livro das Fundações*. Elencamos a seguir os fenômenos místicos mais importantes, segundo T. Alvarez (2000, p. 680-682) e transcreveremos alguns textos que servem como exemplos.

- Raptos, arroubamentos ou êxtases: "veio-me um arroubo de espírito de tamanho ímpeto que não tive como resistir-lhe [...] Tive a impressão de estar no céu..." (Vida 38,1)[7]. Teresa anota copiosamente este fenômeno, desde o primeiro, referido em Vida 24,5: "...veio-me um arrebatamento tão repentino que quase me tirou de mim [...] esta foi a primeira vez [...]. Entendi as palavras [...]". Sobre o corpo, Teresa anota: "Nesses momentos, todos os sentidos se regozijam em grau tão alto e com tamanha suavidade..." (Vida 38,2).
- Visões ou aparições – estas nunca são corporais ou sensoriais (Vida 7,6; caps. 27 e 28)[8].
- Falas místicas – a primeira percepção está registrada em Vida 19,9: "Vós [o interlocutor divino] me respondestes: 'serve-me e não te envolvas nisso'"[9].
- Profecias do futuro ou do futuro ainda mais longe: "Quando esta comunicação vem de Deus, tenho tido muitas provas, em inúmeras coisas que me foram ditas dois ou três anos antes, de que se cumprem as palavras proferidas, sem exceção" (Vida 25,2)[10].

---

7   Cf. 2Cor 12,2 e 4.
8   Cf. 2Cor 12,8.
9   As falas místicas são frequentes nos livros proféticos e em Paulo – Hb 8,5.
10 Cf. Hb 8, 8-12.

- Feridas místicas e, entre elas, a conhecida "graça do dardo" (ou "transverberação do coração") que lhe transpassa o coração, provocando amor – nessa experiência "o corpo também participa, às vezes muito" (Vida 29,13)[11].
- Revelações do plano divino: "Nesse êxtase, vêm as verdadeiras revelações" (Vida 21,12)[12].

Há outros fenômenos de entidade menor, embora com forte ressonância psicossomática; outros de ordem meramente psíquica. Os mais relevantes, embora não tenham a importância dos anteriores:

- levitação (perda do peso do corpo) – embora o termo levitação não seja utilizado, Teresa descreve que "a alma era arrebatada e quase sempre levava a cabeça atrás de si, sem que eu pudesse controlar, havendo ocasiões em que o corpo inteiro ficava suspenso do chão" (Vida 20,4);
- voo do espírito, às vezes identificado com o rapto (Vida 20,1) – "o espírito dá um voo para elevar-se acima de todo o criado e, antes de tudo, de si mesmo" (Vida 20,24);
- júbilos: "Nosso Senhor dá algumas vezes certos júbilos e uma oração tão estranha que a própria alma não sabe definir [...] no entanto, eles [os sentidos e faculdades] não entendem o que fruem e como o fruem" (6 Moradas 6,10);
- toques de amor: "movimentos que costuma haver nas faculdades e na imaginação" (7 Moradas 3,9);
- recolhimento infuso de toda a atividade intelectual e imaginativa (Relações 5,3) e quietude amorosa da vontade, absorvida (absorta) pelo objeto amado (Relação 5,4).

Como Teresa avalia estes fenômenos? No *Livro das Fundações*, Teresa relativiza os fenômenos extraordinários, afirmando que a perfeição não está nos regalos interiores, mas na conformação da vontade à vontade de Deus (Fundações 5,10). Também nas *Moradas* Teresa afirmará que a verdadeira união com Deus é o "amor a Sua Majestade

---

11 Esta experiência evoca o tema "vulnerasti cor meum", do *Cântico dos Cânticos* (Ct 4,9).
12 As revelações salvíficas formam o tecido do relato bíblico, como o anúncio à Virgem Maria (Lc 1,26).

e ao próximo" (5 Moradas 3,7). Assim, fica claro em Santa Teresa que o amor concreto tem prioridade com relação aos fenômenos extraordinários. Porém, Teresa "nunca se pronuncia contra o conteúdo espiritual dos fenômenos" (ALVAREZ, 2000, p. 683), o desapego, a reorganização da vida, o crescimento em amor que eles provocam. Alguns destes fenômenos produziram um impacto incalculável sobre a sensibilidade de escritores e artistas. O fenômeno da "graça do dardo" ou transverberação do coração, foi assumido na liturgia carmelitana e teresiana, que o celebra no dia 26 de agosto.

Estes fenômenos têm algo a falar sobre o corpo. Mostram que este é cheio de potencialidades (sentidos), é plástico, é misterioso. Que é capaz de Deus, de forma imperfeita, porém de Deus e, sendo capaz de Deus, é ao mesmo tempo dependente e orientado a Deus.

Com relação às novas ciências, haveria aqui a manifestação fenomênica de que a matéria é energia? Surge um campo que se abre à física quântica, aos estudos da natureza enquanto possibilidades.

Enfim, o corpo, capaz de ressurreição, carrega em si um princípio de misteriosidade.

Conclusões

Chegamos ao final do nosso itinerário. Muito fica ainda a ser dito sobre a corporeidade na mística teresiana, como o estudo dos sentidos, a vivência da fé e da esperança, o caráter transgressor do corpo teresiano na cultura machista de então.

Neste estudo vimos como, na mística de Santa Teresa, a dimensão corpórea está muito presente e é objeto de particular atenção. Por um lado, é campo de conflitos e tensões, proporcionados pela concepção cultural dualista de seu tempo, que opõe corpo e alma, a associar o corpo a uma realidade inferior à alma. Por outro, também a profunda experiência de Deus (mística) teresiana, que distingue as dimensões anímica, corporal e espiritual de maneira cada vez mais clara, é fonte de conflito. A tensão corpo e alma, ao longo da vida de Santa Teresa, é resolvida em favor da integração dialética entre ambos, da valorização do corpo e do amor-serviço concretos nesta existência terrena. É o aprofundamento na experiência do Deus de Jesus Cristo, que se encarnou e assumiu a existência humana com toda a sua amplitude – Teresa chama

Jesus de sagrada Humanidade – o caminho de valorização real do corpo e da criatureidade na doutrina teresiana, concentrada na afirmação de que "Não somos anjos, pois temos um corpo". Este caminho pode ser visto como processo de humanização, em resposta à experiência da sagrada Humanidade.

O corpo, em Teresa, é chamado a ser corpo de amor, transformado, capacitado pelo próprio Deus a expressar e ser coerente com a vida interior, com a pessoa de Jesus Cristo. Por isso, o corpo humanizado é corpo de amor comunicativo. Interioridade e expressividade convergem, fecundam-se, a possibilitar um corpo que é mediação do amor interpessoal e com todas as criaturas. Há transparência pessoal, coerência entre gestos, palavras e ações. A mística teresiana não culmina com a dor do êxtase, e sim com o corpo que ama e serve a Jesus Cristo, nos irmãos e irmãs.

O corpo é também capacidade de transcendência, em vários sentidos. Primeiramente, é capacidade de superação da pretensa inferioridade e debilidade femininas. Mística é união pessoal com o amor e a fortaleza do Espírito. Há crescimento em liberdade, em coerência, em autoestima, em afirmação social. O corpo feminino, na experiência de Deus, refaz as realidades culturais, sociais e eclesiais artificialmente fixadas em desfavor das mulheres e se refaz na direção da autorrealização como mulher e como mulheres, em plural, em Deus, o Deus de Jesus Cristo.

Os fenômenos extraordinários, abundantes na experiência mística teresiana, também jogam uma luz na capacidade de transcendência do corpo. Ele se revela cheio de potencialidades e mistérios. É capaz de Deus, e ao mesmo tempo dependente e orientado a ele. As ciências da natureza avançam para fazer conhecer melhor os fenômenos místicos enquanto energia. A mística teresiana tem muito a contribuir para estes estudos, a ampliar as potencialidades realizadas do humano que testemunha a ação do amor de Deus – assim é Santa Teresa.

Enfim, Santa Teresa de Jesus é testemunha do valor teologal do corpo, da dignidade radical de todo corpo humano e de toda criatura. Foi arauto de uma mística enraizada num Deus que se fez Humanidade sagrada e se comprometeu com toda realidade humana e com toda criatura.

Referências

ALVAREZ, Tomás. Fenómenos místicos. In: ALVAREZ, Tomás. *Diccionario de Santa Teresa de Jesús*. Burgos: Monte Carmelo, 2000, p. 679-684.

CASTRO, Gabriel. Cuerpo. In: ALVAREZ, Tomás. *Diccionario de Santa Teresa de Jesús*. Burgos: Monte Carmelo, 2000, p. 462-476.

GARCIA RUBIO, Alfonso. *Unidade na Pluralidade. O ser humano à luz da fé e da reflexão cristãs*. 4ed., São Paulo: Paulinas, 2006.

PEDROSA-PÁDUA, Lúcia. *Santa Teresa de Jesus: mística e humanização*. São Paulo: Paulinas, 2015.

_____. Santa Teresa de Ávila. Dez retratos de uma mulher "humana e de Deus". In: PEDROSA-PÁDUA, L. e CAMPOS, M. B. (org.). *Santa Teresa. Mística para o nosso tempo*. Rio de Janeiro/São Paulo: PUC-Rio/Reflexão, 2011, p. 103-129.

SANTA TERESA DE JESUS. Caminho de Perfeição. In: *Obras Completas*. (Coord. Frei Patricio Sciadini; trad. texto estabelecido por T. Álvarez). São Paulo: Carmelitanas/Loyola, 1995, p. 293-429.

_____. Castelo Interior ou Moradas. In: *Obras Completas*. (Coord. Frei Patricio Sciadini; trad. texto estabelecido por T. Álvarez). São Paulo: Carmelitanas/Loyola, 1995, p. 431-588.

_____. Fundações. In: *Obras Completas*. (Coord. Frei Patricio Sciadini; trad. texto estabelecido por T. Álvarez). São Paulo: Carmelitanas/Loyola, 1995, p. 589-772.

_____. Livro da Vida. In: *Obras Completas*. (Coord. Frei Patricio Sciadini; trad. texto estabelecido por T. Álvarez). São Paulo: Carmelitanas/Loyola, 1995, p. 19-291.

_____. Poesias. In: *Obras Completas*. (Coord. Frei Patricio Sciadini; trad. texto estabelecido por T. Álvarez). São Paulo: Carmelitanas/Loyola, 1995, p. 953-1029.

_____. Relações. In: *Obras Completas*. (Coord. Frei Patricio Sciadini; trad. texto estabelecido por T. Álvarez). São Paulo: Carmelitanas/Loyola, 1995, p. 773-839.

Os sentidos corpóreos e os sentidos espirituais na espiritualidade inaciana

Geraldo Luiz De Mori[1]

Introdução

Mais que a espiritualidade inaciana em geral, o presente estudo se concentrará em apresentar a relação entre sentidos corpóreos e sentidos espirituais no texto dos *Exercícios Espirituais* de Inácio de Loyola. Isso será feito em dois momentos: no primeiro será mostrado como o corpo e seus sentidos aparecem no livro dos *Exercícios*. Em seguida, será proposta uma reflexão teológica sobre a relação entre a mística inaciana e a corporeidade.

1. Os sentidos corpóreos e os sentidos espirituais nos Exercícios Espirituais

É lugar comum falar que a espiritualidade que subjaz à antropologia cristã é marcada pelo dualismo, que opõe corpo e alma, terra e céu, matéria e espírito, natural e sobrenatural, humanidade e divindade, profano e sagrado. Apesar da unidade da visão bíblica do ser humano, visto como totalidade, a partir das metáforas *basar* (*sarx/soma*, carne), *nefesh* (*psiché*, alma), *ruah* (*pneuma*, espírito) e *leb* (*kardía*, coração), seu encontro com a filosofia grega, sobretudo a platônica, que havia herdado o dualismo do orfismo, fez com que a fé cristã se voltasse mais para a alma do que para o corpo, identificando a primeira com aquilo que constituía verdadeiramente o humano e o segundo como finitude, aparência, cárcere. Apesar de o dogma da encarnação e a fé na

---
1 Contato: prof.geraldodemori@gmail.com

ressurreição da carne corrigirem esse dualismo, o mesmo penetrou no imaginário cristão, sobretudo através de espiritualidades que se ocupavam mais do reino dos céus e da salvação da alma, do que do mundo humano e de seus corpos.

Inácio de Loyola é do final da Idade Média e início da época moderna. Herdou muitos aspectos da espiritualidade medieval (os textos através dos quais iniciou seu processo de conversão são dessa época: *Vita Christi*, de Ludolfo o Cartusiano e *Flos Sanctorum*, de Jacopo de Varazze). Uma das obras maiores da espiritualidade de então, *Imitação de Cristo*, de Tomas de Kempis, publicada em 1441, o marcou profundamente, de modo que no livro dos *Exercícios* aconselha aos exercitantes que a meditem a partir da Segunda Semana. Que visão do corpo emerge da obra fundadora da espiritualidade inaciana? Como captá-la? A leitura aqui proposta se fará em dois momentos. No primeiro, serão apontados brevemente o que os textos dizem do corpo em geral, de como é requisitado ao longo das "semanas" dos *Exercícios*. Em seguida, serão analisados, de modo esquemático, as portas principais do corpo na experiência dos *Exercícios*: os sentidos.

1.1. Exercícios corporais e espirituais

O termo corpo aparece em diversos lugares e momentos no livro dos *Exercícios*. Já na primeira anotação, dirigida a quem dá e a quem faz a experiência dos Exercícios, o texto diz que

> assim como passear, caminhar e correr são exercícios *corporais*, da mesma forma se dá o nome de exercícios espirituais a todo e qualquer modo de preparar e dispor a alma, para tirar de si todas as afeições desordenadas e, afastando-as, procurar e encontrar a vontade divina, na disposição da vida para a salvação da alma (EE 1).

Nas Adições (n. 73-90), conjunto de orientações práticas dadas por Inácio aos que acompanham e aos que fazem os Exercícios, o corpo também joga um papel central. O autor dos *Exercícios* utiliza a cronologia de um dia de exercícios para ensinar como o exercitante deve posicionar e tratar seu corpo em repouso ou em atividade (EE 73-74, 84), nos tempos de oração e fora deles (EE 75-77), quando come e quando faz jejum (EE 83), ao fazer penitência ou ao deixar de fazê-la (EE 85-89). Sobre este último ponto voltaremos de novo mais adiante.

O ambiente externo também joga um papel importante nas Adições, por causa do efeito que provocam sobre o corpo do exercitante. Nesse sentido, Inácio recomenda, durante a Primeira Semana, "privar-se de qualquer claridade, fechando janelas e portas enquanto estiver no quarto, a menos que seja para rezar, ler ou tomar refeições", para poder alcançar a graça almejada, que é "vergonha e dor" pelos pecados (EE 79), enquanto que para a Quarta Semana, recomenda mudar o modo de proceder corporal, a fim de que a brandura das estações e da natureza possam ajudar, pelos efeitos que produzem no corpo, aos sentimentos de alegria que devem acompanhar a experiência (EE 229, 4ª nota).

Ao descrever o tempo de oração propriamente dito, Inácio mostra a importância que nela ocupa o corpo. Ele apresenta as diversas posturas corporais que o exercitante pode utilizar quando estiver em oração, e que devem refletir seus estados de alma, nos quais poderá sentir quando Deus mais se comunica a ele. A quarta adição, Inácio diz:

> Começarei a contemplação, ora de joelhos, ora prostrado em terra, ora deitado, ora sentado, ora de pé, procurando sempre encontrar aquilo que quero. Observarei duas coisas: a primeira é que se acho o que quero, de joelhos, não mudarei de posição, e, do mesmo modo, se prostrado etc. A segunda, no ponto da mediação em que achar o que quero, aí pararei, sem ter ânsia de passar adiante, até que me satisfaça (EE 76).

O tempo que se segue à oração também é importante, pois nele o exercitante examina o que viveu para o narrar fielmente a quem o acompanha. Trata-se de um tempo distinto do dedicado à oração, no qual o corpo também é requisitado. Para Inácio, o exame da oração deve ser feito em outro lugar e com uma diferente postura do corpo. Terminado o exercício, diz ele,

> [...] examinarei por espaço de um quarto de hora, sentado ou passeando, como é que nelas me saí. Se mal, indagarei a causa, e depois de a descobrir, me arrependerei, para me corrigir no futuro. E se bem, darei graças a Deus nosso Senhor e continuarei a proceder do mesmo modo (EE 77).

É importante lembrar, antes da análise do lugar que os sentidos corporais ocupam nos *Exercícios*, como o tema da penitência corpórea aparece ao longo das Semanas. Na tradição judaica e cristã, como também em outras tradições religiosas e espirituais, a penitência corpórea ocupa um lugar importante, como o atestam as práticas do jejum e da ascese, em geral ligadas ao processo de conversão ou ao domínio de si. Nos *Exercícios*, a penitência é abordada nas Adições (EE 82-89), com uma distinção entre penitência interna, que é a atitude de conversão, e penitência externa, que se exercita no corpo, afetando-o no tocante ao alimento, através do jejum, ao modo de dormir, através da subtração do sono, e ao castigo da carne, através da dor sensível, provocada pelo "uso de cilícios, cordas ou barras de ferro sobre as carnes, flagelando-se ou ferindo-se ou usando de outras asperezas" (EE 85). Em todas essas penitências Inácio acrescenta "desde que não prejudique a pessoa nem resulte daí enfermidade grave" (EE 83, 84, 86). As penitências externas, continua ele, se praticam por "três motivos principais":

> O primeiro, para satisfazer pelos pecados passados. O segundo, para vencer a si mesmo, isto é, para obrigar a sensualidade a obedecer à razão, e as tendências inferiores estarem mais sujeitas às superiores. O terceiro, para solicitar e obter de Deus alguma graça ou dom que a pessoa quer e deseja, por exemplo, a de sentir contrição íntima de seus pecados, de os chorar amargamente, de derramar lágrimas pelas penas e dores que Cristo nosso Senhor padeceu na sua paixão, ou enfim, para achar a solução de alguma dúvida em que se encontra (EE 87).

Não é o caso de aprofundar aqui o lugar das penitências externas que afetam o corpo, nem de entrar no debate sobre a relação entre ascética e mística em Inácio e em sua espiritualidade. Segundo Rambla, a penitência nos *Exercícios*, tal qual é resumida no n. 87 das Adições acima citado, tem três funções: em primeiro lugar, retificar/satisfazer o mal cometido; em segundo lugar ordenar o próprio corpo, buscando a harmonia à qual todos almejamos; e, enfim, viver a gratuidade, como sugere Inácio no n. 87 dos *Exercícios*, "buscar e encontrar alguma graça ou dom que a pessoa quer e deseja, o que equivale à oração de petição, que é uma oração do corpo, que busca abrir-se mais a Deus, à sua vontade e a seu dom" (RAMBLA, 2011, p. 41-42).

Apesar de ter sido um grande penitente, Inácio aprendeu, através dos exageros de Manresa, quando chegou quase ao suicídio, que o amor leva a loucuras, mas que o excesso neste campo pode também levar a atitudes espirituais de endurecimento interior e que é necessário guardar as energias para outras obras espirituais ou de serviço apostólico que devem ter prioridade. Em alguns casos, como para os estudantes jesuítas de Coimbra, ele ataca os excessos, em outros, como com Francisco de Borja, ele situa a penitência corporal na escala da vida espiritual, subordinando-a a valores mais elevados. Deus é sempre mais e a relação com ele pede sempre o despojar-se do que é somente nossa atividade para deixar-nos ultrapassar por Ele, sair de nosso "próprio amor, querer e interesse" (EE 189). Encontrar a Deus na ação e em todas as coisas, finalidade última dos *Exercícios* e da espiritualidade inaciana, implica despojar-se do amor próprio, libertando-nos de nossas formas possessivas e devoradoras de viver a vida. Assim se consegue que em tudo nos mova o amor de Deus "desde cima" (EE 184, 338), para que em tudo possamos "amar e servir" (EE 233). Esse êxodo de nosso "amor, querer e interesse", comporta na prática a contínua "mortificação e abnegação da vontade", que implica a abnegação de nossos juízos, de modo que nossa maneira de valorar as coisas e orientar nossas decisões seja segundo os valores evangélicos, que nossa vontade seja a de Deus.

1.2. *As portas do corpo nos Exercícios: os sentidos*

No quinto exercício da Primeira Semana Inácio propõe uma "meditação do inferno" (EE 65-72), onde, após a oração e dois preâmbulos, apresenta cinco pontos, cada um dedicado a um dos sentidos a partir dos quais fazer a meditação, na seguinte ordem: visão ("ver as chamas e as almas como que incandescentes"), audição ("ouvir os prantos, alaridos, gritos, blasfêmias contra Cristo e seus santos"), olfato ("sentir fumaça, enxofre, cloacas e podridão"), paladar ("provar coisas amargas, como lágrimas, tristeza e o verme da consciência"), tato ("tocar as chamas que atingem e abrasam as almas").

Segundo François Marty, que escreveu uma obra sobre os sentidos nos *Exercícios*, embora requisitados, no exercício sobre o inferno os sentidos não o são no modo da "aplicação dos sentidos", pois as representações são das que se aplicam a um objeto, em geral repugnante. Além do mais, não há vestígio algum do "tirar proveito", que se repete a cada momento nos exercícios da Segunda Semana[2].

---

2 Maria Clara Bingemer, num artigo publicado sobre o assunto em 2011, começa sua apresentação sobre a aplicação dos sentidos identificando na meditação do inferno os mesmos

Para Marty, é no final de jornada típica da Segunda Semana, que se repete depois até o final dos Exercícios, que Inácio propõe, como quinta contemplação, a "aplicação dos cinco sentidos à primeira e à segunda contemplação" (EE 121-126). Nela, a menção dos cinco sentidos se encontra na frase que, como título, introduz o exercício, dando breves indicações sobre como deve ser realizado. Os quatro pontos que apresentam o exercício, diz o jesuíta francês, são o único lugar em que são propostas algumas explicações e as outras menções da aplicação dos sentidos reenviam sempre a essa passagem (MARTY, 2006, p. 29), que é assim apresentada no texto dos Exercícios:

> Primeiro ponto: Verei com os olhos da imaginação, as pessoas, considerando e contemplando em particular as circunstâncias em que se encontram, procurando tirar algum proveito. Segundo ponto: Pelo sentido da audição escutarei o que dizem ou podem dizer, e refletindo comigo mesmo, procurarei tirar algum proveito. Terceiro ponto: Pelo sentido do olfato e do gosto, hei de sentir e saborear a suavidade e doçura infinitas da divindade, da alma, de suas virtudes e de tudo o mais, conforme for a pessoa que se contempla. E refletindo comigo mesmo, procurarei tirar algum proveito. Quarto ponto: Exercitarei o sentido do tato, abraçando, por exemplo, e beijando os lugares que estas pessoas tocaram com os pés, ou onde se detiveram, procurando sempre tirar algum proveito (EE 122-125).

A aplicação dos sentidos, continua Marty, é a "atitude que se ajusta segundo os tipos de relação próprios a cada um dos cinco sentidos" (MARTY, 2006, p. 30). A visão, por exemplo, está associada à importância que Inácio dá ao lugar, preâmbulo de todo exercício. Ela não diz respeito apenas às pessoas com as quais se começa o primeiro ponto, mas ao mundo no qual se encontram. Sobre o segundo ponto, a audição, é importante observar sua referência à palavra, que permite fazer a diferença entre o que é dito e o que pode ser dito, tendo em vista as palavras referidas no texto evangélico e aquelas que se pode legitimamente imaginar (EE 123). Os dois últimos pontos são os que provocam surpresa. Segundo Marty, eles remetem ao que certas tradições espirituais

---

traços da aplicação dos sentidos das semanas seguintes, mas com outra intenção: sentir verdadeira e intensamente a ausência de Deus. Apesar de não constituir uma aplicação dos sentidos, diz ela, mobiliza o sentir (BINGEMER, 2011, p. 20).

denominaram como "sentidos inferiores", contrapostos aos "sentidos superiores", figurados pela visão e pela audição, metáforas da compreensão e da ideia. Inácio, sublinha Marty, atinge aqui duas vezes os extremos, o espiritual mais sutil, e o carnal (MARTY, 2006, p. 31). Nesse sentido, o terceiro ponto associa o olfato e o paladar ao "sentir" e "saborear", apontando para a "infinita suavidade e doçura" da "divindade, da alma e de suas virtudes, conforme seja a pessoa que se contempla" (EE 124). O quarto ponto é dedicado ao tato. O texto, diz Marty, não esconde a força carnal do abraçar e beijar, embora sejam lugares que devem ser abraçados, tocados com os lábios, em razão das pessoas cujos passos eles suportaram, aos quais eles ofereceram descanso (EE 125). Esses lugares são como que vestígios, "essa ausência que diz uma presença sem querer retê-la". Por isso, "abraçar e beijar os lugares" favorecem o "tirar proveito", o "acatamento e reverência" (MARTY, 2006, p. 32).

Ainda segundo Marty, Inácio se exprime somente uma vez sobre a aplicação dos sentidos, embora a evoque de várias maneiras, como nas notas que terminam o primeiro dia da Segunda Semana, após uma indicação sobre o momento de cada exercício, que prevê uma redução para quatro, mencionando expressamente a aplicação dos sentidos entre o que deve ser mantido (EE 129). Esta nota é de novo mencionada no segundo dia (EE 132), depois de um arranjo possível em quatro exercícios, na perspectiva de uma disponibilidade para a tarefa da eleição (EE 133). Também no terceiro (EE 134) e no quinto dias (EE 159) ela é mencionada. Do sétimo ao décimo segundo e último dia, são indicadas apenas as passagens evangélicas. Na Terceira Semana também é expressamente nomeada a aplicação dos sentidos (EE 204), que retorna de novo no segundo dia (EE 208,2), sendo resumida em seguida com o termo "sentidos". De novo há uma menção numa nota que propõe outras maneiras de se ler a paixão, na qual a cada hora uma nova passagem é contemplada. Sublinha-se, então, a supressão das duas repetições e da aplicação dos sentidos (EE 209,5). Para a Quarta Semana, Inácio se contenta em remeter à Terceira, estando os cinco sentidos nomeados, com as repetições (EE 226). A última menção nesta semana é a da 2ª nota com orientações sobre os exercícios da semana, indicando que se deve fazer apenas quatro exercícios, o último sendo o da aplicação dos sentidos (EE 227).

A referência à expressão "aplicação dos sentidos" pode levar a pensar que eles não tinham sido requisitados antes, o que não é o caso, sobretudo para as contemplações e repetições, cuja dinâmica requisita sempre a visão e a audição, como nas expressões "ver as pessoas", "ouvir o que falam" (EE 107,1), "olhar o que fazem", seguido sempre do "para tirar proveito". Dois sentidos estão em ação nessa dinâmica, visão e audição, mas o exercitante não é chamado apenas a ver e ouvir as pessoas, mas a passar pelas palavras e pelos atos, que levam a experimentar o peso da sabedoria que possuem. A aplicação dos sentidos não estreita horizontes, mas os remete à humanidade do Senhor.

Além das meditações e contemplações, distribuídas no decorrer das quatro semanas, os *Exercícios* compreendem ainda a Contemplação para alcançar amor (EE 230-237), Três modos de orar (EE 238-260), seguidos dos Mistérios da vida de Nosso Senhor (EE 265-312) e terminando com um grupo de Regras (EE 313-370).

O primeiro dos modos de orar se aplica, numa de suas modalidades, aos cinco sentidos (EE 247-248). O texto retoma assim o método: "sobre os cinco sentidos corporais, guarde-se sempre a mesma ordem, mudando o assunto" (EE 247). Em seguida acrescenta:

> Aquele que no uso dos seus sentidos quer imitar a Jesus Cristo nosso Senhor, encomendar-se-á na oração preparatória à sua divina Majestade. Depois de se ter examinado sobre cada um dos cinco sentidos dirá uma Ave-Maria ou um Pai-nosso. E o que no uso dos seus sentidos deseja imitar a Nossa Senhora, pedir-lhe-á na oração preparatória que lhe obtenha essa graça de seu divino Filho e Senhor. E depois do exame de cada sentido, recitará uma Ave-Maria (EE 248).

É interessante notar que há uma mudança entre o uso dos cinco sentidos e as três modalidades anteriores do primeiro modo (sobre os mandamentos, sobre os pecados mortais e sobre as potências da alma). Com os cinco sentidos, o exercitante guia-se por uma pessoa, tomada em sua humanidade corporal. A visão descobre uma face, a audição ouve uma palavra, o olfato e o paladar descobrem a suavidade e a doçura, o tato abraça e beija os lugares pisados pelo Senhor.

Segundo Maria Clara Bingemer, o n. 248 dos *Exercícios*, no qual Inácio indica a quarta modalidade do primeiro modo de orar, contém a chave de leitura para a centralidade do corpo nos *Exercícios*. Trata-se, diz ela, de orar com os cinco sentidos para imitar, através deles, Cristo ou Nossa Senhora. Inácio deixa transbordar aqui tudo aquilo que constituiu o núcleo amoroso de sua vida e que o transformou de gentil homem e nobre cavaleiro do rei da Espanha em peregrino e servidor da Divina Majestade, posto com o Filho que carrega a cruz (BINGEMER, 2011, p. 24).

Os textos sobre os quais se faz a aplicação dos sentidos são extraídos dos evangelhos e correspondem aos mistérios da vida de Jesus: nascimento, infância, vida pública, paixão, ressurreição. São 51 cenas evangélicas retidas por Inácio nos *Exercícios*. É através dessas contemplações que se traça um caminho, no qual nascem e se confirmam as opções, se preparam as decisões grandes e pequenas.

A entrada nessas contemplações se faz pela porta da Meditação do Reino, exercício de introdução à Segunda Semana. Uma expressão recorrente, a partir de então, ausente na Primeira Semana, é "refletir em si mesmo". Está presente na contemplação do Nascimento, no primeiro ponto, "ver" (EE 114) e no segundo, "ouvir" (EE 115). Pertence à apresentação da aplicação dos sentidos, na tarde desse primeiro dia, para a audição, depois para o olfato e o paladar, tratados em conjunto (EE 123-124), intervindo, enfim, na contemplação da Ceia, no primeiro dia da Terceira Semana, no primeiro ponto, ver as pessoas (EE 194,1). A esses cinco empregos se acrescentam os quatro que aparecem na Contemplação para alcançar amor (EE 234-237). Há ainda o termo "refletir" presente nos três pontos da contemplação da Encarnação, "ver, ouvir, olhar" o que fazem as pessoas, em que a expressão é seguida da menção de "tirar proveito". O mesmo acontece no terceiro ponto do Nascimento (EE 116,3).

Segundo Marty, não se trata, nessas ocorrências, de um refletir com a acepção de reflexão intelectual, nem de um "refletir sobre", pois se está aqui na atividade dos sentidos. Trata-se de reconhecer que os sentidos do ser humano têm uma interioridade. Retomando o texto paulino, que evoca o rosto de Moisés que refletia a glória de Deus e o modo como foi interpretado pela tradição dos cinco sentidos, o jesuíta francês afirma que Inácio parte do reflexo para afirmar o estatuto da imaginação (MARTY, 2006, p. 55).

Marty recorda ainda o estudo de Joseph Maréchal, filósofo jesuíta, no verbete do *Dicionário de Espiritualidade* sobre a aplicação dos sentidos, de 1937, no qual distingue três tipos de referência aos cinco sentidos no texto dos *Exercícios*: 1) nos modos de orar; 2) na meditação do inferno, que caracteriza como simples exercício de imaginação ainda; 3) a partir da Segunda Semana, com as seguintes características: a. lugar constante nos dias; b. terreno já preparado pelo mistério ao qual os quatro exercícios anteriores eram consagrados; c. o cuidado em manter esse exercício no mesmo lugar. Maréchal estuda ainda a questão da aplicação dos sentidos nos *Diretórios*, que são, segundo ele, marcados por duas linhas de interpretação: 1. a que entende a aplicação dos sentidos como forma afetiva e não especulativa, que desperta um sentimento de presença, mas é inferior à meditação e seu caráter intelectual e discursivo. Ela convém mais aos iniciantes, pois para os que progridem, ela é uma espécie de tempo de repouso. Esta postura foi consagrada por Roothan e prevaleceu durante muito tempo na maneira de se interpretar esse exercício na prática de dar os *Exercícios*; 2. a segunda linha, presente nos companheiros próximos de Inácio, como Polanco e Nadal, afirma que ele procura no final do dia dar lugar ao paladar e ao sentimento espiritual, colocando esses sentidos em relação com as virtudes teologais, fé com a escuta, paladar com a esperança, suavidade e tato com a caridade. Maréchal recusa a posição de inferioridade da aplicação dos sentidos em relação é meditação discursiva. Por seu caráter de passividade e de receptividade, observa ele, ela aparece como preparação e disposição. O esforço humano ainda acontece, mas numa espécie de abertura e de espera em relação à total gratuidade do dom divino (MARÉCHAL, 1937, p. 810-812, apud MARTY, 2006, p. 59).

2. Mística inaciana e corporeidade

As considerações feitas até agora ajudam a situar no texto dos *Exercícios* o lugar ocupado pelo corpo e pelos sentidos corporais. Serão propostas agora algumas breves considerações sobre a compreensão do corpo nesta obra-fonte da espiritualidade inaciana.

Como acima foi indicado, na aplicação dos sentidos são nomeados os cinco sentidos, começando pelos que alguns comentadores denominam sentidos da "distância" (ver e ouvir) passando pelos sentidos da "proximidade e intimidade" (sentir e saborear), culminando, enfim, com o "sentido da expressão amorosa íntima e direta", com os gestos de abraçar e beijar, que denotam uma intensidade afetiva crescente. Trata-se de passar explicitamente por todo o corpo o que foi vivido durante o dia. O texto inaciano não propõe sentir e saborear a divindade ou o ser divino ou sua substância, mas "sentir e saborear com o olfato e com o paladar a infinita suavidade e doçura da divindade, da alma e de suas virtudes e de tudo, segundo a pessoa que é contemplada" (EE 124). Ora, observa Maria Clara Bingemer, só se pode sentir o perfume e só se pode saborear o sabor de uma divindade pessoal e encarnada, dotada de alma e virtudes, divindade que pode encontrar-se também em outras pessoas totalmente humanas, como Maria e os apóstolos, e não só em Jesus, divino e humano (BINGEMER, 2011, p. 22).

A suavidade e a doçura infinitas da divindade de Jesus e da santidade das outras pessoas contempladas deverão conduzir o "sentir" do exercitante à máxima potencialidade. Absorvido pelo amor que o move, vai expressar isso tocando, abraçando e beijando os lugares onde as pessoas pisam e se sentam. A experiência poderá mudar o rumo da aplicação dos sentidos, fazendo com que o exercitante se torne cada vez mais passivo e seja admitido pelo Senhor a uma comunicação amorosa tátil, da qual não seja somente emissor, mas também receptor. A aplicação dos sentidos fixa os horizontes do exercitante na humanidade do Senhor, na abertura de toda sua afetividade, que recebe, sente, vê, escuta, saboreia e toca o mistério do Senhor, que lentamente o transforma de pecador em discípulo, de indiferente em apóstolo e mensageiro da Boa Notícia. Trata-se, de, pouco a pouco, viver a experiência à qual é chamado quem segue o Senhor: ser outro Cristo.

Outro aspecto da aplicação dos sentidos, evocado acima ao apresentar sua ocorrência nos modos de oração, do n. 247-248 dos *Exercícios*, indica que nesse texto é a chave de leitura da centralidade do corpo nesta obra-fonte da espiritualidade inaciana. Além de aparecer nas entrelinhas desse texto o itinerário de Inácio, de Pamplona a Roma, ele mostra que todo o itinerário dos *Exercícios* está pontuado pela graça desta imitação que deve ser desejada, querida, pedida e suplicada em todos os tons. Nos momentos mais importantes da jornada, aí estará o pedido da graça de imitar o Senhor, seguindo-o na pena e na glória (EE 91-98), seguindo-o e imitando-o na encarnação (EE 109), pedindo a graça para conhecê-lo como vida verdadeira e imitá-lo em sua pobreza, humilhação e humildade (EE 139, 147), querendo e escolhendo mais pobreza, opróbrios e menosprezo com ele para mais imitá-lo e parecer-se com ele (EE 168).

Ainda segundo Maria Clara Bingemer, a imitação de Cristo é o único e verdadeiro caminho para quem quer ser fiel a seu batismo e vocação.

Desta imitação não podem ficar fora o corpo e os sentidos. O primeiro modo de orar faz com que os sentidos se convertam cada vez mais à pessoa de Jesus, conformando o exercitante a Ele. Assim, depois de ter feito no final de cada dia das três últimas semanas o exercício da aplicação dos sentidos, que o embebeu do mistério de Jesus, o exercitante agora é convidado a considerar por onde anda e como é seu olhar, sua escuta, seu olfato e paladar. Também deve se perguntar por que espaços e superfícies se move seu tato, tendo sempre como horizonte Jesus que olha, escuta, sente, saboreia e toca. No fundo, esse exercício prepara quem faz os *Exercícios* a continuar na vida diária aquilo que neles viveu. Trata-se de ser no mundo os olhos, os ouvidos, os sentidos, o corpo do próprio Jesus. Ser outro Cristo, sentindo como ele para poder viver como ele. Praticar humildemente esse modo de orar sobre os cinco sentidos irá decantando toda a reconfiguração que o Espírito Santo realizou no exercitante ao longo da experiência dos *Exercícios* em sua carne e no seu corpo, marcados para sempre e inscritos na pessoa do Senhor encarnado (BINGEMER, p. 25).

O corpo nos Exercícios é parte constitutiva de todo o processo espiritual que neles acontece. Com ele e através dele, a afetividade, tocada pelo Espírito, se pacifica, expondo os sentidos ao Criador, que os recria constantemente em seu amor. A oração não se faz somente com os lábios e a mente, mas com todo o corpo, porque o Senhor, em sua encarnação, nascimento, paixão e morte, se pôs ao alcance de todos os sentidos do corpo humano. Ao fazê-lo repete-se o que diz Paulo: "o Senhor é para o corpo e o corpo para o Senhor" (1Cor 6,13).

Referências

BINGEMER, Maria Clara. El misterio de la encarnación como "ejercicio". Reflexiones sobre la corporeidad en los Ejercicios. *Manresa*, v. 83, n. 326, p. 15-26, 2011.

LOYOLA, Inácio. *Exercícios Espirituais*. São Paulo: Loyola, 1990.

MARÉCHAL, Joseph. L'application des sens. In: *Dictionnaire de spiritualité*, vol. 1, p. 810-812, 1937.

MARTY, François. *Sentir e saborear. Os sentidos nos "Exercícios Espirituais" de Santo Inácio de Loyola*. São Paulo: Loyola, 2006.

RAMBLA, Josep. El sentido de la penitencia corporal, hoy. *Manresa*, v. 83, n. 326, p. 39-54, 2011.

[II]
Mística e Cotidiano

3
Corporeidade em místicos(as) do cotidiano 1

Prática espiritual na poesia e na filosofia[1]

Eduardo Guerreiro Brito Losso[2]

1. Querela entre filosofia e poesia

Quando se examina a difícil relação de amor e ódio entre filosofia e literatura, tem-se por hábito começar com a condenação de Platão dos poetas em sua república, por produzirem falsas imitações da realidade, por não possuírem uma especialidade e, por conseguinte, não serem responsáveis em uma área de atividade, falando um pouco de todas sem saber de nenhuma. A irresponsabilidade profissional se soma à irresponsabilidade moral, de não se preocuparem com a formação dos jovens, lançando histórias de deuses que não deveriam servir de modelo para uma conduta virtuosa. O problema – em Platão e, depois, no teólogo que serviu de base para formação cristã: Agostinho – ronda em torno de um parâmetro modelar para a educação. Agostinho, nas *Confissões*, ressente-se de que os jovens seriam obrigados a decorar os versos de Virgílio, e o fazem com gosto, pois a literatura diverte. Ele próprio se emocionou mais com o sofrimento de Dido pelo abandono de Eneias do que com sua própria condição de pecador (STOCK, 2007, p. 2-3). Platão e Agostinho se irritam não só com o prestígio social e a autoridade educativa da literatura, mas também com seu caráter sedutor, sua propensão ao divertimento.

Brian Stock, em seu livro *Ethics through Literature: Ascetic and Aesthetic Reading in Western Culture*, observa precisamente que o

---

[1] Esse texto foi produzido dentro da linha de pesquisa Mística, afetos e modos de viver, com os orientandos Mariana Figueiredo, Anderson Rodrigues e Juliane Ramalho, que ajudaram na discussão e na revisão.

[2] Contato: eduardoguerreiro741@gmail.com

objetivo ético do nascimento da filosofia bate de frente contra o efeito estético do texto literário. A imitação poética e o prazer decorrente estão ligados à imperfeição dos sentidos. O princípio ascético na ética filosófica promove o desenvolvimento da autodisciplina direcionada à clareza e coerência do modelo moral, que a poesia não oferece. Stock, contudo, observa que ambos os autores (Platão e Agostinho) se apropriam dos mesmos meios literários contra os quais argumentaram. Isso quer dizer que não há ensino da ética sem meios literários. A questão não é se desfazer da literatura, mas submetê-la ao serviço da filosofia ou da teologia. "Esta é a fonte do dilema do leitor: a situação paradoxal na história da leitura no Ocidente de que a alternativa estética, a qual é inicialmente rejeitada por ser sensória, material, efêmera ou superficial, é invariavelmente inscrita no suporte de um programa ascético" (essa e todas as traduções são minhas, STOCK, 2007, p. 5).

Nessa semelhança entre Platão e Agostinho, não podemos esquecer que entre um e outro surge e desenvolve-se a filosofia ascética helenística e romana, com estoicos e epicuristas, e, em seguida, a ascese cristã, a partir dos primeiros padres. A tradição ascética pré-cristã não se estendia ao povo: estava ligada a uma elite intelectual que mantinha relações com a elite dominante, mas opunha-se a ela especialmente em seus vícios mundanos: sede de riqueza, falta de autocontrole, superficialidade. A ascese cristã, embora se destacasse do povo, tinha uma influência mais decisiva nas diversas camadas da população e, de fato, levava às últimas consequências os princípios ascéticos evangélicos. Embora Stock tenha localizado nos dois exemplos de filósofos uma repugnância à poesia, sabe-se que não foi todo filósofo que assim a avaliou: Aristóteles afirma ser a poesia ficcional mais filosófica do que a história, e, de certo modo, teorizou um certo caráter ascético na tragédia, quando ela leva o espectador à catarse de modo a purgá-lo das paixões. O objetivo da poesia é representar ações, seu fim social é levar o cidadão a ser virtuoso, não a partir de uma mera imitação da ação virtuosa, antes, com exemplos que podem lhe ser contrários, mas provocarão uma comoção que terminará por se distanciar das paixões (HABIB, 2005, p. 51). Foi a partir do estagirita que se iniciou na filosofia teses favoráveis à literatura, ainda que a submetendo a fins morais; sabe-se, na época, que imperativos morais não poderiam deixar de existir. Plotino e os neoplatonistas em geral, embora partissem de Platão, usaram a teoria da inspiração poética para sustentar que a poesia transcende a razão humana, isto é, está mais próxima do bem do que o *lógos* (HABIB, 2005, p. 39). Segundo Stock, foi Horácio que estabeleceu a defesa da poesia mais influente, ao contrargumentar que o poema não é só construído de impressões transitórias: ele sustenta a capacidade de transcender as limitações de sua própria constituição sensível e tornar-se um ponto a partir do qual se derivam verdades éticas, posição partilhada com outras personalidades de seu tempo. Sob esta perspectiva, "um bom poema é uma espécie de verdade em si mesmo" (*a good poem is a kind of truth unto itself*) (STOCK, 2007, p. 96).

A filosofia, entre rejeitar as musas e ser seduzida por elas, mas na impossibilidade, em suma, de delas se apartar completamente, viveu no seu âmbito particular um outro conflito.

2. Ascese como arte de viver

Para as escolas helenísticas e romanas, a filosofia não é somente uma organização da consciência, teoria abstrata ou exegese de textos, é uma arte de viver, um estilo de vida concreta, uma reflexão cujo objeto é uma atitude e cujo fim é "uma transformação profunda da maneira de ver e de ser do indivíduo" (HADOT, 1987, p. 15-17), segundo Pierre Hadot, no importante artigo de 1977 intitulado *Exercises spirituels*.

A atividade concreta pensada por eles pode ser moral, ética, terapêutica e intelectual, mas, antes de mais nada, quer incidir sobre todo o psiquismo do sujeito e não só numa dessas dimensões. É nesse sentido que a filosofia é uma prática *espiritual*. Embora a palavra seja hoje suspeita, só ela pode dar conta da relação entre a atenção do praticante e a totalidade das ocorrências psíquicas. Não é só intelectual, pois leva em consideração a imaginação e a sensibilidade, na medida em que elas possam contribuir para uma busca pessoal que saia das fronteiras do senso comum. Como a atenção, enquanto concentração sobre o momento presente (*prosochè*), é a atitude fundamental do estoico, a vigilância constante do espírito é a regra de vida que se orienta sempre entre o que depende do sujeito e o que não depende dele. Todas as diferentes circunstâncias da vida são motivo de atenção e reflexão, logo, a imaginação e a afetividade devem ser objeto de cuidado do filósofo (ibid., p. 19). A escrita filosófica deve dar ao praticante fórmulas, sentenças simples, fáceis de memorizar, sempre à mão, para que sirvam a uma situação específica, especialmente as maiores dificuldades da vida: pobreza, sofrimento, morte. O poder terapêutico da palavra está presente nas diferentes atividades ordinariamente intelectuais: leitura, audição, pesquisa, exame aprofundado (ibid., p. 21-23), mas não é só isso que constitui os exercícios espirituais. Uma lista foi composta por Fílon de Alexandria: pesquisa, exame aprofundado, leitura, audição, atenção, mestria de si (*enkrateia*), indiferença a coisas indiferentes, meditações (*meletai*), terapia das paixões, lembranças de bons momentos, realização de deveres. Nesse caso, além dos exercícios intelectuais, aqui já com função de aprimoramento interior, há exercícios práticos destinados a criar hábitos enquanto aplicações de regras de vida fundamentais contidas em sentenças, como, por exemplo, a indiferença àquilo que não depende de nós (ibid., p. 24-25). A mestria de si se dá com o esforço por se despojar das paixões (*apatheia*) e maus hábitos, como cólera, inveja, raiva, preguiça, luxúria, desperdício, curiosidade; objetos de dissertação de vários tratados. Para estar acima das mesquinharias, deve-se retirar um olhar demasiado humano e encarar a vida de uma perspectiva "física", situada de acordo com a lei universal da natureza, ultrapassando os limites da individualidade para se reconhecer parte do todo cósmico (ibid., p. 20, 24-25). A física torna-se motivo para uma atividade contemplativa que encontra na natureza gozos maravilhosos (*merveilleuses jouissances*), volúpias divinas, ao ponto de Epiteto dizer que o sentido da existência está nessa contemplação. Livrando-se de inquietações cotidianas, a universalidade do pensamento leva a uma grandeza da alma que se entusiasma com sua cosmologia e, por mais imaginativa que seja e nada cientificamente precisa, une-se ao valor moral que lhe empresta a sua própria virtude. Distanciar-se dos afazeres humanos e de sua confusão é próprio do homem de bem (ibid., p. 42-43).

Tais filosofias práticas pretendem, portanto, adquirir bons hábitos morais, grande concentração mental, despojamento das paixões, contemplação do cosmos e, no caso de Plotino, uma transfiguração da personalidade (ibid., p. 48).

3. Desenvolvimento da ascese

Stock examina como progrediu uma prática de vida ascética, que começou na filosofia grega e romana, mas logo foi herdada pelos primeiros padres. O que na filosofia era repúdio à luxúria, ao desperdício, à ansiedade e à insensatez da conduta da elite romana, tornou-se, nos pensadores cristãos, motivo para a condenação e o afastamento do mundo, tomando o exemplo bíblico da pobreza voluntária (STOCK, 2007, p. 52).

A história da ascese cristã começou tendo um incrível sucesso, pois congregou muita gente interessada pela vida recolhida no deserto e nos mosteiros, aceitando inclusive mulheres. Esta opção de vida tornou-se para elas uma chance de aperfeiçoamento individual (recebendo educação e permitindo atividades intelectuais) saindo da chancela de uma sociedade patriarcal opressiva, seja a judaica, seja a romana (BLOCH, 1995, p. 107-110). Por incrível que pareça, o patriarcalismo cristão abriu oportunidades para o desenvolvimento emancipatório feminino que não existia nas outras culturas, movido especialmente por uma política eclesiástica de retirar o poder econômico das famílias romanas e passar para a Igreja, daí o estímulo à virgindade, castidade e vida inteiramente dedicada à religião. Houve muitas heranças de mulheres, virgens e viúvas, que, ao não aceitarem serem dominadas por homens, decidiram fazer parte da vida monástica e transferiram suas posses para a classe clerical. Por outro lado, a ascese cristã instaurou maior rigor moral. Serviu-se da raiz dos exercícios espirituais romanos – exame de consciência, leitura meditativa e aplicação de princípios éticos – para um controle inflexível dos pensamentos licenciosos e do corpo, que tornou consciente elementos ignorados da individualidade, dando forma a uma subjetividade nascente, mas ao preço de uma repressão implacável que proíbe tudo o que é considerado pecaminoso e demoníaco. Esse é o lado verdadeiro da crítica de Nietzsche ao ideal ascético.

Stock, no capítulo "O leitor ascético" (*The ascetic reader*) cita a fonte judaica de Fílon de Alexandria para em seguida mencionar rapidamente o início dos padres do deserto com Santo Antão, Pacômio, Atanásio, Evágrio, Cassiano, até retomar as *Confissões* de Agostinho ao radicá-la como fruto dessa tradição, reunindo exercício espiritual e despontar da autobiografia. Ele recolhe preceitos e máximas da filosofia e da Bíblia para repetir e memorizar, para com eles se praticar uma meditação interna que emprega memórias pessoais e máximas relembradas para fins de exame de consciência (STOCK, 2007, p. 58). A regra de São Bento, já bem fincada dentro de uma cultura impregnada pela leitura ascética, estabelece uma combinação de leitura em voz alta com meditação silenciosa, denominada *lectio divina*. Assim como em Platão, nos romanos e em Agostinho, o objetivo principal é sempre promover pensamentos e ações virtuosas. Orar para se purificar, ler para se instruir, sempre para lembrar de Deus, diferentes práticas de retiro, atenção e silêncio de modo a motivar uma transformação psicológica no leitor, toda essa senda leva à elevação mental e iluminação mística (ibid., p. 60-61).

No séc. 12 a *lectio spiritualis* se soma à *lectio divina*. Em vez de somente ler e interiorizar a mensagem, esta nova meditação consiste em, depois de ler atenciosamente um trecho da Bíblia, fechar os olhos e sondar a série de associações que a mente produz a partir de uma concentração interna, derivando para outros pensamentos piedosos, outras direções reflexivas, sem evadir-se da conexão com o que foi lido (ibid., p. 67-68). Essa é uma maneira de concentrar o foco e prevenir a distração, ainda que haja um espaço inédito para a flutuação da atenção. Ambas as formas de leituras meditativas, a *divina* e a *spiritualis*, introduzem uma dimensão mais ativa na natureza parcialmente passiva que é a leitura. No capítulo "O leitor estético", Stock traça o caminho histórico que a filosofia percorreu em sua avaliação da faculdade da imaginação, desde a recusa dos erros da fantasia e do efeito de esquecimento da escrita, de Platão (ibid., p. 98-99), até a afirmação do caráter ativo e criativo da imaginação em Coleridge e Schopenhauer (ibid., p. 114-134). Ele examina como a tradição filosófica simpática à poesia possibilitou o aparecimento da afirmação poética de valor moral do amor a uma mulher, em Dante e Petrarca, ao suscitar uma devoção religiosa que exercita uma aliança entre meditação amorosa e espiritual, até a associação de filosofia e poesia com a retomada de exercícios espirituais no romantismo de Coleridge.

4. Poesia e exercício espiritual

Pode-se extrair tipos de emaranhamento entre poesia e exercícios espirituais em diversos momentos históricos. Se não se considerar poesia artística somente aquilo que os antigos consideram, o leque já se abre bastante. Já a poesia órfica estabelece a relação entre a primeira manifestação de uma prática ascética grega e a poesia religiosa, inclusive diretamente ligada ao deus da música e da poesia, Orfeu, motivo pelo qual, diga-se de passagem, o *orfismo*, primeiro movimento modernista português, retomou o seu motivo mítico. Pré-socráticos iniciaram a filosofia escrevendo poemas, representados, em especial, no poema de Parmênides, cuja forma épica didática é fundamentada em Homero (PARMÊNIDES, 2009, p. 9-18). De qualquer forma, é necessário um estudo mais específico a respeito das possíveis semelhanças entre os exercícios ascéticos filosóficos e o modo de vida do poeta antigo, bem como as atividades poéticas que fizeram parte dos filósofos ascetas, cujo melhor exemplo está na dramaturgia de Sêneca.

A *scholarship* de Sêneca encontra grande dificuldade em resolver a incoerência entre sua filosofia e suas tragédias. As obras de Sêneca disponíveis não registram nenhuma consideração sobre sua atividade como poeta e não há, tampouco, uma poética sistemática de sua autoria que esclarecesse sua posição em relação à função da poesia em geral. As tragédias do estoico não representam, de nenhum modo, um modelo de vida serena e tranquila: elas são fieis ao princípio trágico de encenar personagens dominados pelas paixões, em situações de total descontrole emocional, levados às ações mais terríveis, como, por exemplo, o assassinato por Medeia de seus próprios filhos. Tais crimes, inclusive, não redundam numa punição posterior, de modo a desautorizar o crime, antes, como no caso de Medeia, termina a peça com uma cena gloriosa, vingando-se de Jasão com requintes de crueldade e alçando voo num carro alado, "transportada pelos ares" (SÊNECA, 2011, p. 102). Por outro lado, a crítica às artes liberais na carta 88 (SÊNECA, 2004, p. 415-429; STALEY, 2010, p. 30) de *Cartas à Lucílio*, entre outros momentos, despreza o estudo da poesia, ou mesmo da dialética, quando ele se demora em questões meramente técnicas e perde o foco no aprimoramento individual das virtudes. Nesses momentos, o valor da filosofia parece ser superior ao da poesia, mas o acento de sua crítica está no excesso de leituras e ocupações eruditas desnecessárias, mas não autoriza se inferir que há um desprezo pela poesia em si. Não só Sêneca cita frequentemente poetas, especialmente Virgílio, como também os elogia e dá a eles especial valor, quando declara que os poetas antecedem o que é dito por filósofos (SÊNECA, 2004, carta 8, p. 20).

Especialistas presumem que a moral estoica, de raiz platônica – que vê na filosofia para poucos um caminho para a virtude, em vez do prazer poético, que é para muitos – esteja também ligada à condenação de Platão à poesia. Segundo Gregory Staley, porém, já os primeiros estoicos gregos foram influenciados pela defesa aristotélica da poesia e, em especial, da comoção e purgação trágica. Nesse caso, devemos estar abertos para a mais provável hipótese de que a defesa aristotélica justifica um uso espiritual da poesia, na prática estoica. Inclusive aquela que mais aparentemente se distancia do modelo moral, como a tragédia, mesmo sem um final moralmente corretivo, não deixa de mobilizar a fantasia, imitando os estados doentios e desequilibrados para deles se purgar e observá-los à distância, de modo a contribuir fundamentalmente para uma vida racional e equilibrada (STALEY, 2010, p. 13). A filosofia de Schopenhauer, mais tarde, no início da modernidade, desenvolveu justamente uma defesa da vida contemplativa, distanciada do turbilhão confuso das forças da vontade, apoiado na ascese oriental e cristã, e reconheceu na tragédia, especificamente, uma aliada para esse exercício de distanciamento.

De qualquer modo, se a tragédia é um caso extremo de falsa oposição entre poesia e filosofia da autotransformação, já as origens da poesia lírica na Grécia, com a descoberta de uma interioridade por meio da linguagem e a exploração tanto dos conflitos afetivos quanto de um desejo de autoanálise e contenção, contêm traços que podemos chamar de protoascéticos. Em Arquíloco já encontramos o ideal da mediania, ao propor a restrição da conduta, o medo do excesso, oposição à riqueza e à pompa, como fica claro no fragmento 19, que declara uma tomada de distância das riquezas de Giges (FERREIRA, 2009, p. 6-9).

Talvez o poeta antigo renomado que esteja mais próximo dos estoicos seja Horácio, embora não possa ser elencado como um de seus membros. Segundo W. R. Johnson, em sua análise das epístolas, Horácio oscilava entre o desejo de retidão estoica e o hedonismo pragmático de Aristipo de Cirene (DAVIS, 2010, p. 325). Na primeira epístola, por exemplo, há uma meditação cuidadosa sobre como alcançar o verdadeiro contentamento, a equanimidade (*ataraxia*) por meio da liberdade interior que livraria o poeta de suas falsas esperanças e medos. Horácio quer fugir das obrigações e distrações entediantes de Roma (ibid., p. 327), tipo de queixa que se assemelha ao que é dito nos tratados filosóficos.

Segundo Colin Macleod, o poema desenvolve uma exortação à filosofia (vista como um "remédio" para a alma), uma protéptica, incomum na poesia, dirigida ao seu mecenas e a si mesmo (HORÁCIO, 1986, p. 3, 85). Foi por esse caminho que, mais tarde, Horácio foi apropriado pelo ensino episcopal e catedrático. Edmund Lowell, em "The Reception of Horace's Odes", diz que no período carolíngio as meditações de Horácio sobre o tempo e o fim da vida são cristianizadas para legitimar a leitura das Odes para os estudantes (DAVIS, 2010, p. 342-346).

Mas é a poesia bucólica, paisagística, especialmente a do *locus amoenus*, ao que tudo indica, que seria o gênero mais próximo de uma contemplação serena do mundo. O livro *Literary landscapes and the idea of England, 700-1400*, de Catherine Clarke, examina como o imaginário da poesia paisagística no início da literatura inglesa está impregnado de ideais de aspiração espiritual, desde o primeiro grande autor, Bede, do séc. 8, em sua *Ecclesiastical History* e especialmente na hagiografia *Life of St. Cuthbert*, que se situa dentro da tradição inaugurada por Atanásio de Alexandria, com a *Vida de Santo Antão*, primeira hagiografia e texto inaugural da ascese cristã (CLARKE, 2006, p. 27). Em *Life of St. Cuthbert*, a vida eremítica de Cuthbert é retratada como a de um homem que se vê num lugar hostil e sem cultivo: uma ilha. Ao defender as suas fronteiras, como se ela fosse uma cidade, ele trabalha em seu recinto fortificado tornando-o um espaço de ordem deleitável. Tanto neste texto como a prosa latina de Felix, outro hagiógrafo que escreveu a *Life of S. Guthlac*, ou também o *Guthlac A*, de autoria desconhecida, a transformação exterior da paisagem é alegoria de uma transformação espiritual interior do indivíduo (ibid., p. 31-52). O *locus amoenus* está na própria cela ou claustro: de maneira diferente dos padres do deserto, na ilha britânica o local de retiro não é outro senão no meio da natureza, por exemplo, perto de mosteiros havia plantação de árvores, quer dizer, o trabalho em torno da ocupação da terra, de modo a tornar o local habitável, estava relacionado com o trabalho interior. O início da poesia inglesa seguiu essa tradição. O monasticismo inglês foi uma batalha para o controle de símbolos culturais. A ordem beneditina quis fazer um paraíso na terra em solo inglês, e o *locus amoenus* foi um símbolo central dessa nova ideologia (ibid., p. 63, 66).

De qualquer forma, somente com Petrarca e Dante, dando mais tarde na afirmação da imaginação ativa de Coleridge, como nos mostrou

Stock, que a correlação entre exercício espiritual e poesia de fato se mostra consciente e explícita. Do romantismo em diante, a literatura da modernidade, ao secularizar os exercícios espirituais no âmbito da recém-conquistada autonomia, herdou-os tão profundamente que pode ser considerada um abundante florescimento de sua reinvenção. Flaubert e Mallarmé são os exemplos mais evidentes, mas, em vez de serem os únicos, constituem somente a parte visível de um imenso iceberg.

5. Reconfigurações modernas

A oposição entre objetivo ético e prazer estético – que suscitou a querela platônica, reforçada por Agostinho, e as conciliações de Aristóteles, Horácio e Plotino – na verdade guarda implicações que não foram pensadas por Brian Stock. O fato de a filosofia ter nascido da poesia, ter sido uma forma de poesia que quis dela se desligar, foi decisivo para que ela não tenha conseguido se desligar completamente. Há aqui uma flutuação e imprecisão essencial dos conceitos de poesia, tal como era pensado na antiguidade e tal como ainda é difícil pensá-los hoje, que começa sendo uma competição de gêneros para depois se tornar uma separação de áreas, que não deixa de manter um laço literário comum.

Ainda assim, por trás dessa confusão e disputa de formas distintas, há a oposição entre uma ética espiritual e um prazer sensório e imitativo. Embora Platão tenha atacado os poetas mais representativos, Homero e trágicos, os líricos permaneceram quase ignorados e nada teorizados. Ao mesmo tempo que a lírica é a tradição que mais promoveu o trabalho da interioridade, ela também deu voz às emoções pessoais. A poesia lírica, embora se aproxime mais do exercício espiritual já nas suas origens, não deixa de marcar uma diferença: ela cultiva a exuberância de imagens literárias por meio de farto e livre recurso a figuras de retórica.

Os filósofos ascetas não descartavam o trabalho da imaginação e da afetividade, mas ele era feito de modo a mantê-las sob controle. Seu objetivo era a tranquilidade da alma. Não há objetivo preciso na poesia. O trabalho do poeta em torno da imaginação e afetividade é o de dar a elas uma forma estética. Não há dúvida de que é nas artes e especialmente na poesia que elas encontram um espaço cultural institucional próprio de expressão. É neste lugar que elas podem ser expostas, observadas e trabalhadas sem serem imediatamente controladas e condenadas. Depois de Freud, sabe-se o quanto esta liberdade é indispensável. Logo, as fronteiras do trabalho de si filosófico, adequadamente pensado e sistematizado, foram transpostas pelo trabalho de si poético, o qual, contudo, mantém-se sempre em aberto, difuso, impreciso, podendo colaborar com a ascese ou não. Se a condição da filosofia é trabalhar com conceitos, no sentido de articular questões e responder a elas, a condição da poesia é trabalhar com a ficção, a imagem, a *mímesis*, e não as restringir a quaisquer conceitos, nem forçar respostas.

O trabalho da ascese filosófica se concentra em uma articulação conceitual voluntariamente não técnica, que esteja a serviço dos problemas práticos da vida e não de demarcações abstratas, por isso mesmo, seu veículo de expressão está em tratados que se ocupam de problemas práticos, e máximas, diários e cartas. Nesse sentido, a filosofia que privilegia os exercícios espirituais retorna francamente a um tipo de gênero literário intimista, contrariando o caminho sistemático adotado pelo último Platão e por Aristóteles; em outras palavras, trata-se de uma filosofia bem mais próxima da literatura. Não deixa de ser surpreendente que o júbilo de um olhar estendido ao cosmos (no caso do cristianismo, da criação) aproxime o filósofo do poeta em sua contemplação da natureza. E o que o poeta antigo já fazia, um trecho de Coleridge levou bem adiante, na tradução de Paulo Vizioli:

> E se a animada natureza não for mais
> Que Harpas orgânicas de formas diferentes,
> Vibrando em pensamento quando entre elas passa,
> Plástico e vasto, um hálito intelectual,
> Ao mesmo tempo a Alma de cada e o Deus de todos?
>
> *And what if all of animated nature*
> *Be but organic Harps diversely fram'd,*
> *That tremble into thought, as o'er them sweeps*
> *Plastic and vast, one intellectual breeze,*
> *At once the Soul of each, and God of all?* (COLERIDGE, 1995, p. 34-35).

Observe-se que, inclusive, o poeta assinala o extático efeito das harpas orgânicas, que representam a natureza, na "vibração" do pensamento, que as atravessa. Diante da criação, o pensamento poético se torna uma brisa, flexível e expansiva, que alcança a unidade entre alma, natureza e Deus. Essa *unio mystica* romântica expressa esteticamente o entusiasmo dos filósofos ou teólogos e torna mais claro, até, a dimensão mística do esforço ascético, que é mais visível indubitavelmente no cristianismo, mas não está inteiramente ausente nos romanos, e que foi herdada pela poesia moderna.

Ainda assim, a ascese filosófica possui um objetivo claro, e se serve da poesia que cita e da forma literária escolhida para seus propósitos: ela não quer abrir-se inteiramente para o mundo ficcional e imagético, nem quer abrir-se a qualquer interpretação. Pouco adianta buscar na antiguidade uma defesa da poesia em si mesma, em toda a sua ambiguidade, assim como um poeta que defenda a imaginação ativa, como Coleridge.

Por isso mesmo, é surpreendente que a modernidade tenha levado a filosofia à defesa da autonomia da literatura, que levou à consciência de sua própria dependência da linguagem, e a teoria e a prática literária dos poetas tenham cada vez mais retomado e recriado exercícios espirituais. O poeta moderno recusa a moral cristã, porém guarda vários dos rastros da ascese romana e cristã, que, como foi visto, ultrapassa em vários níveis o moralismo puritano, que não é outra coisa senão uma vulgarização sua. Por mais importante e decisiva que tenha sido a crítica de Nietzsche ao ideal ascético cristão – e que não deve ser ignorada, pois foi um ganho crítico de primeira grandeza – Nietzsche projetou seu ódio à moral burguesa de sua época nos ascetas cristãos antigos, que são muito diferentes do quadro geral que ele pintou, motivo pelo qual Foucault discordou explicitamente de Nietzsche neste ponto (FOUCAULT, 1994, p. 406). Por conseguinte, não é contraditório dizer que o poeta moderno herdou e recriou a postura autotransformadora e a disposição para o trabalho de si dos ascetas antigos e, simultaneamente, seja o maior crítico, junto com Nietzsche, do ideal ascético sacerdotal, puritano e burguês. Por isso mesmo, uma das maiores ironias da história é que somente o estímulo à autotransformação de origem ascética pode enfrentar os desfalques da mediania resignada e opressiva do ideal ascético, cuja raiz está no poder eclesiástico e cujo ápice se vê na moral puritana burguesa.

O poeta moderno responde à ideologia vigente reinventando para si um outro modo de vida, que, como a empolgação do filósofo diante de sua "física", quer sair do mundinho burguês e ampliar os olhos para possibilidades ignoradas. Boêmio ou solitário, o poeta moderno deve, então, recusar a moral puritana, que é o lado repressor do sistema, e também as atrações de um ambiente regido pelo princípio da propaganda, que é o lado viciante do falso prazer. A estética da mercadoria, que foi preparada ao longo do século XIX, tornou-se hegemônica na experiência cotidiana com o surgimento do rádio, do cinema, dos *outdoors* e das revistas ilustradas, e foi coroada, finalmente, pela televisão. O advento da indústria cultural levou o sujeito a um estado de passividade entorpecente e acostumou-o ao regime constante de permanecer horas diante da televisão. O artista moderno e pós-moderno desenvolve, então, formas de sair desse entorpecimento. Não precisamos mais da arte para desenvolver um produto estético: todo o aparato da indústria cultural promove uma estetização generalizada do cotidiano e, é claro, trivializa e inverte o potencial transformador da estética. O efeito da estética do consumo na percepção é criar um estado de distração permanente, isto é, impedir o exercício da atenção. A arte, então, para sobreviver, precisa retomar o caráter ativo, mobilizante da estética, e suscitar no fruidor a capacidade da atenção; ou seja, a arte não retoma traços ascéticos por capricho, mas por necessidade. Mais uma ironia da história: a prática da "contemplação", palavra geralmente subestimada pelas teorias modernas e pós-modernas, mobiliza uma atividade extremamente ativa da percepção, precisamente dando atenção ao movimento da atividade perceptiva, em estado de silêncio, quando se devota a um objeto. O objeto se torna motivo de um trabalho de si. Diante da constância avassaladora da distração generalizada por meio de estímulos audiovisuais, há muito o que aprender com a contemplação.

O mais intrigante e intrincado nessa questão é que a suposta trivialidade da poesia antiga, aos olhos da querela platônica, passou a existir de fato no real trabalho de apassivamento da indústria cultural moderna. Teríamos um rico campo de comparação entre o desprezo do filósofo pela paideia poética, com seu apelo, atrativo e limitação sensível, e o apelo fabricado da cultura de massa. Parece que o perigo não justificado do início da filosofia se realizou na separação moderna entre a arte de valor e uma estética que se rende totalmente à mercadoria. A queixa de um elitismo de certo modo esotérico da filosofia se tornou um problema de primeira grandeza para toda a modernidade. E a postura de vida que motivou essa queixa se tornou, de fato, central para tratá-lo.

Espantoso é o fato de que a perspectiva de uma arte de viver tenha, em grande parte, se retirado da filosofia (ou, pelo menos, tenha ressurgido de forma ainda nebulosa num Schopenhauer, Bergson, Nietzsche, Benjamin, Adorno) para dar mais frutos na literatura e na crítica dos escritores. No extremo oposto de uma ascese do trabalho da forma na linguagem dos artistas modernos, que possui todas as implicações com a *práxis* vital, estão os gozos fáceis e a resignação da cultura de massa. Mas não é só de lazer que vive o homem contemporâneo.

Por outro lado, as exigências curriculares de estudos escolares e mesmo universitários estão cada vez mais associando o estudo concentrado com algo essencialmente desagradável e reprodutivo. O modelo das provas sempre são pavlovianas: questões de múltipla escolha. Para se ganhar um concurso público, exige-se um esforço gigantesco de decorar informações, em vez de "cultivar o espírito". A sociedade administrada petrifica dois pólos que não admitem saída: estudar sem prazer ou ter prazer sem estudar. As pessoas são levadas a associar o trabalho da concentração a algo enfadonho, chato, maçante. Se não se perder horas na televisão ou nas redes sociais, não há dúvida de que falta tempo para digerir um bom livro, e falta também motivação de estudar com calma e gosto. Como não há estímulo para a pausa, as pessoas sequer se dão conta dessa possibilidade. O que Adorno chama de enfraquecimento do sujeito é, antes de mais nada, a meu ver, um anulamento do silêncio, da possibilidade de criar para si mesmo um espaço de silêncio.

É por isso que o legado ascético não carrega somente a oportunidade de autodesenvolvimento para uma elite refinada: nessa tradição está contida nada mais nada menos do que senhas importantes para o futuro da faculdade da atenção. A comparação da arte de viver ascética com a *práxis* vital do artista moderno tem muito o que nos ensinar para a elaboração de uma estética da existência contemporânea, para usar um conceito de Foucault ligado aos gregos. Mas sua função hoje tomou um caráter ainda mais urgente: os princípios da arte de viver passaram a valer para a necessidade de *sobreviver* num mundo cheio de estímulos, barulho, stress.

Logo, a oposição entre a plasticidade do modo de vida do poeta moderno, que herda o cuidado de si da ascese, e a imposição de condutas padronizadas da ideologia dominante burguesa tornou-se mais que uma diferença entre elite intelectual e massa, virou uma resistência inevitável, se não quiser ser engolido pelo gozo vazio ou pelo stress competitivo. É preciso inventar outros modos de meditação, tipos de leitura, em meio tanto da estridência dos estímulos quanto das oportunidades e perigos que as novas tecnologias oferecem. Em outras palavras, para resguardar o espaço ameaçado de meditação e leitura, elas mesmas precisariam ser reinventadas, até com as armas do próprio inimigo. Mas reinventar não é diferente de seguir uma certa tradição, ou inventar a sua tradição; ou é a própria tradição que, para se manter viva, reinventa-se.

Referências

BEACH, Christopher. *The Cambridge introduction to twentieth-century American poetry*. Cambridge: Cambridge Univ. Press, 2003.

BLOCH, R. Howard. *Misoginia medieval e a invenção do amor romántico ocidental*. Rio de Janeiro: Ed. 34, 1995.

CLARKE, Catherine. *Literary landscapes and the idea of England, 700-1400*. Cambridge: Brewer, 2006.

COLERIDGE, Samuel. *Poemas e excertos de "biografia literária"*. Trad. e org. de Paulo Vizioli. São Paulo: Nova Alexandria, 1995.

DAVIS, Gregson. *A companion to Horace*. Chichester: Wiley-Blackwell, 2010.

FERREIRA, Moisés Olímpio. "A lírica grega arcaica: Arquíloco de Paros, estudo do fr. 19". Revista Alétheia, vol. 1, Janeiro/Julho de 2009. <http://revistaale.dominiotemporario.com/doc/FERREIRA.pdf>. Acesso em: 30 de abril de 2013.

FOUCAULT, Michel. *Dits et Ecrits IV: 1980-1988*. Org. Daniel Defert *et al*. Paris: Gallimard, 1994.

HABIB, Rafey. *A history of literary criticism and theory: from Plato to the present*. Malden: Blackwell Pub., 2005.

HADOT, Pierre. *Exercices spirituels et philosophie antique*. Paris: Études Augustiniennes, 1987.

HORÁCIO. *Horace: the epistles*. Trad. e org. de Colin Macleod. Roma: Edizioni dell'Ateneo, 1986.

PARMÊNIDES. *The fragments of Parmenides: a critical text with introduction and translation, the ancient Testimonia and a commentary*. COXON, A. H.; MCKIRAHAN, R. D. (org.) Las Vegas: Parmenides Pub., 2009.

SÊNECA. *Cartas à Lucílio*. Trad. e org. de J. A. Segurado e Campos. Lisboa: Fundação Calouste Gulbenkian, 2004.

_____. *Medeia*. Trad. e org. de Ana Alexandra Sousa. Lisboa: Universidade de Lisboa, 2011.

STALEY, Gregory Allan. *Seneca and the Idea of Tragedy*. New York: Oxford University Press, 2010.

STOCK, Brian. *Ethics through Literature: Ascetic and Aesthetic Reading in Western Culture*. London: University Press of New England, 2007.

TÜRCKE, Christoph. *Sociedade excitada: filosofia da sensação*. Campinas: Editora da Unicamp, 2010.

_____. *Kritik der Aufmerksamkeitsdefizitkultur*. München: Beck, 2012.

Sóror Juana Inés de la Cruz[1]

Imaculada Nascimento[2]

Retrato de Sór Inés de la Cruz (1648-1695), de Miguel Cabrera (1695-1768). Óleo sobre tela. Museu Nacional de História, México. Disponível em: <https://pt.wikipedia.org/wiki/Ficheiro:Sor_Juana_by_Miguel_Cabrera.png>. Acesso em: abril/2022.

---

1 Este texto é derivado parcialmente da minha tese de doutorado: *Por uma janela aberta: Pulsão poética e tradução na obra de Ana Cristina Cesar*. Tese de doutorado. Belo Horizonte: UFMG – Faculdade de Letras, 2015. Disponível em: <https://repositorio.ufmg.br/bitstream/1843/ECAP-9YDHE4/1/tese_final__numerada__cd.pdf>.

2 Contato: imaculada.a@gmail.com

> Pensé yo que huía de mí misma, pero miserable de mí! Trajéme a mí conmigo y traje mi mayor enemigo en esta inclinación (a las letras), que no sé determinar si por prenda o castigo me dió el Cielo, pues de apagarse o embarazarse con tanto ejercicio que la Religión tiene, reventaba como pólvora, y se verificaba en mí el "privatio est causa appetitus" (Sóror Juana Inés de la Cruz).

Alguns escritores e poetas, assim como alguns loucos e místicos, margeiam um abismo quando se encontram diante da palavra como um *pathos*. Cada um à sua maneira, em seu estilo, em sua época. Essa reflexão encontra-se em *A exceção feminina: os impasses do gozo*, de Gerard Pommier, em cujo texto intitulado "O aberto – até onde as palavras podem nos transportar" (1991, p. 94-104) encontro também um ponto de encontro com a leitura que faço da vida e obra de Sóror Juana Inés de la Cruz (1651-1695). Pommier traz reflexões a respeito da relação da materialidade da palavra poética com a "emoção estética":

> Assim, a poesia mostra aquilo que a emoção estética, a relação com o gozo, deve à materialidade contrariada do significante, a cujo abrigo ela dá acesso. Para aquele que opera sobre a língua, o gozo, a totalidade do Outro, só se evoca no tempo mítico em que um significante, na sua beleza sonora, se isola e se abre para todas as significações possíveis. O poeta mostra até onde as palavras nos transportam, para quem as sabe ouvir e perceber a totalidade que evocam (POMMIER, 1991, p. 98).

Seja porque "Dios me inclinó a eso" ou porque "El escribir no há sido dictamen próprio, sino fuerza ajena"[3], Sóror Juana Inés de la Cruz – em sua alma atormentada pela escrita – retrocede, ao final da vida, à dúvida dessa essência, invocando um Pai que não lhe responderá:

> ¿Qué mágicas infusiones
> de los indios herbolarios
> de mi patria, entre mis letras
> el hechizo derramaron?
> (*Lírica Personal*, p. 225)

---

3   CRUZ. *Respuesta a Sor Filotea de la Cruz*, p. 4.

No silêncio da letra, no simbolismo do trânsito entre corpo e escrita – sua "negra inclinación" – deixou registrado, com sua digital – ou com seu *stylo*, estilete ou pena – aquele que parece ter sido seu último poema (n° 51), encontrado em sua cela "em rascunho e sem revisão", conforme Octávio Paz na obra *Sóror Juana Inés de La Cruz – As armadilhas da Fé* (PAZ, 1998, p. 417). Sem disfarce, Juana efetua um retorno à sua ancestralidade – cujo sangue corria em suas veias *crioullas* – e suas mágicas infusões, em um poema sugestivo de antinomia que profana a dedicação religiosa a que a Igreja e a sociedade católica vigente gostariam de ter lhe imposto. Tanto em "Dios me inclinó a eso" quanto no excerto poético acima, há um Nome de Deus com o qual ela gostaria de recobrir o furo linguajeiro que não se deixa captar – e que reside justamente na ausência de pontos de referência.

Neste sentido, um *elan* indizível se funda, para Juana, na medida em que a vacância que o Nome de Deus – o cristão ou o dos "índios herbolarios" – corrobora para o furo na própria palavra, nessa "ausência de garantia, nesse ateísmo insuspeitado que sempre falta na linguagem comum" (POMMIER, 1991, p. 98).

Em *Soror Juana Inés de la Cruz – As armadilhas da fé*, Octavio Paz afirma que Juana sabia que não possuía a alma de um místico e que nunca poderia consagrar sua mente à contemplação de visões. Apesar disso, era genuína e profundamente religiosa e desejava vivenciar seu amor pela escrita e pela ciência a serviço de Deus. Um poderoso impulso interior a levava à aquisição de conhecimentos que não era sentimental, ineficaz ou sem propósitos. Ao referir-se a essa determinação, ela dizia: "porque el fin a que aspiraba era a estudiar Theología, pareciéndome menguada inhabilidad, siendo católica, no saber todo lo que en esta vida se puede alcanzar por medios naturales de los Divinos Mistérios".

Assim foi que ela abriu caminho em diversas e possíveis fronteiras do saber vigentes, procurando com avidez o conhecimento, aventurando-se sempre pelo que lhe era novidade e avançando esteticamente. Numa época de um "escolasticismo" estreito, num ambiente monástico, na semi-reclusão do claustro, num mundo literário estritamente masculino que se expressava no estilo de Góngora, ela representava algo da ordem do estranho, de estrangeiro. Além de ter dialogado com os principais poetas representantes do Barroco em língua espanhola, ela aproveitou criativamente todas as formas literárias disponíveis e inventou outras[4]. Juana corresponderia com o que se pode denominar de sentimento de estrangeiridade. Estrangeira que era em relação às companheiras de monastério, pode assim também ser considerada em relação a religiosos místicos já tão conhecidos, como Thérèse de Lisieux (séc. XIX) – a Doutora da Igreja Católica –, San Juan de la Cruz (séc. XVI), Santa Teresa d'Ávila (séc. XVI), ou mesmo às beguinas místicas e aos poetas como Hadewijch D'Anvers, do séc. XIII.

Em sua clausura, com sua veste branca, cercada por objetos que eram, de fato, os seus pessoais – instrumentos musicais, incluindo uma harpa, livros, uma tiara de penas de colibri que lhe deu sua amiga e mecenas Maria Luísa, esposa do Vice-rei da Espanha, o Marquês de Mancera um telescópio e outros objetos incomuns, ela escreve na solidão, como explica Octavio Paz: "Juana Inés é uma planta que cresce numa terra de ninguém. Também é um destino: a solidão é a estrela – o signo, a sina – que guia seus passos" (1998, p. 134).

Antonio Alatorre, outro dos seus biógrafos, também afirma que a análise da obra mostra que ela não era uma alma cativada pelo amor divino, porém pelo amor ao saber. Muito mais que o "amor ao saber", observo que Sóror Juana se dedicava à escrita poética como um suporte vital de um lirismo também voltado para lidar com sua própria angústia. Sua paixão pelas letras – que lhe ocasionou perseguições desapiedadas – aponta para algo da ordem da melancolia alimentando um núcleo pulsional criativo, no qual o fazer poético teria sido uma possibilidade de apaziguamento desse afeto.

Procuro acompanhar em seus poemas a lógica e a direção de um texto que se origina de uma "linhagem" que se propõe a atravessar a melancolia e que aponta para um tema profundamente pessoal e instigante, se observarmos o rígido contexto em que Juana se inseria. Considerado pelos estudiosos de sua obra como um dos mais bem acabados (PAZ, 1998, p. 411), o soneto 145[5] tem como tema um retrato da própria autora:

---

4 Exercitava-se, ainda, tanto do espanhol para o latim e para o português, como ainda escrevia poemas diretamente em latim, em *náuatl*, em basco, ou na mistura dessas línguas num mesmo texto.

5 Por não terem títulos, seus poemas foram numerados.

> Éste que vez, engaño colorido,
> Que del arte ostentando los primores,
> Con falsos silogismos de colores
> Es cauteloso engaño del sentido;
> éste, en quien la lisonja ha pretendido
> Excusar de los años los horrores,
> Y venciendo del tiempo los rigores
> Triunfar de la vejez y del olvido,
> es un vano artificio del cuidado,
> es una flor al viento delicada,
> es un resguardo inútil para el hado:
> es una necia diligencia errada,
> es un afán caduco e, bien mirado,
> es cadáver, es polvo, es sombra, es nada.
> (*Lírica Personal*, p. 387)

Apesar da grandiosidade e da complexidade da sua escrita autoral – era muitíssimo solicitada, também, para a escrita poética de encomenda, comum na época –, algo nela se movimentava em direção à escrita própria com características do que já denominei "pulsão poética" em outros textos.

A partir deste soneto – a representação de Juana numa pintura – o que poderia significar dentro do seu projeto textual: "es cadáver, es polvo, es sombra, es nada"[6]? Instigantes expressões que poderiam ser uma chave de leitura e que se encontram em diversos outros trechos de sua obra, conduzindo a interpretações de um realismo quase brutal, direto e forte, mas não inusitado nela.

Digo "expressões instigantes" porque eu não poderia ler nesse – assim como em vários outros – a ideia simplória de um sujeito impulsionado a escrever sob motivação comum à época do *Carpe diem*. Relendo Michel Schneider, no texto "A branca dor do nosso desejo", do livro *Ladrões de Palavras – Ensaio sobre o plágio, a psicanálise e o pensamento*, cito o trecho em que ele tece reflexões sobre a ideia de que o escritor "tem a doença das palavras; ou mais psicologicamente: suas palavras doem":

---

[6] De acordo com a nota de rodapé da edição da *Lírica Personal* aqui usada, este último verso é uma homenagem a Gongora que termina seu soneto "Mientras por competir com tu cabelo..." (sobre a decadência natural da beleza) com o verso: "en tierra, en humo, en polvo, en sombra, en nada". Eram comuns as imitações de trechos do grande Gongora por vários poetas.

> Duas doenças levam a escrever. Alguns querem arrancar o que dizer do silêncio, da brancura, apesar de tudo. Outros se debatem no negro escrito, o rumorejar incessante do já-dito. À grafia atada de uns, responde a grafomania asfixiada dos outros: tal é a armadilha que espera o escritor (SCHNEIDER, 1990, p. 451).

A expressão usada por Schneider se encontra também no título do livro de Octavio Paz: *Sóror Juana Inés de la Cruz – As armadilhas da fé*. É dessa mesma armadilha à qual se refere Schneider que Paz também discorre em sua obra.

No trecho em epígrafe, Juana diz ser a escrita algo incontrolável para ela, em meio às obrigações conventuais e religiosas. Parece referir-se mesmo à armadilha da qual nos fala Schneider, proveniente de uma "doença", um *pathos* que o escritor sofre ao lançar-se pelas e nas palavras para (talvez) enganar o vazio que o habita e "eis que, pouco a pouco, aparece um novo vazio, não mais sob, mas nas próprias palavras" (SCHNEIDER, 1990, p. 451). Observo aí um ponto de encontro também com o que Pommier articula no texto já citado: lançar-se pelas e nas palavras significa margear um abismo. Ouçamos Juana:

> [...] desde que me rayó la primera luz de la razón, fue tan vehemente y poderosa la inclinación a las letras, que ni ajenas represiones (que he tenido muchas), ni propias reflejas (que he hecho no pocas), han bastado a que deje de seguir este natural impulso que Dios puso en mi (1951, p. 4).

Esse excerto faz parte de "Respuesta a Sór Filotea de la Cruz", no qual Juana procura defender-se de acusações de que ela não favorecia a ordem religiosa à qual se filiava, pois – com seus escritos – ela desobedecia as normas vigentes da Igreja Católica. Em 1690, ela enfrentou um período muito difícil em decorrência da publicação do seu texto intitulado "Carta Athenagórica", contestando um famoso sermão do padre português Antonio Vieira, intitulado "Sermão do Mandato", pregado em Lisboa em 1650. Essa carta lhe custou severas acusações sobre sua vida religiosa e seus momentos de "ócio" dedicados à escrita. O Bispo de Puebla – Manuel Fernandes de Santa Cruz, um dos seus perseguidores – publica um texto de repreensão sob o pseudônimo de Sór Filotea de la Cruz, colocando-se como se fosse uma madre superiora de Soror Juana. A repercussão dessa polêmica atinge diretamente a poetisa por ter ousado criticar não somente um ser do sexo oposto, mas um padre considerado um dos mais evidentes e respeitados da época.

Entre outras tessituras que trazem o imaginário feminino por meio de vozes engajadas através dos tempos, encontramos – no séc. XVII – essa porta-voz desafiadora de uma rígida sociedade para a qual a literatura novo-hispânica era douta e para doutos, escrita por homens e por eles lida, com pouquíssimas exceções. Freira, poetisa, bela e culta, Juana Inéz Ramírez de Asbaje (1651-1695) ficou conhecida pelo nome religioso: Sóror Juana Inéz de la Cruz, relacionado também aos epítetos: Décima Musa, Fênix do México, La Única Poetisa Americana, Glorioso Desempeño de su Sexo, Sibila Americana. Mulher e intelectual superior a muitos eruditos da época, sem dúvida ela foi causa de muita polêmica e ataques por parte daqueles que acreditavam principalmente no masculino como insuperável. O convento, a universidade e a corte eram os centros do saber da Nueva Espanha – atual México – e só uma minoria da população podia ser chamada de culta, porque poucos tinham acesso a esses grandes centros de irradiação estética e cultural.

Além de ter dialogado com os principais poetas representantes do Barroco em língua espanhola, ela aproveitou criativamente todas as formas literárias disponíveis e, segundo seus biógrafos, inventou outras. Pela sua intensa produção e desafios, observa-se que sua inclinação para a escrita é decorrente de uma energia sobre a qual ela própria não tem controle e, por isso, entrega-se de corpo e alma a esse "natural impulso", cujo resultado atrai a atenção de quem lê sua obra pessoal e biográfica.

A obra *Inundación Castálida*, editada na Espanha, ficou conhecida também em Portugal, ocasião em que se desenvolveu, pela "Casa del Placer", admiração por Sóror Juana. A "Casa del Placer" foi uma espécie de agremiação de religiosas-literatas portuguesas amantes da poesia, que trocavam informações de leitura, cartas contendo comentários, análises, críticas sobre o que liam. Elas se relacionavam, porém não se reuniam, uma vez que estavam submetidas às regras da clausura. O mais interessante nessas freiras é que elas não se sentiam obrigadas a escrever poesia de temática religiosa. Ao contrário, como o próprio nome da academia aponta, a intenção era produzir e ler poesia mundana. Considerando sua profissão de fé, elas reivindicavam uma liberdade de escrita e leitura incomum, pouquíssimo usual para a época.

É óbvio que Juana se sentiu, algumas vezes, obrigada a usar subterfúgios para que seu nome não fosse descoberto. Em 1683, em um concurso poético na Universidade do México, para celebrar a Imaculada Conceição de Maria, recebeu dois prêmios: um, pelo romance (um tipo de poema da época) em homenagem ao Marquês de La Laguna (nº 22), para o qual assinou "Don Juan Sáenz del Cauri", anagrama de Juana Inés de la Cruz. No outro romance premiado, usou o pseudônimo Felipe de Salayses.

Quanto à temática dos poemas líricos, além das metáforas como papel, tinta, letras, pena, explorados ainda na contemporaneidade como metalinguagem, outros temas são bastante recorrentes: o amor, o ciúme, a morte, a solidão. Apesar de rodeada por muita gente (no convento, no parlatório, pessoas da corte que vinham com ela conversar e, mesmo, encomendar poemas), sentia-se solitária. Devido ao seu profundo conhecimento em vários segmentos do saber na época, muitos sacerdotes e eruditos vinham pedir-lhe conselhos. Ela tinha mais visitantes no locutório que todas as demais religiosas juntas. Entre eles, um amigo solícito e constante foi Don Carlos de Sigüenza y Góngora, homem erudito, teólogo e investigador científico que lhe trazia seus manuscritos constantemente para que ela os criticasse.

Do século XVIII até o início do século XX, sua obra só não foi esquecida completamente em decorrência de alguns poucos poemas que marcaram a sociedade por um motivo ou outro, e que se tornaram conhecidos no México, a exemplo de:

> Hombres nécios, que acusáis
> a la mujer sin razón,
> sin ver que sóis la ocasión
> de lo mismo que culpáis.
>
> [...]
>
> Combatis su resistencia,
> y luego con gravedad,
> decís que fue liviandad
> lo que hizo la diligencia.
>
> [...]
>
> Queréis con presunción necia,
> hallar a la que buscáis,

para pretendida, Thais,
y en la posesión, Lucrecia.

[...]

Con el favor y el desdén
Tenéis condición igual,
Quejándoos si os tratan mal,
Burlándoos si os quieren bien.
Opinión, ninguna gana;
Pues la que más se recata,
Si no os admite, es ingrata,
Y si os admite, es liviana.
Siempre tan necios andáis
Que, con desigual nivel,
A una culpáis por cruel
Y a otra por fácil culpáis.

[...]

¿Cuál mayor culpa ha tenido
en una pasión errada,
la que cae de rogada,
o el que ruega de caído?

¿O cuál es más de culpar,
aunque cualquiera mal haga,
la que peca por la paga
o el que paga por pecar?
[...]
(*Lírica Personal*, p. 320)

 Ousada, Sóror Juana que se atreveu a criticar publicamente o "Sermão do Mandato" do Padre Vieira, não poderia deixar de zombar também da sociedade machista – por meio de suas escolhas, sua escrita em defesa das mulheres e comportamento, inusitados. É considerada uma das primeiras feministas daquele século, principalmente pelo trajeto religioso como forma de fuga ao casamento, do qual as mulheres não tinham outra escolha.

 Nesse poema, o eu-lírico censura os homens, tentando persuadi-los a repensar sobre as mulheres no aspecto que diz respeito principalmente à acusação de serem fáceis. Isso fica bem claro na terceira estrofe que faz referência a Thais e Lucrécia, consideradas paradigmas da mulher cortesã e mulher heroicamente casta, respectivamente.

Sua obra é abundante em poemas – muitíssimos encomendados para celebração de aniversários, para acompanhar presentes – Autos para serem representados na corte, obras para teatro em versos, mais de 100 poemas para as festas da Igreja católica, odes, hinos, comédias para entretenimento na corte e muito mais. A pena e o papel foram sua companhia nas horas mais tristes e nas mais alegres, embora as cores com que (a)bordava sua escrita tivessem relação com a solidão, com a tristeza, com a melancolia. Seus poemas de amor são, frequentemente, ancorados pela ausência de um amor nomeado, como no poema 211:

> Amado dueño mio,
> escuchaun rato mis cansadas quejas,
> pues del viento las fío,
> que breve las conduzga a tus orejas,
> si no se desvanece el triste acento,
> como mis esperanzas, en el viento.
>
> Óyeme con los ojos,
> Ya que están tan distantes los oídos,
> Y de ausentes enojos
> En ecos de mi pluma mis gemidos;
> Y ya que a ti no llega mi voz ruda,
> Óyeme sordo, pues me quejo muda.
>
> [...]
> (*Lírica Personal*, p. 455)

Em muitos poemas líricos, "Fábio" é um nome recorrente e, muito interessante é observar que eles se assemelham a "fragmentos de um discurso amoroso"[7]. Dos 14 aos 16 anos Juana viveu na corte como dama de companhia de Doña Leonor, esposa do Marquês de Mancera, vice-rei da Espanha na, então, Nueva España (atual México). Elizabeth Wallace, na obra *Sor Juana Inés de la Cruz – Poetisa de corte y convento* afirma:

---

7   Título de conhecida obra de Roland Barthes.

> Tiene que haber sido humanamente imposible que Juana pase por estos dos años y medio de vida cortesana permaneciendo impasible al amor, en un lugar donde se encontraba constantemente con jóvenes de buena familia, con galanes de la corte imperial, con criollos que se habían distinguido por sus viajes y aventuras, con hombres eruditos, con poetas sentimentales, con sacerdotes y hombres de ciencia jóvenes, pues todos ellos frecuentaban la culta corte del Marqués de Mancera y le rendían homenaje a su esposa doña Leonor (WALLACE, 1944, p. 67).

Talvez os poemas dedicados a Fabio, Celio, Alcino e outros poemas amorosos tenham tido aí sua origem. No entanto, não se encontrou até o momento comentário algum da própria Juana a respeito do período em que viveu na corte e se, em algum momento da sua vida, ela teve qualquer envolvimento amoroso. De acordo com Wallace, na segurança enclausurada do convento, mais tarde Juana poderá ter dado expressão e forma poética às amarguras de algum amor frustrado e à separação, ao encanto e ao êxtase do amor. Muitos de seus versos foram imortalizados e hoje em dia se pode encontrá-los em quase todas as antologias de poesia espanhola, a exemplo de:

> Así que, Fabio amado,
> Saber puedes mis males sin costarte
> La noticia cuidado,
> Pues puedes de los campos informarte;
> Y, pues yo a todo mi dolor ajusto,
> Saber mi pena sin dejar tu gusto
>
> Mas ¿cuándo, ¡ay gloria mía!,
> Mereceré gozar tu luz serena?
> ¿Cuándo llegará el día
> Que pongas dulce fin a tanta pena?
> ¿Cuándo veré tus ojos, dulce encanto,
> Y de los míos quitarás el llanto?
>
> ¿Cuándo tu voz sonora
> Herirá mis oídos, delicada,
> Y el alma que te adora,
> De inundación de gozos anegada,
> A recibirte con amante prisa
> Saldrá a los ojos desatada en risa?
> (*Lírica Personal*, p. 457)

Ainda que fosse comum esse modelo amoroso de lira naquele século, há que se levar em conta que quem escreve é uma freira. Juana tem ânsia de ser ouvida, necessita de um interlocutor que não seja Jesus Cristo, embora Fábio sempre apareça como um interlocutor ausente que faz sofrer aquela que parece estar à espera de um amor. O eu-lírico dirige-se, em monólogo, a um amado ausente. Embora, muitas vezes, seus queridos espectros pareçam tão vívidos, em outros a mulher apaixonada se apresenta em seu mundo de sonhos.

Em seus poemas amorosos, Juana analisa o amor e seu curso habitual: ansiedades, paixões, ciúmes, desejo intenso de encontrar a quem ama. E seu amor não é feliz como nos poemas – por exemplo – de amizade amorosa por uma interlocutora com a qual, de fato, conviveu e foi amiga íntima: Maria Luísa, a Condessa de Paredes, esposa do Marquês de Laguna, vice-rei na Colônia espanhola – Nueva España. Os poemas a ela dedicados são inúmeros e causadores de polêmicas em razão – ainda – da assídua e próxima convivência que, de certa maneira, ultrapassava as convenções vigentes. Entretanto, foi graças à proteção, amizade e reconhecimento de seu potencial poético que esses vice-reis editaram parte da obra de Juana pela primeira vez na Espanha que, assim, não se perdeu juntamente com inúmeros manuscritos queimados na época da sua renúncia forçada pela Inquisição.

Os versos dedicados a Fabio causam impacto, sem dúvida: uma freira escreve a um amante ausente sobre o que parece ter sido uma experiência real, ainda que tenhamos em mente que uma realidade imaginada, muitas vezes, não é menos vivida que uma experiência real. Entretanto, é curioso observar que se trata de poemas de solidão, nostalgia, desejo, revestidos de certa dor motivada também por um sentimento de perda. A morte é personalizada no exíguo espaço da escrita poética que nem por isso acolhe a sua solidão: "Tú, que has sido mi vida, me des muerte". Quem seria esse interlocutor? Intenção estética ou "angústia do desamparo"?

Luto e melancolia é um texto de Sigmund Freud, um legado teórico seminal para a nossa civilização que continua dele fazendo uso tanto na clínica quanto na cultura em geral. Com ele, Freud iluminou o enigma da dor de existir do ser humano, proveniente do desamparo primordial que faz parte da constituição de cada um de nós e que, em determinando momento, culmina em uma melancolia que paralisa; sem noção consciente de suas perdas, volta-se contra si mesmo em angústias de aniquilamento. O Eu melancólico, voltando sua agressividade para si mesmo, acaba por desenvolver impulsos que o arruínam, ao contrário do sujeito enlutado que consegue elaborar o sentimento de perda e, aos poucos, vai diluindo o investimento libidinal dessa perda e permitindo, assim, ao Ego retomar outros laços afetivos. O melancólico subsiste na ameaça de sua própria existência preso entre os impulsos destrutivos e os fios de esperança que, desde sua origem, se mostram extremamente frágeis.

Seguindo os rastros da sua biografia e sabendo, de antemão, que o final da sua vida não foi exatamente um "final feliz" a certeza é a de que Juana caminhava por um *beirabismo*[8] ao cantar um jogo amoroso que lhe seria proibido em decorrência da sua condição de religiosa. Essa noção de *beirabismo* é o que norteia minha tese de doutorado tendo como núcleo a relação entre a escrita e o perigo que, muitas vezes, o próprio trabalho de criação conduz o escritor; a relação entre a escrita poética e o perigo de esfacelamento do nome próprio que, neste caso, é o próprio nome: "de la Cruz". Essa hipótese foi pensada a partir de estudos sobre o desenvolvimento conceitual freudiano de melancolia no texto citado e suas posteriores articulações.

Vejamos. Nem sempre um movimento poético (ou artístico qualquer) que sinaliza alguma perda como um empecilho a um cotidiano satisfatório leva o artista a um caminho de elaboração do luto. A noção freudiana de "sublimação" diz respeito à sua "Teoria da angústia" e contém a ideia de que a sublimação permite o apaziguamento pulsional; ela seria uma espécie de "destino nobre" dos conflitos, um arranjo conciliatório – mas sempre fadado ao fracasso. A "sublimação" seria um dos destinos da pulsão que permitiria a esta escapar do recalque.

Entretanto, nem sempre funciona assim, caso contrário teríamos explicação para o suicídio de artistas e escritores durante período de intensa produtividade. Como explicar o suicídio da escritora carioca Ana Cristina Cesar, aos 31 anos de idade e em plena produção literária? Sylvia Plath, que se asfixiou com gás em 1963; Virgínia Woolf, que se matou por afogamento em 1941; Florbela Spanca, portuguesa, por

---

8   Neologismo usado em minha tese de doutorado para falar da relação entre a escrita e o perigo que, muitas vezes, o próprio trabalho de criação conduz o escritor. A expressão foi inspirada, entre outras leituras, pelas reflexões de Gerard Pommier a respeito da escrita e o "beira abismo".

ingestão de barbitúricos em 1930; Alfonsina Storni, argentina, deixando-se afogar andando mar adentro em 1938; Anne Sexton, americana, intoxicando-se com monóxido de carbono do motor do seu próprio carro em 1974, entre muitas/muitos outros artistas?

Possível resposta encontra-se na segunda formulação da "Teoria da angústia" de Freud, pois o surgimento da "angústia do desamparo" conduz a uma vertente da sublimação que diz respeito à relação do sujeito com o vazio e o inominável, o que faz com que ele seja impulsionado a um processo incessante e mobilizador do trabalho criativo. Esse movimento de criação constante difere da mesmice característica do sintoma; entretanto, o artista não se vê livre do sofrimento como era de se esperar, pois a própria criação torna-se o lugar onde se produz o retorno do sofrimento. Ao invés de fazer com que o artista se afaste da destrutividade, essa forma de sublimação se alimenta dela. É dessa maneira que procuro explicar o que denomino *beirabismo*.

Reflexões dessa natureza foram as que me incitaram ao estudo da obra de Sóror Juana Inés de la Cruz. Seus textos líricos aparentam trazer o *topos* da morte como um núcleo importante, cujos temas e imagens fundantes parecem originar-se de uma dinâmica psíquica de forte matiz melancólico. O manto da escrita, em cuja trama ela procurava se aquecer, não parece ter sido suficientemente denso. Temerosa da fria lâmina, entre a flor e o abismo, buscava reforçar sua tessitura, fazendo correr o tear como uma Penélope que desmanchava seu trabalho à noite para fortalecer seu tempo de espera, silêncio, ausência. Octavio Paz, na mais relevante obra dos últimos anos sobre Juana, afirma:

> É fácil imaginá-la na corte e no claustro, cantando numa sala ou cantando no coro, conversando no jardim ou num locutório; sabemos que conheceu, aproveitou e padeceu as paixões da glória literária, da amizade amorosa e, talvez, as do próprio amor.
> Se o seu destino eram as letras, não podia ser letrada casada nem solteira. Mas podia ser freira letrada. Sozinha no claustro e na solidão da obra, sabia que a decisão de tornar-se freira era, na época, para toda a vida (PAZ, 1998, p. 165).

No livro *Fragmentos de um discurso amoroso*, Roland Barthes faz pensar sobre a mulher tecelã à qual associo Juana a partir das reflexões de Octavio Paz:

> Historicamente, o discurso da ausência é sustentado pela Mulher: a Mulher é sedentária, o Homem é caçador, viajante; a mulher é fiel (ela espera), o homem é conquistador (navega e aborda). É a mulher que dá forma à ausência: ela tece e ela canta; as Tecelãs, as "chansons de toile", dizem ao mesmo tempo a imobilidade (pelo ronrom do tear) e a ausência (ao longe, ritmos de viagem, vagas marinhas, cavalgadas) (BARTHES, 1988, p. 27-28).

Tecer e cantar – são as metáforas que julgo poder atribuir a Juana. Não se trata, exatamente, da questão do feminino – que Barthes relaciona à mulher tecelã, mas de perceber que há o barulho de um tear que se faz ouvir nos dias e nas noites que atravessam sua obra poética. Como uma caçadora, viajante, navegadora, Juana (a)borda, com seus versos, ritmos e cadências, o desejo de viagem em cavalgadas ou em vagas marinhas. A seu modo, é claro, em seu devido tempo e com os enigmas sobre sua vida que ainda não foram solucionados porque parte de seus manuscritos foram queimados na ocasião em que foi obrigada a abjurar. Inclusive porque não se encontraram (ainda) textos em que ela conte sobre o período em que viveu na corte dos vice-reis de Espanha como acompanhante da Marquesa de Mancera, Dona Leonor.

Dos enigmas, entretanto, o que se evidencia à minha leitura é a experiência da morte que aparece em seus sonetos, a partir da mitologia, símbolos comuns na época do Barroco, por meio da metáfora das Parcas que aparece em vários poemas.

No soneto 186, atribui à Marquesa de Mancera (à qual muito se apegou pelo carinho com que a tratava, tornando-se sua amiga) a recuperação rápida de uma doença, em virtude dos cuidados a ela dedicados enquanto convalescia.

> Para cortar el hilo que no hiló,
> la tijera mortal abierta vi.
> ¡Ay, Parca fiera!, dije entonces yo:
> mira que sola Laura manda aquí.
> Ella, corrida, al punto se apartó,
> Y dejóme morir sólo por ti.
> (*Lírica Personal*, p. 428)

No poema 11:

> De aquella fatal tijera
> Sonabam a mis oídos,

> Opuestamente hermanados,
> Los inexorables hilos.
> (*Lírica Personal*, p. 48)

Neste poema nº 11, dedicado ao Arcebispo do México de 1668 a 1681 – Frei Payo Enríquez de Ribera, os quatro versos são os que indicam que as três Parcas estão a ponto de por fim à vida da enferma, conforme o conteúdo poético.

No cinema, a morte é representada por uma cena ficcionalizada no momento em que Juana é obrigada a abjurar diante do júri da Inquisição. A produção da argentina Maria Luísa Bemberg intitulada *Yo, la peor de todas* (1990) mostra que a monja quebra os óculos com a mão esquerda e faz, do próprio sangue, tinta. Com ele, assina a sentença de permanecer para sempre em silêncio.

Além de ter que reconhecer publicamente que não foi uma freira digna, foi obrigada, claro, a entregar seus amados livros, instrumentos musicais e outros objetos pessoais ao arcebispo Aguiar y Seijas para que os vendesse ou doasse. Esse também foi um grande sacrifício. Talvez tenha sido um gesto de uma mulher aterrorizada pelo que lhe seria destinado a partir de então, privada de tudo aquilo que a auxiliava a contornar o seu "objeto perdido".

Ao final, já na esplanada do topo da pirâmide erguida com a pena de sua "negra inclinación", fecham-se a biblioteca, sua cela, sua obra, sua vida. Após abjurar, ofereceu-se como voluntária em um hospital para tuberculosos, peste que assolava o México. De lá, contaminada, obviamente, seu corpo saiu envolvido em um manto branco e foi jogado, junto com outros corpos, numa vala comum. Sua biblioteca assim se desvanece como os obeliscos e as pirâmides egípcias que evoca em seu mais famoso e estudado poema intitulado "Primero Sueño". Pode-se dizer que sua escrita se produziu sempre em *beirabismo* e, aparentemente, ela não serviu à finalidade de sublimação.

Entre a escrita e o sujeito coloca-se, estrategicamente, o *beirabismo* para o qual o olhar é arrastado num movimento irresistível para a profundidade do silêncio. E é nesse vácuo que alguns escritores tocam, sem tocar, a imagem fascinante da escrita – o grosso manto tecido com inumeráveis fios cuja trama se esgarça pela noite mortífera da melancolia. As três parcas cumprem sua missão – uma tece o fio da vida, a outra cuida de sua extensão e caminho e a terceira corta o fio. Nesse ponto de corte, fio já esgarçado, enfraquecido, fissurado pela dispersão do afeto destrutível, Sóror Juana Inés de la Cruz se vai, atira-se do *beirabismo* ao encontro da nudez, do frio daquilo que permanece a descoberto, ao encontro do espaço vertiginoso desse exterior não-lugar.

Referências

BARTHES, Roland. *Fragmentos de um discurso amoroso*. Tradução de Hortênsia dos Santos. 8 ed. Rio de Janeiro: F. Alves, 1988.

CRUZ, Sóror Juana Inés de la. *Lírica Personal*. (Obras completas de Sor Juana Inés de la Cruz. Tomo I). México: Fondo de Cultura Económica, 1951.

_____. Respuesta de la poetisa a la muy ilustre Sor Filotea de la Cruz. In: _____*Fama y obras póstumas del Fenix del México y Décima Musa*. México: Facultad de Filosofía y Letras/Universidad Nacional Autónoma de México, 1995.

SCHNEIDER, Michel. *Ladrões de palavras. Ensaio sobre o plágio, a Psicanálise e o pensamento*. Tradução de Luiz Fernando P. N. Franco. Campinas: Ed. UNICAMP, 1990.

PAZ, Octavio. *Soror Juana Inés de la Cruz – As armadilhas da fé*. Tradução de Wladir Dupont. São Paulo: Editora Mandarim, 1998.

POMMIER, Gérard. *A exceção feminina: os impasses do gozo*. Tradução de Dulce Duque Estrada. 2 ed. Rio de Janeiro: Jorge Zahar, 1991.

WALLACE, Elizabeth. *Sor Juana Ines de la Cruz – Poetisa de corte Y convento*. México: Ediciones Xochitl, 1944.

4
Corporeidade em místicos(as) do cotidiano 2

A mística do desencanto em José Tolentino Mendonça

Paulo Antônio Couto Faria[1]

Passava o dia ali, quieto, no meio das coisas miúdas. E me encantei
(Manoel de Barros)

Introdução

Em qualquer uma das obras de José Tolentino publicadas o Brasil, encontra-se um resumo de sua biografia e um elenco de suas principais publicações. O mais curioso neste momento é que em Portugal o sacerdote é mais conhecido como um poeta, mas no Brasil é visto, sobretudo, como teólogo cuja forma inspiradora de fazer teologia é alimentada por sua sensibilidade poética. Não obstante, uma exigente formação exegética também faz parte da biografia desse "teopoeta". Grande parte de sua obra toma, porém, distância daquilo que chamaríamos de teologia sistemática. Como seus biógrafos dizem, Tolentino é um ensaísta. Seus ensaios não estão muito preocupados com muitas das exigências atuais da academia.

A teologia alimentada pelo universo poético-literário ganha uma especial penetração na realidade. Uma realidade desencantada pelo avanço da programação racional moderna, pós-moderna e hipermoderna. O mundo já não nos conduz naturalmente a Deus, mas, por via do afluente poético que irriga a teologia, o mundo pode nos revelar um encanto de outra ordem, e que é mais uma das mais acabadas expressões da fé: a mística das coisas comuns, desencantadas. Tema sobre o qual Tolentino alimenta especial simpatia. Inserimos no debate o teólogo Karl Rahner numa de suas passagens emblemáticas: "o cristão do futuro, ou será um místico ou não será cristão". E parece que o teólogo português, ao se enveredar pela poesia, descobriu o caminho da mística

---

[1] Contato: pauloantoniocoutofaria@yahoo.com.br

anunciado pelo teólogo alemão. Trata-se da "mística do instante", sugerida no título deste texto como a mística possível para o mundão desencantado. Neste mundo, segundo o nosso autor, o "maravilhoso", com seus dragões, unicórnios, fadas, e outros seres encantadores não têm mais lugar. Mas permanece o "fantástico", transitando na linha limite onde a razão e a ordem natural não chegam com suas explicações (MENDONÇA, 2009, p. 81). O caminho da mística continua sendo preservado em meio ao desencanto provocado pela razão secular.

A exposição que segue esboça dois traços dessa mística. A amizade e a experiência mais imediata que fazemos de nós mesmos, a de nosso corpo, buscando sempre o fundamento na Sagrada Escritura. Suas intuições se inserem de forma legítima na esteira da tradição regida pela teologia da providência divina. O novo que se apresenta é familiar à vivência da fé.

A mística do mundo desencantado é aquela que se vive em cada instante, e isto implica numa sensível arte de viver pausadamente e com atenção no dia a dia. A expressão *desencantamento do mundo* tornou-se conhecida pela pena de Max Weber. Corresponde ao mundo planificado pela razão matemática, onde parece não haver lugar para arroubos místicos. Mas é de lá, das entranhas do mais profano do tempo, onde tudo é comum, que se quer buscar a presença de Deus. O garimpo da mística busca "nas pequenas coisas que tecem a nossa existência, nesta teia humaníssima e quotidiana que nos urde a possibilidade de transportar Deus, de espelhar seu mistério, de traduzi-lo. Cada ser humano é uma possibilidade de Deus" (MENDONÇA, 2017, p. 41).

1. A amizade com Deus

A amizade sincera é um santo remédio, é um abrigo seguro
(Dominguinhos)

Pode haver guarida para o coração humano, onde Deus mesmo, na pessoa do amigo, não seja o abrigo? O que é mais comum no nosso cotidiano, o amor fraterno ou o amor esponsal? O primeiro, com muito mais probabilidade, povoa nosso universo relacional. E o segundo, em grande parte, leva consigo as experiências do primeiro. Os amantes apaixonados, no seu dia-a-dia, vivem mais de sua amizade do que dos arroubos esparsos de sedução. A amizade labora na mútua colaboração, nas decisões necessárias em comum, nos gastos e nas receitas, enfim, aparando, dolorosa e amorosamente, as pontiagudas arestas das diferenças. O referencial fraterno, por essas e outras razões, constitui a virada mais marcante que Tolentino sugere no cultivo da experiência mística, motivado também, mas de forma secundária, pelo desgaste semântico do amor esponsal. Nas palavras de Tolentino:

> A amizade é uma forma mais objetiva, mais concretamente desenhada, talvez mais possível de ser vivida. Não é que o amor também não torne necessária a aceitação de tudo isso, mas não é esse o seu idioma, a sua singularidade (MENDONÇA 2013, p. 16).

A amizade é dom, é estar gratuitamente junto, numa inutilidade que afronta o velho utilitarismo invasor das relações hodiernas. A presença amiga é, muitas vezes, um testemunho do que somos, possibilitando nosso autorreconhecimento frente às ranhuras que o tempo escava em nossa face e facilmente nos conduz a um estranhamento de nós mesmos. Esse autorreconhecimento ganha em autenticidade quanto maior for a chuva de perguntas que a presença amiga coloca na nossa vida. Desta forma, o(a) amigo(a) sendo discreto(a) com as nossas imperfeições, ao mesmo passo sublinha nossa singularidade. A amizade não nos ilude, põe às claras nossa incompletude sem nos humilhar, abrindo um vasto horizonte para a diversidade de apelos que o tempo apresenta em cada etapa ou instante da vida. E quando acontece o infortúnio, dá ocasião para que a alegria brote na vala que o sofrimento escavou (MENDONÇA, 2017, p. 57).

A alegria é resultado de uma hospitalidade oferecida sem condições, na gratuidade, tal como no exultante encontro da visita de Maria a Izabel (Lc 1,39-45). A alegria da presença é simples, não necessita da mediação de um presente, ela não é programada, pode ocorrer a qualquer instante. Todos nós temos algum amigo de infância que nos dá alegria reencontrar ou recordar. E toda nova amizade nos faz retornar a este tempo da inocência, da simplicidade e da alegria gratuita.

"A amizade é uma experiência sustentada pelo perdão" (MENDONÇA, 2013, p. 190), pois não há como nos blindarmos de confiança. A traição é sempre possível. Aí, somente o perdão nos cura da vitimização, da vingança e do ressentimento, operando "um degelo gradativo do coração" (MENDONÇA, 2017, p. 24). Há traição da amizade também quando nos enclausuramos entre os amigos. A amizade pede sempre novas hospitalidades a outros possíveis amigos e o amor aos inimigos.

Muito sucintamente, e bem menos poeticamente, estas são as motivações ou razões pelas quais a matriz mística de Tolentino prefere a amizade ao amor esponsal. A amizade, assim tão humana, tem uma nota mística. E são os poetas, esses artesãos(ãs) da palavra, que são precisos(as) ao penetrarem tão bem e profundamente na realidade: poeticamente, misticamente. Assim, elevam o ser humano ao altar da mais alta dignidade, no lugar onde quer o seu Criador.

> *Eu sou sua menina, viu?*
> *E ele é o meu rapaz*
> *Meu corpo é testemunha*
> *Do bem que ele me faz*
> (Chico Buarque)

2. Mística do corpo

Esta é a segunda virada na mística do instante, ou do mundo desencantado: o corpo é o lugar da mística, é templo sagrado, é testemunha, nos seus cinco sentidos, dos benéficos do encontro amoroso com Deus. Diz o teólogo: "A própria dignidade humana exige que o homem glorifique a Deus (também) no seu corpo" (MENDONÇA, 2003, p. 15). O corpo, sendo determinante da experiência mais imediata de si, nem sempre se mostrou como corpo místico, mas lugar onde as paixões e desejos resistem a Deus. Assistimos à possessão demoníaca do corpo por outro corpo que escraviza, comercializa, reifica, dessacraliza, manipula ao bel prazer. Opondo-se contra essas tendências, Mendonça, na sua reflexão, mostra como os sentidos do corpo, na sua especificidade criatural, estão densos de sentido místico.

O autor faz uma redação mais insinuativa do que conceitual. Arrecada daqui e dali as marcas de várias leituras e as experiências que elas lhe provocaram ou invocaram. A redação que segue visa preservar as intuições do autor, deixando o leitor de sobreaviso quanto ao amplo arco teológico-poético de inimaginável criatividade, aqui palidamente retratado.

2.1. Tato

A cruz é um sinal escancarado de que Jesus não veio explicar a dor, mas enchê-la de sua presença (José Tolentino Mendonça)

O tato é pontual, preciso, delimita os corpos e pode, ao mesmo tempo, operar a fusão entre eles. É o mais visceral, primário e delicado dos sentidos. Talvez por isto, o autor estudado o coloque em primeiro lugar na reflexão. O tato é o sentido que dá testemunho do *pathos* que define o ser humano. Afinal o que é mais decisivo é aquele toque que se recebe, e não o toque que se dá. A experiência de ser tocado é aquela de um padecente e não de um agente. "Sentimo-nos tocados, apenas isso. E isso nos chega por uma pergunta imprescindível, por uma vontade de sucumbir ou de renascer, em síntese, por um radical estremecimento" (MENDONÇA, 2016, p. 43).

Todo o corpo é sensível ao tato, o que indica sua ampla receptividade, seja para um carinho ou uma tortura. Contudo, nas mãos, o tato encontra seu principal instrumento de comunicação e representação, onde tocar e ser tocado acontecem simultaneamente. É com as mãos que experimentamos o peso e a leveza dos corpos e da vida, elas são habilitadas para tocar o(a) outro(a), com igual arte e técnica que se aprende a tocar um instrumento musical. Esta comparação indica que o toque, que se recebe e que se dá, resulta de incansável treino, paciência e humildade para acolher, errar e começar novamente, é um aprendizado

O que não dizer então do conhecimento tátil exigido para a cura? Não se trata apenas de um toque técnico, preciso, acabado, pois a sensibilidade tátil que produz o toque regenerador, antes, foi tocada pela dor ou pelo prazer do(a) outro(a). É assim, portanto, num sinal de correspondência, que se deve percorrer atentamente o corpo do outro, por suas fragilidades, dores e prazeres. O que de fato cura é o saber-se tocado, encontrado, assumido, aceito, reconhecido, resgatado, abraçado. Se as mãos designam a reciprocidade do tocar, de fechar um acordo, de dar seu assentimento, o abraço, por sua vez, designa a mútua acolhida, o deixar-se tocar e envolver pelo corpo alheio, tendo uma representatividade mais incisiva da gratuidade. Ratifica este encontro de gratuidades o fato de que o abraço não é monolateral, a realidade é que "nós nos abraçamos". E o abraço nos acompanha pela vida, vai de um agarrar-se para não cair, por simples insegurança dos primeiros passos, ao espaço onde coabitam dois corpos e se tornam um. O amor e a coordenação motora amadurecem juntos. Nossa história, e nós mesmos, somos feitos dos diversos toques que recebemos (MENDONÇA, 2016, p. 50).

O toque é uma metáfora do caminhar na fé. Orientado pelo claro-escuro das apalpadelas, denuncia uma situação de fragilidade e de força. Assim se verifica em Lucas 7, 36-50, segundo o qual Jesus é convidado para jantar na casa de um fariseu, e uma mulher, considerada pecadora e impura, invade o lugar, trazendo consigo um vaso de precioso perfume e, chorando a seus pés, unge-os e enxuga com os cabelos as lágrimas que escorrem nos pés do convidado. Assim, sem dizer uma única palavra, apenas com o toque contou toda a sua história turbulenta a Jesus (MENDONÇA, 2016, p. 44). Sua coreografia foi mais eloquente do que qualquer tipo de palavra. Trata-se de um toque de quem já se sentia tocada. Um toque de fé que a salvou. Jesus poderia ter dito: o teu toque te salvou! Um toque rápido e único, mas que ocupou toda a cena e toda a vida daquela mulher. Será que foi um toque muito bem planejado? Provavelmente não. Não esperava recompensa, nem mesmo qual seria a reação de Jesus. Um toque que nasce da fé, por mais seguro que seja, sempre é um toque no escuro, às apalpadelas.

> (a fé) não deixa de ter uma condição noturna. A fé integra necessariamente um estado de pergunta, de incerteza, de maturação e de caminho. Não se trata de uma marcha por evidências, mas de um caminhar às apalpadelas, como se víssemos o invisível, segundo a bela e exigente formulação da Carta aos Hebreus (cf. Hb 11,27). E mostra-nos, por fim, que a tensão da fé se resolve numa promessa, num abraço, numa dança. Não apenas como realidade projetada num além, mas já no aqui e agora saboreada (MENDONÇA, 2016, p. 43).

O toque de fé da mulher invasora entra em choque com o universo da religiosidade judaica da época. É sabido que o toque tinha especial relevância para a pureza ou impureza de uma pessoa. Num espaço onde sagrado e profano estavam bem definidos, o fariseu se mantém afastado da mulher impura e, provavelmente, de Jesus, que se tornou impuro também. Fato este que confunde os comensais, levando-os a indagar no v. 49, sobre a autoridade de Jesus para perdoar os pecados, ou de tornar puro o impuro. Com o toque que permitimos sermos tocados, tocaremos o mundo desencantado para que ele seja, simplesmente, um mundo humano.

2.2. Audição

Ouve, Israel: o Senhor nosso Deus, é o único Senhor! (Dt 6,4)

Entre os sentidos, a audição é aquela que melhor designa o seguimento de um som, ou voz, ou pessoa, ou ainda à obediência a Deus. A arte da atenção nos indica onde repousar melhor os ouvidos. "A escuta [...], antes de tudo, é a atitude de inclinar-se para o outro, é disponibilidade para acolher o dito e o não dito, o entusiasmo com a história ou o seu avesso, a sua dor" (MENDONÇA, 2016, p. 107). Em um instante apenas são incontáveis os sons que podemos colher no nosso entorno, muitos passam despercebidos, escutamos apenas a melodia que, por alguma razão, nos diz respeito. Pelos nossos ouvidos passam também ruídos. Como lata vazia, nossos vazios são barulhentos. Por isso, para escutar melhor o que nos seduz ou o que nos incomoda, costumamos fechar os olhos e aquietar o resto do corpo. Temos de parar nossas tarefas abafadoras e submetermo-nos ao *pathos* da audição para ouvir bem: os gritos do apelo imediatista e o silêncio dos que não têm voz. Isso se faz necessário porque, enquanto despertos, a audição não é um sentido que podemos interromper. Algo sempre está sendo ouvido. Ao quê ou a quem nós damos ouvidos?

Se temos de ouvir tudo, podemos escutar seletivamente, como as ovelhas que conhecem, e escutam, a voz do pastor, ou como o pastor que escuta os balidos da ovelha perdida. Ambos, pastor e ovelhas, estão imersos numa vigília de cada instante, qualquer pequeno timbre diferente eles já não mais se reconhecem.

A audição é também uma forma privilegiada de hospitalidade. Quando em Mt 16,17 Pedro dá aquela resposta precisa à desconcertante pergunta de Jesus: "Tu és o Cristo!". Então, o próprio Jesus diz que esta célebre conclusão é resultado de uma escuta atenta. Uma escuta que amadureceu a resposta. Uma escuta do próprio Jesus nas suas palavras e ações, uma escuta acontecida nas possíveis conversas íntimas que travou com o Senhor, uma escuta amiga e hospedeira de Deus, por isso, não foi a carne nem o sangue, mas o próprio Deus que lhe revelou tal conhecimento, ao modo como insuflou vida no barro informe.

O nosso exegeta observa que no batismo e na transfiguração de Jesus, as palavras são praticamente as mesmas, exceto que no segundo episódio, os evangelistas acrescentam "escutai-o!". Uma escuta que, nem mesmo Pedro havia feito, haja vista a repreensão recebida quando demonstra que o temor se sobrepõe ao seguimento confiante, no episódio já indicado acima. Pedro será convidado a uma escuta que o lança àquele instante do seio da música pascal. Uma escuta que torne a vida de Jesus presente no próprio destino, tal a relação entre discípulo e mestre. Esta escuta é aquela que por ato contínuo segue-se a prática, que é a coroação da escuta. Escutar e não por em prática as palavras de Jesus é imprudente e demonstra que não se escutou de verdade, se construiu a casa sobre a areia. Nos evangelhos, escutar é o verbo que é sinônimo de seguir e compartilhar a caminhada de Jesus (MENDONÇA, 2016, p. 111). Nesta mesma órbita pode se inserir outro episódio lapidar no que se refere à escuta: a visita de Jesus à casa de Marta e Maria (Lc 10,38-42). Esta última se entretinha na escuta de Jesus enquanto Marta nos afazeres da casa. Jesus põe em destaque a atitude de Maria, sinalizando que a hospitalidade da escuta precede toda sã e boa ação.

Pode não haver distinção entre escutar a Deus, a Jesus, aos pobres, à realidade. São escutas que se unificam no instante. A mística do instante atua aqui fornecendo uma ampla capacidade de discernimento, pois é necessário experiência e sensibilidade para escutar as vozes em uníssono ou distinguir a melodia e o ruído do bom e do mau espírito.

2.3. Visão

Como eu não sei rezar, só queria mostrar, meu olhar, meu olhar, meu olhar... (Renato Teixeira)

A atenção demanda todos os sentidos, a visão em especial. Prestar atenção em algo ou alguém significa, quase sempre, em voltar-se e deter o olhar nesse algo ou alguém. Com mais força ainda acontece quando usamos a expressão reparar. A força é maior quando nos referimos à contemplação. Prestar atenção, reparar e contemplar têm diante de si o desafio de manter a vigília sobre coisas e pessoas, num mundo onde as altas velocidades, associadas à força e à necessidade do "aparecer", do "ser visto", mostram uma realidade caleidoscópica que muda num átimo de tempo. Muito se enxerga e pouco se vê, e quando o olhar se detém, especialmente no corpo, frequentemente é em função de um *voyeurismo* sádico, trágico e obsceno. Isso se agrava quando o corpo que se expõe é do mais fraco. O olhar aí pode ser sequestrado, estancado no corpo para puro deleite apropriador egoico, o que se torna, em verdade, uma inversão da visão. Neste caso especialmente, "ver com os olhos do outro" é um exercício constante de solidariedade e uma verdadeira oração.

A visão contemplativa, normalmente, é utilizada para ver em maior profundidade. Diante de uma paisagem ou obra de arte é comum o contemplar e não o simples ver. Mas há também uma visão periférica. É ela que nos dá a extensão do horizonte e nos permite situar o foco do instante dentro de uma história. Se, de um lado, o olhar contemplativo antecede e prepara os demais sentidos, ele também denuncia, quando, por exemplo, faltamos com a verdade. É o caso quando se solicita a alguém para falar "olhos nos olhos", se desejamos que tal pessoa fale com total sinceridade.

Marx denunciou o trabalho alienado, no qual o trabalhador não se reconhecia na sua atividade laboral. Bem diferente da condição em que Deus criava e logo contemplava o criado, "vendo como tudo era bom". Assim poderia ser o nosso olhar para as tarefas cotidianas. Nelas continuamos a criação com nosso trabalho diário. Neste sentido, a contemplação é tão exigente quanto necessária, não para receber ou ver algum tipo de clarão dos *céus*. Basta a luz de todos os dias para que qualquer visão lúcida se apresente como mística. E por depender da luz é que a visão é também um *pathos,* ela percebe os dados à medida em que acolhe a luz. Nesta hora em que as aparições se tornam escassas e a visão centrada no aqui e agora, qualquer instante ou lugar, requer o olhar contemplativo, onde não há anjos nem demônios, mas apenas o ser humano jogado no mundo.

O órgão específico da visão são os olhos. Estes, por sua vez, expressam algo muito típico do ser humano: o choro, o qual, se acompanhado de um sorriso, indica alegria, mas, se acompanhado de um rosto crispado indica a tristeza, angústia, decepção, etc. Seja como for, lágrimas nos olhos, indicam uma intensidade maior do sentimento. É um *lócus* tradicional na mística cristã, o dom das lágrimas, de contrição ou de exultação, indício relevante de que o próprio Deus penetrou no âmago da nossa experiência existencial. Notemos como chorava a mulher intrusa no banquete do fariseu. Nada esclarece tão bem esse "dom místico das lágrimas" do que essa cena. Seu olhar lacrimoso pousa sobre Jesus, colocando-o no centro da narrativa, tudo o que se passa à sua volta lhe é indiferente. Trata-se de um pranto revelador. Nada é necessário dizer.

> O mais insólito da narrativa é um não-saber de Jesus quanto à mulher, o que compromete sua atividade profética, (e ainda quanto ao) conhecimento mais básico das leis judaicas no que tange a separação do sagrado do profano, do puro do impuro. Ora Jesus se mostra alguém que não sabe, ou se sabe ignora essa separação. Isto estonteia o fariseu e seus comensais a respeito do que pensar do mestre Jesus (MENDONÇA, 2018, p. 48).

Na exegese tolentiniana, Jesus desconstrói a imagem de profeta, sacrifica-a em nome de outra identidade que não distingue com tanta nitidez o sagrado do profano, sacrifica as ideias, os rótulos, em favor de uma ação de instante. Não uma ação qualquer, mas uma ação santa que, tanto mais o é porque parte das mãos de uma pecadora, de uma profanadora. Esta é a mística do instante, a qual o anfitrião de Jesus não vê porque tem os olhos ofuscados pela clareza "quase cartesiana" e a nitidez da separação entre puro e impuro. Daí o convite de Jesus: "Vês esta mulher?" (v. 44), ou seja, repara, redobre a atenção, contemple o que ela está a fazer. Se o fariseu olhasse com outros olhos para aquela mulher, para aquele instante, obrigatoriamente deveria olhar para Jesus com um novo referencial de profeta. Jesus convida Simão ao "ver" renovado e autenticamente profético. Não mais no sentido adivinhatório, mas de ver, nas expressões da mulher, o amor resultante do perdão.

Quando Jesus nos diz: "Olhai os lírios do campo!", "Olhai os pássaros do céu!" (Mt 2,26-27), o imperativo do verbo se dirige ao extraordinário que acontece no mais simples e ordinário da natureza. O olhar para o instante é assim, renova nossa confiança para podermos ver a providência do criador em cada instante. Mas, para tanto, a visão precisa receber a luz. Entende-se o dito de Jesus "o olho é a lâmpada do corpo". E, tanto em Lucas quanto em Mateus, transmite-se a experiência do olho como um órgão de recepção (um *pathos*) e abrigo de luz ou de trevas (Mt 3,22-23 e Lc 33-36).

Tomamos por bem concluir este item com uma poesia do autor:

É por dentro.
É por dentro das coisas que as coisas são.
O mergulhador abre os olhos dentro do mar.
O alpinista abre os olhos não além da montanha, mas dentro dela, partindo dela.
Os viajantes modernos atravessam o interior das nuvens.
É por dentro que as coisas se revelam.
O orante abre os olhos dentro de Deus (MENDONÇA, 2016, p. 45).

2.4. Paladar

> *Bebida é água, comida é pasto! Você tem sede de quê? Você tem fome de quê?* (Arnaldo Augusto, Nora Antunes Filho, Sergio de Britto Alvares Affonso, Marcelo Fromer)

A simples lembrança de um determinado prato saboroso nos faz salivar, a descrição de uma receita de bolo feita com ingredientes agradáveis ao nosso conhecimento gustativo, excita o paladar. E, quando nossa memória de sabores e refeições foi temperada com lugares e pessoas aprazíveis, temos aí uma receita infalível de prazer. Isso quer dizer que palavras e companhia fazem parte de todo bom banquete.

Outro dado, que corrobora com o já dito, é o fato de que por mais que alguém seja minucioso em repetir os ingredientes de uma receita da mãe ou da avó, o prato é apreciado, mas nunca igualado ao original. O paladar guarda, talvez, o mais primitivo dos desejos, associado a uma necessidade de sobrevivência, de prazer e de carinho. Esta tripla carga de sentido dá lugar aos mais variados tipos de requinte em função da saciedade. Em geral, consumimos bem mais alimentos do que seria necessário. Por isto, em todas as épocas, a simplicidade no comer é obra da liberdade de alguém que escolheu viver com o necessário, sem miséria, sem renunciar ao desejo, mas sem curvar-se a ele como apela a sociedade de consumo onde se come do mesmo jeito com que se compra, freneticamente, até o fastio.

Jesus orou e jejuou. O paladar tem um poderoso poder revolucionário quando se torna um "não comer". Em muitos casos, o jejum, a greve de fome, são sinais de que alguém degustou o sabor da vida e não se contenta com migalhas. Pensemos, para não falar de outros nomes, nas greves de fome de Mahatma Gandhi. Gestos como esse são atos políticos frente à sociedade voraz, que devora o ambiente bulimicamente, que devora os pobres. O jejum não pode dar margens ao fechamento e à renúncia, à comida e a si mesmo, ele deve ser sinal e motivação para o encontro com o outro. Aqui pode ser situado o *pathos* do paladar, isto é, na força que ele tem quando livremente renunciado.

O paladar é inimigo de nossa pressa, modelo *fast food,* onde não há companhia e nem memória. A este respeito diz Mendonça "o grau de lentidão é diretamente proporcional à intensidade da memória, enquanto o grau de velocidade é diretamente proporcional à intensidade do esquecimento" (MENDONÇA, 2016, p. 79). É Santo Inácio de Loyola que disse: "O que sacia a alma não é o muito saber, mas o sentir e saborear as coisas internamente" (LOYOLA, 1999, p. 5). Poderíamos acrescentar, lentamente. Somente quem age contra a volúpia do nosso tempo, tem o sentido da mística do cotidiano.

Para poder se apreciar "a sabedoria (que) é a vida mesma: o real do viver, a existência, não como trégua, mas como pacto, conhecido e aceito na sua fascinante e dolorosa totalidade" (MENDONÇA, 2016, p. 84), faz-se necessário tomar cada instante inserido nessa totalidade. Quem saboreia a vida apenas em momentos esparsos e isolados, tal como se costuma dizer "momentos de felicidade", não aprendeu a combinar, no variado banquete que a vida oferece, os sabores doces e amargos, o agradável e o decepcionante de cada instante que compõem o todo da vida.

A Palavra de Deus é alimento, nela encontram-se uma série de sabores, onde se digere o doce-amargo da vida, ou seja, a vida na sua totalidade e não segmentada. Ela, como qualquer outro bom livro, é feita para comer (Ap 10,9). Entre as cenas de comida e bebida apresentadas pela Sagrada Escritura, Tolentino encontra especial sabor no encontro de Jesus com a Samaritana (Jo 4,5-42). Como um ser cheio das mais diversas carências pode dar de beber ao Senhor? Mesmo sem saber de que se trata d'Ele mesmo? Quem mais tem necessidade de bebida é a samaritana e não Jesus. Este, porém, não recusa acolher a água que jorra da fragilidade humana. Deus quer que O atendamos do jeito que somos. Frente a nossas buscas, tantas e tantas vezes frustradas, por uma desolação inconsolável, por uma sede que sempre retorna, Jesus diz "quem beber da água que eu lhe der, nunca mais terá sede". Ele coloca em nós uma fonte que jorra eternamente, única capaz de aplacar a nossa sede.

Da mesma forma o Corpo de Cristo Eucarístico sacia nossa fome de sabor e de sentido. Tal como no rito de adoração e benção do Santíssimo Sacramento, onde o presidente proclama: "do céu lhes destes o pão!", e o povo responde, "Que contém todo sabor!" (Missale Romano, 2019, s/p). O pão do céu é o maná do deserto, o alimento mais simples, o qual vai se enriquecendo em descrição dentro da própria Bíblia, ao ponto de ser descrito como pão dos anjos, pão de mil sabores e que contempla todos os gostos, culminando no corpo de Cristo a nós oferecido na Eucaristia. Pode-se comê-lo com pressa, mas adere-se ao paladar da vida, lentamente, duradouramente (MENDONÇA, 2016, p. 65).

Deus é para ser saboreado, degustado, poeticamente. Assim diz o salmista: "Uma coisa peço a Iahweh e a procuro: é habitar na casa de Iahweh todos os dias de minha vida, para gozar a doçura de Iahweh e meditar no seu templo" (Sl 27,4). Gozar, saborear, meditar se faz lentamente e por muito tempo, para a eternidade, pois é esta a realidade definitiva que se pode experimentar já. Exige uma mística própria para isso.

Na família, na política, na amizade, no trabalho, em todas as relações, temos de ser sal (Mt 5,13). Jesus temperou o sabor das refeições nas quais esteve presente – para homens como Zaqueu a refeição se tornou mais saborosa com o sal do Senhor. É possível imaginar que sabor teria aquele pedaço de pão embebido em vinho entregue a Judas? Não obstante Jesus disse: "Desejei ardentemente comer esta Páscoa convosco." (Lc 22,15). De outra parte, as refeições de Jesus com os pecadores eram cheias de sabor, subvertendo os valores de uma tradição insossa e anunciando o banquete universal onde todos poderiam ser salvos.

2.5. Olfato

> *Quando os nossos clones forem capazes de exalar odores, o virtual confundir-se-á completamente com o real*
> (José Tolentino Mendonça)

Certa vez, falando sobre vida em família, um aluno de 11 anos disse que não gostava de se aproximar da empregada de sua casa pela razão de que ela cheirava a material de limpeza. Aquele pré-adolescente não fez a relação entre o cheiro que exalava da serviçal e o perfume do próprio serviço que ela prestava. O odor de uma pessoa, mesmo que de passagem, impregna o ar de todo um ambiente, provocando a atração ou a repulsa dos presentes. Uma flagrância marca presença forte, nem sempre é possível identificá-la num conceito muito preciso. Contudo, por mais comercial que seja um perfume, dizemos que é o perfume de alguém. O cheiro personaliza um corpo. Acumulamos uma memória de odores: da infância, de lugares por onde passamos, de refeições que fizemos, de pessoas etc. O odor do café quando está sendo coado é tão familiar quanto convidativo para a mesa e a convivência no aconchego de um lar.

Sabemos ainda que o olfato é um importante sentido de defesa. Todo alimento, passa pela prova da aparência através da visão, mas depois segue a do olfato, para identificar sua integridade para o consumo. O cuidado com os bebês exige sensibilidade para com os odores. Uma criança com bom odor é sinal de limpeza. Seu mau odor chega a ser motivo de graça, e sinaliza para seus cuidadores a saúde de seus órgãos internos. Sinal de alerta é ainda quando metaforizamos, diante de uma situação estranha dizemos: "isto não me cheira bem", para expressar a desconfiança diante de algo ou alguém.

Podemos pensar ainda na respiração como uma arte ou exercício lento de inspiração e expiração, comumente usado para acalmar, tomar consciência, centrar-nos pacientemente no aqui e agora, no próprio corpo. É sugestivo pensar que o ar que respiramos oxigena todas as células do corpo. Assim como o paladar, a respiração também tem uma íntima relação com a lentidão:

> O termo grego para paciência, *makrothumia,* descreve fundamentalmente um modo de respirar. A paciência é respiração longa, distendida e aberta. O contrário do nosso respirar ofegante e férreo. Talvez tudo o que tenhamos a fazer seja isto: respirar melhor. E assim aspirarmos o perfume do instante (MENDONÇA, 2016, p. 106).

O odor vence a limitação espacial. Temos a qualidade da ubiquidade, que é negada à determinação espacial. Num único instante podemos ocupar um lugar amplo, daí a importância do olfato para a mística do instante. Um único odor, de uma única fonte, pode perfumar a rotina dos instantes que se repetem e deixam a vida inodora. Quem pode encher de perfume o cotidiano de outros tem o dom da mística.

Na Sagrada Escritura, a hospitalidade começa com unção de perfume (Pr. 27,9; Sl 45,9; Am 6,6; Gn 18,4). Ainda hoje o incenso é usado como símbolo privilegiado da prece de uma comunidade orante. Nos primórdios de nossa fé, a "combustão dos animais imolados ou os cereais queimados passam a ser apenas o seu cheiro, prece invisível que ascende ao seu destinatário invisível". É "Deus que nos recebe como odor agradável e único" (Ez 20,41) Exalamos "o bom odor de Cristo" (2 Cor 2,14-15) (MENDONÇA, 2016, p. 89).

Tolentino sugere que o livro do *Cântico dos Cânticos* deve ser lido como que cheirado nos seus odores e perfumes.

> Lendo, ou melhor dizendo, cheirando este livro, descobrimo-nos colocados perante o absoluto do amor, que nos pede uma atenção e uma espera, como se vivêssemos num estado de alerta contínuo. O amor é mais uma exposição do que uma posse; é mais uma súplica do que um dado; é mais uma conversa de mendigos do que um diálogo de triunfadores. E sobre isso podemos aprender alguma coisa com o olfato (MENDONÇA, 2016, p. 92).

Vamos insistir naquela presença intrépida da mulher em casa de um fariseu. Desta vez, por causa do perfume de alabastro que trazia consigo, o qual, uma vez ofertado ao Senhor, o perfume que era dela se tornou o perfume de Jesus, impregnando seu corpo e o ambiente à sua volta. Por certo que para o anfitrião aquele perfume não era de bom odor, mas, era totalmente o contrário para Jesus, que acolheu a honraria a ele feita.

Há muitas passagens dos evangelhos em que as mulheres ungem Jesus com perfume. Em Mc 14,3-9 outra mulher com seu gesto simples e extravagante de agrado, é um testemunho antecipado da unção de Jesus Rei. Na ressurreição de Lázaro (Jo 11,3–12,3), o mau odor de um corpo já em decomposição (11,39 o alerta de Maria) é substituído pelo perfume com o qual Maria unge os pés de Jesus, gesto desnecessário, não mais ligado à sobrevivência, mas a revelar quem era Jesus. Nicodemos é quem levou os perfumes (Jo 19,39), e com eles a sua fé, para ungir o corpo de Jesus.

O olfato é um sentido que denota a experiência, sagacidade, sensibilidade para farejar na sequência de instantes, aquele marcado pelo perfume de Cristo. E isto pode vir nas flores que ornam um altar ou com seres humanos abandonados, largados ao odor do próprio suor, nas esquinas, cena cada vez mais cotidiana, que mostra que o odor a ser acolhido por nossas narinas nem sempre é um perfume de alabastro, mas o da "decomposição" já anunciada por Maria.

Conclusão

Mística é relação íntima com Deus, aberta a todos e todas. Por isso, a amizade é a matriz relacional da mística tolentiniana, porque é de amizades que o nosso cotidiano está povoado, até mesmo quando no amor esponsal. A relação é construída no abraço, na escuta, na atenção do olhar, permitindo que o Outro nos penetre com seu perfume e sabor. Uma relação construída com o corpo e não, em detrimento dele. A primeira carta de João diz: "quem não ama a seu irmão, a quem vê, não poderá amar a Deus, a quem não vê" (1Jo 4,20). Parece que a questão da dissociação entre amor a outro e amor a Deus, resolve-se quando se concebe o corpo de Deus no corpo do(a) outro(a), cujo acesso é o meu corpo. Tato, audição, visão, paladar, odor, todos esses sentidos estão habilitados a tecerem a amizade com Deus na amizade com o outro, pois é este último que está diante de nós, no corpo a corpo, a todo instante. Os sentidos têm cada um sua especificidade física e mística, mas todos funcionam em função do bem de todo o corpo, em uníssono. A mesma atenção que se exige no "toque às apalpadelas", típico da fé, também se exige na audição do instante em que Deus faz o seu apelo, da mesma forma quando se pretende contemplar Deus em meio à paisagem confusa do nosso cotidiano. O que dizer então da percepção de sabores que têm o tempero de Deus e o odor contagiante de sua presença?

Há que se lembrar ainda que o fato de pensar os sentidos como portas abertas ao Espírito não é, de tudo, uma novidade da vida Espiritual. Já Santo Inácio de Loyola inseriu no seu livro dos *Exercícios Espirituais* a prática da aplicação dos sentidos. Trata-se de um envolvente exercício espiritual de comunhão com o Senhor, de uma forma muito especial, nas passagens de sua vida pública, penetrando-as com a ajuda das narrativas bíblicas e da imaginação (LOYOLA, 1999, p. 65). Normalmente, refletindo de forma muita positiva nos instantes de vida pública do exercitante. O que nosso "teopoeta" está sugerindo é que, uma fenomenologia dos sentidos espirituais passa necessariamente pela fenomenologia dos sentidos físicos. Há unidade, companheirismo e cumplicidade entre eles. Tolentino segue a trilha deste mundo que a secularização desencantou, para mostrar que o mundo, e também nossos sentidos corporais, não deixaram de extravasar Deus naquilo que eles são, do jeito e da forma como foram criados. O êxtase continua sendo um dom para a mística hodierna, mas o que dizer do fiel que passa a vida nos afazeres diários sem mais? Ou ainda daqueles outros que vivem tempos de abandono, onde só encontram sentido na exclamação de Jesus "Meu Deus, por que me abandonaste?" (Mt 27,46; Mc 15,34). Aqui a resposta se dá na mística do instante ou, conforme nomeamos, mística do desencanto e que neste esboço de conclusão podemos ainda chamar de mística da amizade e dos sentidos, sendo esta a relação mais comum e cotidiana para simbolizar e encher de sacralidade os dias comuns que habitam a maior parte de nossa vida.

Referências

BÍBLIA SAGRADA (tradução Conferência Nacional dos Bispos do Brasil). Brasília: Edições CNBB, 2018.

LOYOLA, Inácio de. *Exercícios Espirituais*. Livraria apostolado das Terezinhas, Braga, 1999. Disponível em: <http://www.raggionline.com/saggi/scritti/pt/exercicios.pdf>. Acesso em: 31/08/2019.

MENDONÇA, José Tolentino. A Bíblia e o fantástico. In: *Communio*. v. XXVIII, n. 1, 2009, p. 77-83.

_____. *A construção de Jesus. A dinâmica narrativa do evangelho de Lucas*. UNICAP/Paulinas, 2018 (coleção travessias).

_____. *A leitura infinita. Bíblia e sua interpretação*. São Paulo/Recife: Paulinas/UNICAP, 2015.

_____. A fragilidade de Deus. Notas sobre um paradoxo Paulino (1Cor 1,25). *Didaskalia* XLV (2015)II. 131-138. Disponível em: <http://hdl.handle.net/10400.14/25601>. Acesso em: 24/06/2019.

_____. *A mística do instante. O tempo e a promessa*. São Paulo: Paulinas, 2016.

_____. A pessoa como valor absoluto na Bíblia. *Communio*, v. 74, 1997, p. 102-106.

_____. As declinações do amor. *Didaskalia* XXXVII (2007)1. 107-114. Disponível em: <http://hdl.handle.net/10400.14/8781>. Acesso em: 24/06/2019.

_____. *As estratégias do desejo. Corpo identidades: um discurso bíblico.* Ed cotovia, Lisboa, 2003.

_____. Bíblia e literatura: a reconstrução da evidência. *Perspectiva Teológica*, v. 42 (2010) 171-186. Disponível em: <https://faje.edu.br/periodicos/index.php/perspectiva/article/view/858/1286>. Acesso em: 24/05/2019.

_____. *Elogio da sede.* São Paulo: Paulinas, 2018.

_____. Eu sou o belo pastor. *Communio,* v. XXVII, n. 4, 2008, p. 925-930.

_____. *Nenhum caminho será longo. Para uma teologia da amizade.* São Paulo: Paulinas, 2013.

_____. *O pequeno caminho das grandes perguntas.* Lisboa: Quetzal, 2017.

_____. *O tesouro escondido.* São Paulo: Paulinas, 2012.

_____. *Pai nosso que estais na terra.* São Paulo: Paulinas, 2013.

_____. *Um Deus que dança.* São Paulo: Paulinas, 2016.

MISSALE ROMANO. *Benção do Santíssimo Sacramento.* Disponível em: <https://missaleromanum.weebly.com/rito-de-adoraccedilatildeo-e-benccedilatildeo-do-santiacutessimo-sacramento.html>. Acesso em: 31/08/2019.

Mística ao "rés-do-chão": a sacralidade do cotidiano na poesia de Adília Lopes[1]

Marcio Cappelli Aló Lopes[2]

> *Chamo-me Adília Lopes*
> *sou a casa-insecto*
> *a mulher-osga*
> *uma colher transformada em faca*
> *para minúsculos riscos*
> *sou uma constante cosmológica*
> *de acelerar galáxias*
> *um telegrama sinfónico*
> *na ausência de tudo*
> *sou a verdade que prefere não sair*
> *do bairro*
> (José Tolentino Mendonça)

1. Religião e literatura

Religião e literatura entrelaçam-se desde as suas origens[3]. A Bíblia, por exemplo, constitui-se como um acervo de imagens, temas, personagens, arquétipos e formas para a literatura e, por isso mesmo, foi chamada pelo poeta William Blake de "o grande código" da cultura ocidental[4]; se avaliarmos a própria produção de autores da antiguidade como Efrém, Gregório de Nazianzo e Agostinho, veremos que a partir do encontro entre a tradição clássica e o hebraico da herança bíblica, eles escreveram peças literárias de grande valor religioso e estético. Isso

---

1 Outra versão deste texto foi publicada na revista Teoliterária: CAPPELLI, Marcio. O sublime no cotidiano: reescrituras de Cristo na obra de Adília Lopes. TEOLITERÁRIA: REVISTA BRASILEIRA DE LITERATURAS E TEOLOGIAS, v. 10, p. 112-129, 2020.
2 Contato: marcio.lopes@puc-campinas.edu.br
3 A poesia e o mito remetem à origem da literatura e da religião (FRYE, 2004).
4 Assim como Northrop Frye (que utilizou a expressão de Blake como título de sua obra), outros autores pensaram a relação entre Bíblia e literatura (AUERBACH, 2009; ALTER, 2007).

já seria suficiente, mas poderíamos ressaltar a recepção criativa, por exemplo, das ideias de Tomás de Aquino em Dante e, posteriormente, a problematização da "ortodoxia" nos séculos que se seguiram em obras como as de Rabelais (sec. XVI), Cervantes (sec. XVII) e Voltaire (sec. XVIII), entre outras.

No entanto, elementos importantes, ao menos desde o fim do século XVIII, complexificaram essa relação. Tanto o vaticínio novecentista do fim da religião ou de seu futuro problemático, quanto a onda de "reencantamento" da vida social assistida, com mais força, a partir da segunda metade do século XX, contribuíram significativamente para uma mudança na maneira como os artistas viam o papel da arte. Tais ingredientes fizeram surgir "novos amálgamas espirituais" (KUSCHEL, 1999, p. 215), próprios dos escritores, que nem as categorias clássicas das religiões e tampouco as da crítica moderna conseguem dar conta. Mesmo aqueles que procuram se ater ao sentido do sagrado, já não podem fazê-lo sem o sintoma dos posicionamentos de um sujeito que precisa conviver com o vazio nascido do esgarçamento de um universo religioso. A literatura moderna[5], por assim dizer, reflete e refrata o imenso vácuo deixado pela "morte de Deus"; por um lado, em certos movimentos, preenche a ausência do "velho Deus" afirmando o sujeito como uma espécie de demiurgo; por outro, também procura encontrar um sentido no espaço da razão quedada que retorna às suas origens religiosas, mas já não sabe mais ajoelhar-se sem a sua dose de incerteza, ou só pode fazê-lo "lutando contra os demônios da dúvida" (WEBB, 2012, p. 22) e com certo quinhão de transgressão. Exemplificando essa postura, o poeta e crítico mexicano Octavio Paz sublinha que religião e poesia brotam da mesma fonte, mas afirma que a "missão prometeica da poesia" na modernidade consiste na sua beligerância contra a própria religião, "fonte da sua deliberada intenção de criar um 'novo sagrado', diante daquilo que as igrejas atuais nos oferecem" (PAZ, 2012, p. 124). Ou seja, nessa perspectiva, a modernidade é, concomitantemente,

---

5 Quanto ao espectro temporal, entendemos literatura moderna no sentido de literatura feita na modernidade, e entendemos por "modernidade" o período que vai do final do século XVIII até a atualidade. Reconhecemos as perspectivas que caracterizam a pós-modernidade como ruptura em relação à modernidade e as que pensam em termos de superposição. No entanto, preferimos pensar a modernidade como um todo até aqui com mudanças históricas internas (cf. BERMAN, 1999; FRIEDRICH, 1991; CONNOR, 1992).

o espaço radical da crise religiosa e de novas possibilidades do sagrado. Certas experiências poéticas estão nitidamente marcadas por uma recusa da tutela da religião institucional, mas ao mesmo tempo, estranhamente, por uma religiosidade particular.

> Quase todos os grandes românticos, herdeiros de Rousseau e do deísmo do século XVIII, foram espíritos religiosos, porém qual foi realmente a religião de Hölderlin, Blake, Coleridge, Hugo, Nerval? [...] Cada poeta inventa a sua própria mitologia e cada uma dessas mitologias é uma mescla de crenças díspares, mitos desenterrados e obsessões pessoais (PAZ, 1982, p. 67-68).

Especialmente por sua autonomia e emancipação da religião, a literatura, sobretudo a poesia moderna, foi considerada epifânica (cf. PLOUVIER, 1995). Essa ambiguidade – tanto mais epifânica quanto mais distante da religião – é, por exemplo, uma característica marcante do romantismo e das poéticas pós-românticas, que enxergavam na literatura uma função cultural sacra, dotada de poderes redentores (MERQUIOR, 1980, p. 16). Por isso, mesmo que, pelo menos desde a segunda metade do século XX, tenha sido feita uma diferenciação entre o poeta e o místico, também foi sublinhada a proximidade entre eles (STAIGER, 1975, p. 60-61).

Gershom Scholem identificou os poetas Blake e Rimbaud com a mística "sem laços com qualquer autoridade religiosa" (SCHOLEM, 1965, p. 13). Claudio Willer, analisando expoentes do movimento *beat* como Jack Kerouac e Allen Ginsberg, afirma que é preciso reconhecer que heréticos desregrados podem representar um caminho da mística – aliás, uma herança reivindicada por diversos poetas – geralmente, não levado em conta por teólogos racionalistas e conservadores em geral (WILLER, 2014, p. 16-20)[6]. Além desses, muitos outros destacaram a

---

6   Sem levar em conta a relação com a religião, mais ainda, com a mística transgressora, segundo Willer, não é possível entender a poesia de Ginsberg. Sua busca por integrar literatura e vida intensificou o interesse pelo estudo da mística e das religiões a ponto de encontrar-se com Scholem, Buber e Eliade. Sobre a visita a Eliade, Willer comenta, na nota 11, que a consulta a bibliotecas indicava que àquela altura enquanto concluía seu pós-doutoramento, em 2014, o único lugar onde se achariam os diários de Eliade seria o acervo de Roberto Piva, naquela ocasião indisponível pelo motivo de seu falecimento. Entretanto, numa consulta ao professor Vitor Chaves de Souza (PPG em Ciências da Religião – UMESP), estudioso das obras de Eliade, constatamos a disponibilidade dos diários

importância de uma vertente mística transgressora para percebermos as nuances da experiência poética moderna e seus desdobramentos.

O reconhecimento de tal caminho, segundo acreditamos, é promissor para compreendermos a poesia de Maria José da Silva Viana Fidalgo de Oliveira ou, como assina seus livros, Adília Lopes, ainda que não se trate de classificar a poeta como mística, mas de apontar como ela elabora uma metamorfose da experiência religiosa na e pela linguagem.

2. Profanação na poesia de Adília Lopes

Adília é lisboeta, nascida em 1960. É poeta, tradutora, cronista. Publicou seu primeiro livro em 1985. Entre outras publicações, destacamos a segunda edição de *Dobra*, sua poesia reunida com os livros publicados até 2014 – *Um jogo bastante perigoso* (1985), *O poeta de Pondichéry* (1987), *A pão e água de Colónia (seguido de uma autobiografia sumária)* (1987), *O Marquês de Chamilly (Kabale und Liebe)* (1987), *O Decote da Dama de Espadas* (1988), *Os 5 Livros de Versos Salvaram o Tio* (1991), *Maria Cristina Martins* (1992), *O Peixe na Água* (1993), *A Continuação do Fim do Mundo* (1995), *A Bela Acordada* (1997), *Clube da Poetisa Morta* (1997), *Sete rios entre campos* (1999), *Versos Verdes* (2000), *Irmã Barata, Irmã Batata* (2000), *A Mulher-a-Dias* (2002), *César a César* (2003), *Poemas Novos* (2004), *Le Virail La Nuit – A Árvore Cortada* (2006), *Caderno* (2007), *Os namorados pobres* (2007), *Apanhar ar* (2010), *Café e Caracol* (2011), *Andar a pé* (2013), *Variety is the spice of life* (2014) –, além de *Manhã* (2015), livro de memórias, *Bandolim* (2016), *Estar em casa* (2018) e *Dias e Dias* (2020). Sua escrita está repleta de ressonâncias de Camões, Pessoa, Sophia de Mello Breyner Andresen entre outros, e da Bíblia. Aliás, vale ressaltar que ela declara-se católica; no entanto, em sua "arte poética" encontra-se uma subversão da própria experiência religiosa.

Para Adília Lopes,

> escrever um poema
> é como apanhar um peixe
> com as mãos (LOPES, 2014, p. 12).

---

e recuperamos a referência do relato do encontro acontecido em 22 de fevereiro de 1967 (ELIADE, 1989, p. 295-296).

como pode ser lido no livro de estreia. Na luta corporal com o peixe, o desejo por apanhá-lo – de fazer poesia – é força motriz vital. A poesia é a construção de si num ciclo de ganhar-se e perder-se:

> Perco-me
> no labirinto
> dos dias.
>
> Ganho-me
> no labirinto
> dos dias.
>
> A poesia
> é o perde-ganha.
>
> E o labirinto
> dos dias
> é o labirinto dos dias (LOPES, 2014, p. 581).
>
> Nasci em Portugal
> não me chamo Adília
> Sou uma personagem
> de ficção científica
> escrevo para me casar (LOPES, 2014, p. 291),

Expõe em outro momento, corroborando a hipótese de que a poesia é uma espécie de exercício para estender os limites do eu, aquilo que, ao modo de George Steiner, é possível dizer ser o poder utópico e messiânico da linguagem, isto é, "nossa decisiva capacidade de dizer não à realidade, de construir ficções de alteridade para nossa consciência habitar" (STEINER, 2005, s/p). Desse modo, Adília constrói um "eu-mundo" imaginário que se sustenta a partir de uma "indecibilidade" fundamental entre a ficção e a realidade. "A minha sombra/ não é minha /O meu olhar não é meu/ Quem me roubou/ o meu eu/ senão eu?" (LOPES, 2014, p. 576). O real e o ficcional embaralham-se na poesia permitindo outras possibilidades de estar/ser no mundo. Portanto, não nos interessa a distinção entre a experiência religiosa-real e a experiência religiosa-poética, uma vez que elas se inter-relacionam e se retroalimentam.

A religiosidade marca a poesia de Adília ao ponto de o sujeito lírico se autodenominar: "freira poetisa barroca" (ibid., p. 318). Contudo, também diz:

> Sou freira
> à minha maneira (LOPES, 2014, p. 470).

Esta oscilação perpassa boa parte da obra poética adiliana:

> Deus é um boomerang
> e eu sou sua filha pródiga (LOPES, 2014, p. 338).

e

> Acredito mais
> na existência
> de Deus
> do que na minha (LOPES, 2014, p. 474).

As imagens desses versos justapostos mostram a complexa posição de Adília; um entre-*topos* onde a poeta esgarçada, crítico-criativamente resignifica a experiência religiosa, afinal:

> A poetisa
> não é
> uma fingidora.
>
> Mas
> a linguagem-máscara
> mascara (LOPES, 2014, p. 572).

Isto fica ainda mais evidente quando ela afirma:

> Vontade
> de dar pulos até Deus
> Vontade de me afundar
> até ao Diabo (LOPES, 2014, p. 580-581).

Dessa forma, Adília fabrica uma gramática religiosa que comporta contradições e com isso se afasta de uma arquitetura tradicional do cristianismo.

Outro exemplo é o poema *Deus é a nossa mulher-a-dias*:

> Deus é a nossa
> mulher-a-dias

que nos dá prendas
que deitamos fora
como a fé
porque achamos
que é pirosa (LOPES, 2014, p. 378).

Ressaltamos a figuração feminina de Deus e, posteriormente, seu predicado como mulher-a-dias[7], que já dá o que pensar como um deslocamento da imagem divina masculina mais sedimentada no imaginário cristão ocidental. Entretanto, mais do que isso: o poema desvela o horizonte da ambígua relação da fé que é tanto recebida como dádiva, e descartada como algo que não presta, o que de certo modo, representa o entre-lugar da poeta irreconciliada com a religião institucional numa espécie de "torturante vaivém" (LOPES, 2014, p. 438).

Dessa forma, o cristianismo parece encontrar na poesia de Adília uma metamorfose artística. A poética adiliana parece ser um filho monstruoso do judeu-cristianismo[8]; escreve a partir de uma tradição religiosa que a incita, borrando-a e rasurando-a. Ela reaproxima o artístico do religioso, mas de um modo que recusa os limites convencionais; nesse sentido, seu expediente parece ser o da desestabilização e da profanação, i.e., recoloca palavras e imagens em função de um novo uso. Como sublinha Agamben: "consagrar (*sacrare*) era o termo que designava a saída das coisas da esfera do direito humano, profanar, por sua vez, significava restituí-las ao livre uso dos homens" (AGAMBEN, 2007, p. 65). De tal modo, se não há religião sem separação e esta é regulada pelo sacrifício, aquilo que foi separado e pertence à esfera do sagrado pode ser restituído por meio da profanação. O jogo, de acordo com o filósofo italiano, é um órgão privilegiado de profanação (e.g.: o pião era usado nos rituais de adivinhação); não só os jogos que deslocam o rito do seu contexto,

---

7   Expressão que em Portugal denota o trabalho das "diaristas".
8   A imagem de um filho monstruoso, com as devidas ressalvas, é retirada de Gilles Deleuze, no texto intitulado *Carta a um crítico severo*: [...] minha principal maneira de me safar nessa época foi concebendo a história da filosofia como uma espécie de enrabada, ou, o que dá no mesmo, de imaculada concepção. Eu me imaginava chegando pelas costas de um autor e lhe fazendo um filho, que seria seu, e, no entanto, seria monstruoso. Que fosse seu era muito importante, porque o autor precisava efetivamente ter dito tudo aquilo que eu lhe fazia dizer. Mas que o filho fosse monstruoso também representava uma necessidade, porque era preciso passar por toda espécie de descentramentos, deslizes, quebras, emissões secretas que me deram muito prazer (DELEUZE, 1992, p. 14).

mas os jogos de palavras que operam o deslocamento do mito. Através dessa experiência de retomadas das imagens tidas como sagradas, Adília realiza uma arte poética que reúne aquilo que, aparentemente é oposto, como podemos ver quando diz: "Paz rima com Satanás" (LOPES, 2014, p. 326). A poeta recusa as demarcações claras entre o sagrado e o profano, transgredindo com sua pena a indisponibilidade do que pertence à religião. Em outras palavras: produz um jogo profanatório com as palavras. Trazendo ao uso comum o que foi segregado por certo poder religioso, abre caminho para sacralizar o cotidiano. Afinal, como sublinha Selvino Assman ao comentar a obra de Agamben: "Profanar é assumir a vida como jogo, jogo que nos tira da esfera do sagrado, sendo uma espécie de inversão do mesmo" (ASSMAN, 2007, p. 13).

Esta característica pode ser percebida nos versos:

> Cair do cavalo
> cair da escada
> cair em mim
> o rés-do-chão é tão bonito
> o chão é tão bom
>
> [...] é a libertação da queda
> de Adão e Eva
> é Adão que me estende a mão (LOPES, 2014, p. 346).

O capítulo três do livro de Gênesis é revisitado, mas agora é subvertido de maneira que a "queda" de Adão e Eva – que, diga-se de passagem, na teologia foi interpretada nos termos de um "pecado original" por Agostino e com tantas consequências para a antropologia ocidental – torna-se uma virtude. Através dela, Adília torna-se capaz de perceber a beleza do rés-do-chão. Ora, a elevação do chão só se torna possível por meio da queda. Ou seja, a poeta brinca com os referenciais cardinais religiosos e, desse modo, transforma o mais rasteiro em algo nobre.

3. Mística ao rés-do-chão[9]

Numa nota, a poeta conta que depois de escrever a obra *Mulher-a-dias*, sentia-se impelida a dar o título de *Rés-do-chão* ao seu próximo livro.

---

9   Rés-do-chão é o andar térreo.

No entanto, pouco antes da publicação, outro poeta, João Luís Barreto Guimarães, batizou seu livro com o mesmo nome e dissuadiu a escritora, levando-a a colocar seus novos poemas sob a epígrafe de *César a César*. Mais do que o episódio, interessa-nos saber de que maneira o rés-do-chão como símbolo do que é mais comum, do cotidiano, torna-se uma chave para a compreensão da poesia adiliana.

Em uma entrevista à Célia Pedrosa e publicada na revista *Inimigo Rumor*, de 2007, ao ser perguntada sobre se definir como uma poeta pop, Adília fala do valor das coisas banais:

> Isso de ser pop é no sentido de achar que o quotidiano é sagrado. Porque o que eu vejo na arte pop, o que eu gosto na pop-arte é um quadro em que se vê uma lata de coca-cola, por exemplo. Acho isso bom porque traz para o lugar de alto privilégio da arte aquilo que faz parte do dia a dia de muita gente. Acho isso bem (LOPES, 2007, p. 102).

Mas como essa sacralidade do cotidiano se evidencia na poesia de Adília? O que Arrigucci Jr afirma sobre o modernismo de Manoel Bandeira, pode também ser usado para descrever a poesia de Adília: "a inspiração repentina se dá no chão do mais 'humilde cotidiano', de onde o poético, como um *sublime oculto*, pode ser *desentranhado* [...], por força da depuração e da condensação da linguagem" (ARRIGUCCI JUNIOR, 1990, p. 128-129). Isto parece se confirmar quando lemos as palavras da poeta: "quanto mais prosaico/mais poético" (LOPES, 2014, p. 590).

O cotidiano: tempo-espaço é, portanto, pela "revelação poética", transfigurado em sublime e nesse aspecto, a experiência poética adiliana assemelha-se a uma mística em "busca da transcendência na fragilidade profana da imanência" (LOSSO, 2007, p. 304). Nesse sentido, Adília parece representar bem, por exemplo, a aspiração baudelairiana que joga com o binômio sagrado-profano (PEDROSA, 2007): a tarefa da modernidade poética de extrair da fraqueza do instante a sua eternidade (BAUDELAIRE, 1988, p. 175), como é possível perceber nos versos: "Vivo/ no instante/ casa/ da eternidade"; "O tempo/ é sagrado// O tempo/ é templo" (LOPES, 2014, p. 592, 541).

Aqui, a categoria da inspiração é fundamental. Em uma entrevista, Adília diz: "as pessoas hoje acham piroso chamar-lhe inspiração, mas há inspiração. É a musa" (LOPES, 2015b, s/p). É por meio dela que o mundo é "imantado" e todos os seres e objetos passam a estar cheios de sentido. Na concepção de Octavio Paz – que procura ir além dos discursos teológicos de um lado e do tratamento que entende essa experiência como mera superstição de outro –, a inspiração é uma manifestação do que chama de "outridade". Não é algo que pertence ao fundo da consciência do poeta, como defenderam certos modernos a fim de negar qualquer ideia misteriosa que estivesse para além da razão. Entretanto, ela não está em algum lugar e não é algo como uma substância como defendeu certa interpretação religiosa; não coincide com algo que vem puramente de fora e nem com a interioridade do poeta. Aliás, na compreensão de Paz: "não há exterior nem interior, como não há mundo à nossa frente: desde que somos, somos no mundo e o mundo é um dos constituintes do nosso ser" (PAZ, 2012, p. 185). A inspiração é, deste modo, um movimento que faz com que o poeta seja sujeito criador e objeto criado de sua própria arte poética. Desse modo, pela inspiração, o cotidiano torna-se imprevisível e até mesmo uma aranha a fazer sua teia "salta aos olhos":

> Penélope
> é uma aranha
> que faz
> uma teia
> a teia é a Odisséia
> da Penélope [...]
>
> Penélope casa-se
> com Homero
> Ulisses fica a ver
> navios (LOPES, 2014, p. 367).

Em outra ocasião, no poema *Louvor do lixo* Adília escreve:

> É preciso desentropiar
> a casa
> todos os dias
> para adiar o Kaos
> a poetisa é a mulher-a-dias
> arruma o poema
> como arruma a casa
> que o terramoto ameaça
> a entropia de cada dia

nos dai hoje
o pó e o amor
como o poema
são feitos
no dia a dia [...] (LOPES, 2009, p. 445).

A casa e o dia a dia formam o espaço-tempo da criação poética. Adília, assim como a mulher-a-dias que luta contra o caos da rotina, arruma o poema; contudo, sua construção não está preocupada com as ordens consagradas onde tudo já tem seu lugar previamente determinado; a liberdade instaurada na dialética profanação-elevação lhe permite colocar num mesmo nível a sujeira e o amor, trocar o "pão" – esperado, numa alusão à oração do *Pai-Nosso* – pela "entropia", envolvendo seu leitor num discurso que deseja deslocar as camadas sedimentadas da tradição. A poeta junta polos antagônicos – o chão e o céu, a elevação e a queda, o vegetal e o artificial:

Pelo chão
rolam os céus
(os nenúfares
os açúcares) (LOPES, 2009, p. 638).

De maneira ainda mais explícita esse movimento de profanação do sagrado e de elevação do cotidiano aparece quando ela escreve sobre o Cristo-osga:

Cristo é esta osga
que está
antes
de eu chegar
na parede
da minha cozinha
e só agora
eu dou por ela
mas ela
deu por mim
antes de eu
dar por ela
(deu por mim
antigamente) (LOPES, 2014, p. 466).

A experiência da primeira mirada, tão importante para os místicos, sintetizada na fala de Santa Teresa no *Livro da Vida*: "Se puder, que se ocupe em ver que Ele o olha [...]" (V, 13,22), parece ser vivenciada por Adília de outra maneira. O Cristo que pertence à esfera sagrada, que se manifesta em carne humana, sofre na poesia adiliana um segundo "esvaziamento": torna-se uma espécie de lagartixa; retorna ao nível mais comum dos seres e das coisas e, concomitantemente, elas são elevadas e recebem outro significado. Assim, o sublime é desentranhado do cotidiano. Adília borra a linha demarcatória que separa o sagrado e o profano trazendo para o mais baixo a imagem de Cristo. Algo semelhante ocorre no poema *O cheiro de Jesus*:

> Jesus cheira
> a morto
> a alboroto
> a aborto
> a arroto
> a quadro de Rothko
> Jesus cheira
> a madeira
> a freira
> a campo
> a *Platero e eu*
>
> Sem eira
> nem beira
> (sem telhado
> com telha)
> cheira a Jesus (LOPES, 2014, p. 475).

Através da rima e do ritmo, Adília relaciona Jesus ao que para muitos fiéis é imoral ou impuro. Jesus até cheira a quadro de Rothko – conhecido pintor do pós-guerra de origem letã e judaica, radicado nos EUA, que já teve obras vendidas por mais de 40 milhões de dólares. Cheira também a freira – ou seja, ao que é religioso. Mas cheira a "*Platero e eu*", a narrativa da vida de um burro, criada pelo escritor Juan Ramón Jiménez. Mais do que uma referência à obra em si, Adília faz um jogo que nos remete a correlação de Jesus com o animal[10]. Parece que a experiência adiliana relaciona-se àquilo que foi objetado pela arquitetura tradicional do catolicismo português. Seu Cristo não passa por uma assepsia teológico-filosófica, mas mistura-se ao que não é considerado sagrado de maneira que tudo isso passa a ser *locus* de uma experiência poética.

Em outra ocasião, Adília parece querer tirar o leitor de uma zona de conforto, por meio do mesmo movimento, num diálogo intertextual com Alberto Caeiro e a Bíblia. Se o Cristo de *O Guardador de Rebanhos*:

> Limpa o nariz ao braço direito,
> Chapinha nas poças de água,
> Colhe as flores e gosta delas e esquece-as.
> Atira pedras aos burros,
> Rouba fruta dos pomares
> E foge a chorar e gritar dos cães (CAEIRO, 2005, p. 28);

o de *Irmã barata, irmã batata*: "não gostava de cães. Gostava de crianças, que atiram pedras aos cães" (LOPES, 2014, p. 403). Adília parece brincar com os versos de Caeiro ao reorganizar os elementos que aparecem na poesia e coloca Cristo junto àqueles que atiram pedras aos cães. Contudo, a abertura de sentido da poesia de Adília se torna mais profunda quando chegamos aos versos seguintes: "Aos cães todos atiram pedras, mesmo se os cães não pecaram nem pecam. Os cães são os que morrem de fome ao pé da mesa do banquete" (LOPES, 2014, p. 403). Aqui, duas passagens bíblicas aparecem como pano de fundo: Jo 8,1-11; Mt 15,21-28. O cão é comparado à mulher chamada adúltera do evangelho de João; contudo, se a mulher não é condenada porque todos os seus detratores reconheceram que não eram inocentes a partir da interpelação de Jesus – "Quem nunca pecou que atire a primeira pedra!" –, os cães, mesmo sem pecado, são apedrejados. Assim, o cão, símbolo daquilo que é mais cotidiano e rejeitado, passa a ser central. Se a mulher foi acolhida por Cristo, nem isso resta aos cães. A alusão ao texto do evangelho de Mateus deixa essa marginalização ainda mais nítida. Ainda que Jesus não se solidarize com a mulher cananeia num primeiro momento como é possível verificar na sua fala: "Não

---

10 Os animais são, inclusive, uma referência constante na poesia de Adília e indicam a relação com o prosaísmo do cotidiano.

fui enviado a não ser para as ovelhas perdidas de Israel. Não é conveniente tirar o pão dos filhos e atirá-lo aos cachorros" (Mt 15,24.26)[11]; após ela argumentar: "É verdade, Senhor, mas também os cachorros comem das migalhas que caem da mesa de seus donos!" (v. 27), ele se sensibiliza. Ao contrário, nos versos adilianos, os cães morrem de fome. Evidentemente, há um aceno à importância de um agir ético que considere os animais, entretanto, isso decorre da sacralização daquilo que é marginal. No caso, quem não peca são os cães. O movimento lúdico da profanação-elevação está mantido.

Este movimento de voltar-se para o rasteiro e para o que causa repulsa, retorna na poesia de Adília e se torna uma marca como vemos em *Meditação sobre Meditação*. Este poema é construído na relação de intertextualidade com outro, *Meditação do Duque de Gandia sobre a morte de Isabel de Portugal*, de Sophia de Mello Breyner Andresen:

> Nunca mais
> A tua face será pura limpa e viva
> Nem o teu andar como onda fugitiva
> Se poderá nos passos do tempo tecer.
> E nunca mais darei ao tempo a minha vida.
>
> Nunca mais servirei senhor que possa morrer.
> A luz da tarde mostra-me os destroços
> Do teu ser. Em breve a podridão
> Beberá os teus olhos e os teus ossos
> Tomando a tua mão na sua mão.
>
> Nunca mais amarei quem não possa viver
> Sempre,
> Porque eu amei como se fossem eternos
> A glória a luz o brilho do teu ser,
> Amei-te em verdade e transparência
> E nem sequer me resta a tua ausência,
> És um rosto de nojo e negação
> E eu fecho os olhos para não te ver.
>
> Nunca mais servirei senhor que possa morrer (ANDRESEN, 2018, p. 127).

---

11 Os estrangeiros eram chamados de "cães" ou "porcos" (cf. Mt 7,6).

Se em Sophia, dignos de amor são a glória, a luz e o brilho do ser, em Adília o que é revestido de dignidade são os excrementos, os maus odores e o fluxo menstrual:

> a vida tem a ver
> com a porcaria
> com a entropia
> (enganou-se o Duque de Gandia)
> é cristão
> amar o chichi o cocó o chulé
> a menstruação
> do irmão [...] (LOPES, 2014, p. 469).

A inversão paródica adiliana se torna mais evidente quando declara justamente o oposto do que está no poema referência: "só servirei senhor/ que possa morrer" (LOPES, 2014, p. 469). O corpo, o contingente, a vida-corpórea-no-cotidiano, é o que interessa a Adília. Toda a dicotomização – materialidade e imaterialidade – parece ser superada na arte poética adiliana: "a pele é a alma" (LOPES, 2014, p. 624). Em outra ocasião, o sujeito lírico diz: "desejo-te/ muito/ tu todo/ em carne/ e em espírito/que não separo/porque são um" (LOPES, 2014, p. 205). O corpo surge como estância na qual se inscreve o crer. Na trajetória da personagem Maria Andrade, contada nos poemas reunidos sob o título A *Continuação do Fim do Mundo*, esse elemento místico-erótico aparece quando Adília elabora a imagem de uma mulher que se recolhe no banheiro para rezar. Há uma dupla recontextualização da prece. Primeiro, porque a poeta contrapõe a igreja à casa de banho:

> como nas igrejas
> em que entra
> pela primeira vez
> (é a primeira vez
> que entra na casa de banho do aeroporto de Kinshasa) [...] (LOPES, 2014, p. 265).

Os versos em sequência sugerem um deslocamento, já que a oração é feita num espaço que recebe os excrementos e fluídos corporais. No entanto, o que se revela posteriormente é que a prece também só pode ser prece no e do corpo:

>   pede três graças
>   que mantém secretas
>   o Pai bate na testa
>   o Filho entre as maminhas
>   o espírito na maminha esquerda
>   e o santo na direita
>   às vezes o Espírito Santo
>   fica todo
>   na maminha esquerda
>   outras vezes o Santo
>   fica no ar entre as maminhas
>   Maria Andrade
>   de joelhos
>   de mãos postas
>   reza
>   mas as maminhas interferem
>   com os antebraços
>   Maria Andrade
>   Nunca viu nada escrito
>   Sobre esse assunto (LOPES, 2014, p. 265-266).

Considerações finais

A obra de Adília Lopes é extensa e sugere uma gama incontável de possibilidades de interpretações. Neste trabalho nos atemos, especialmente, ao que chamamos de metamorfose artística do cristianismo através da dialética: profanação do sagrado e sacralização do cotidiano. De fato, como ressalta Celia Pedrosa, "a ambição de abalar limites, ultrapassar dicotomias e colocar em circulação, juntas, em seu inacabamento, as coisas do mundo, e da literatura, pode ser considerado o motor de sua escrita" (PEDROSA, 2007b, p. 96). Essa dinâmica criativa se repete muitas outras vezes na poesia de Adília. "A poetisa é Marta/ e é Maria/ mas a máquina de costura/ encravou/ e Jesus hoje não passou" (LOPES, 2014, p. 290), escreveu ela numa alusão às irmãs com atitudes diferentes – uma contemplativa e outra ativa ligada a afazeres cotidianos (cf. Lc 10,38-42). A poeta não é uma coisa ou outra, mas as duas; constrói sua poesia nessa dupla fecundação. Portanto, esgarçando fronteiras, borrando as demarcações do real e do ficcional, reunindo o sagrado e o profano, a poeta metamorfoseia a experiência cristã. Afinal, como ela mesma diz:

> Acabou
> o tempo
> das rupturas
> Quero ser
> reparadora
> de brechas (LOPES, 2014, p. 572-573).

Referências

AGAMBEN, G. *Profanações*. São Paulo: Boitempo, 2007.

ALTER, R. *A Arte da Narrativa Bíblica*. São Paulo: Companhia das Letras, 2007.

ANDRESEN, S. M. B. *Coral e outros poemas*. Apresentação e seleção de Eucanaã Ferraz. São Paulo: Companhia das Letras, 2018.

ARRIGUCCI JUNIOR, D. *Humildade, paixão e morte: a poesia de Manuel Bandeira*. São Paulo: Companhia das Letras, 1990.

ASSMAN, S. Apresentação. In: AGAMBEN, G. *Profanações*. São Paulo: Boitempo, 2007, p. 7-14.

AUERBACH, E. *Mimesis: a representação da realidade na literatura ocidental*. São Paulo: Perspectiva, 2009.

BAUDELAIRE, C. *A modernidade de Baudelaire*. Rio de Janeiro: Paz&Terra, 1988.

BERMAN, M. *Tudo que é sólido desmancha no ar – A aventura da Modernidade*. São Paulo: Companhia das Letras, 1999.

CAEIRO, A. *O Guardador de Rebanhos*. São Paulo: Companhia das Letras, 2005.

CONNOR, S. *Cultura pós-moderna: introdução às teorias do contemporâneo*. São Paulo: Loyola, 1992.

DELEUZE, G. *Conversações*. São Paulo: Ed. 34, 1992.

ELIADE, M. *Journal II. 1957-1969*. Chicago: University of Chicago Press, 1989.

FRIEDRICH, H. *A estrutura da lírica moderna*. São Paulo: Duas Cidades, 1991.

FRYE, N. *O código dos códigos. A Bíblia e a literatura*. São Paulo: Boitempo, 2004.

KUSCHEL, K. J. *Os escritores e as escrituras*. São Paulo: Loyola, 1999.

LOSSO, E. B. *Teologia negativa e Theodor Adorno. A secularização da mística na arte moderna.* Tese de Doutorado. Rio de Janeiro: UFRJ, 2007.

LOPES, A. *Dobra.* Lisboa: Assírio&Alvim, 2014.

_____. Entrevistada por Célia Pedrosa. *Inimigo Rumor. Revista de poesia.* Rio de Janeiro: 7 Letras; São Paulo: Cosac Naify, n. 20, 2007, p. 96-108.

MERQUIOR, J. G. *O fantasma romântico e outros ensaios.* Petrópolis: Vozes, 1980.

PAZ, O. *O arco e a lira.* São Paulo: Cosac Naify, 2012.

_____. *Os filhos do barro: do romantismo à vanguarda.* Rio de Janeiro: Nova Fronteira, 1982.

PEDROSA, C. "Adília e Baudelaire: leituras do fim". *Alea:* Estudos Neolatinos, n. 9, 2007, (janeiro-junho), p. 118-130.

_____. "Releituras da tradição na poesia de Adília Lopes". *Via Atlântica,* n. 11, jun/2007b, p. 87-101.

SCHOLEM, G. *As grandes correntes da mística judaica.* São Paulo: Perspectiva, 1965.

STAIGER, E. *Conceitos fundamentais de poética.* Rio de Janeiro: Tempo brasileiro, 1975.

STEINER, G. *Depois de Babel – questões de linguagem e tradução.* Curitiba: Editora UFPR, 2005.

WEBB, E. *A pomba escura: o sagrado e o secular na literatura moderna.* São Paulo: É Realizações, 2012.

WILLER, C. *Rebeldes: geração beat e anarquismo místico.* São Paulo: L&PM, 2014.

[III]
Mística e Militância

5
Corporeidade em Testemunhos e militâncias 1

Experiência mística corpórea em Simone Weil: amor e sofrimento

Andréia Cristina Serrato[1]

> *Parece-me impossível imaginar um renascer para a Europa que não tenha em conta as exigências definidas por Simone Weil.*
> (Albert Camus, 1949, após a Segunda Guerra Mundial)

Introdução

Simone Weil irrompeu numa das décadas mais devastadoras do século XX, munida de sua rara inteligência, notável autenticidade e totalmente compassiva ao sofrimento humano. Viveu um contexto de grandes desafios, como o período compreendido entre a primeira guerra mundial e a segunda. O poder do capitalismo emergia nos EUA. Era o despertar das produções de massa e o surgimento dos regimes totalitários. Foi nesse meio social e político em que Simone Weil realizou suas primeiras experiências de solidariedade. A busca da verdade e o princípio de compaixão e pobreza sempre nortearam sua vida desde muito jovem: "não me lembro de um dia que o espírito de pobreza não tenha feito parte de minha vida. Esse espírito despojado fez-me entrar em contato com a poesia e com o mundo" (WEIL, 1963, p. 128).

A jovem francesa Simone Adolphine Weil nasceu em Paris, em 1909. Viveu no seio de uma família agnóstica. Seu pai, um médico francês de origem judaica. Sua mãe, de origem russa. Simone tinha um irmão mais velho, o matemático André Weil, a quem julgava muito mais inteligente do que ela e que a impulsionou na busca pela verdade. Contava ela com uma saúde frágil, em contraposição à sua força avassaladora de amar e de compadecer-se pelo outro que sofria. Foi filósofa, professora, militante e intelectual lutando junto ao povo marginalizado[2].

---

[1] Contato: andreia.serrato@pucpr.br
[2] Os dados biográficos da autora foram retirados de sua maior biógrafa, Simone de Pétrement, *La vie de Simone Weil* e no livro autobiográfico, *En attente de Dieu*. Livro que reuniu

Em 1931, aos 21 anos, tornou-se professora numa escola secundária para moças em Le Puy, França. Nessa cidade recebeu o apelido exótico: "Virgem Vermelha", por ser vista como um misto de freira e anarquista, pois se encontrava sempre ao lado dos desempregados. Trabalhou como operária em fábrica, assumiu trabalhos manuais com os camponeses, lecionou para os pescadores. Foi, ainda, para um *front* de batalha. Ao refletir sobre a condição da exploração operária de sua época afirmou que "nenhuma poesia sobre o povo é autêntica se a fadiga não estiver presente nela, assim como a fome e a sede nascidas da fadiga". Experimentou quase de tudo o que escreveu. Para a jovem francesa, a filosofia era "coisa exclusivamente em ato e prática" (WEIL, 1991, p. 335). Ou, ainda, filosofia como conhecimento prático e "exercício espiritual".

Trabalhou em demasia em seus últimos meses de vida, recusando a alimentação prescrita pelos médicos, o que a debilitou cada vez mais. Protestando contra as condições em que eram mantidos os prisioneiros de guerra na França ocupada, Simone Weil morreu sozinha, no dia 24 de agosto de 1943, aos 34 anos, em Ashford, Inglaterra.

O presente texto pretende mostrar como a experiência mística corpórea unitária de Simone Weil deixa vestígios em sua carne. Apresenta-se essa experiência a partir de breves reflexões. A primeira, o corpo que ama e, a segunda, o corpo que sofre. Isso a conduziu a um movimento que a colocou de joelhos e a impulsionou para o mundo. A partir do pensamento e experiência de Simone Weil, procura-se compreender o que a conduziu a dar-se inteiramente em comida e bebida para os "seus", considerados por ela os marginalizados e oprimidos da sociedade de sua época.

1. Entre a dor e a beleza, a experiência da Paixão de Cristo

> [...] *o sofrimento de uma só criança inocente condena toda teoria do progresso.*
> (Dostoievski, Os Irmãos Karamazov).

Em seu desejo de busca pela verdade, Simone Weil não fez discursos distantes de épocas passadas. Fez uma hermenêutica para seu tempo.

---

as cartas que enviou ao Padre Perrin, conhecido como seu diário espiritual, escrito em 1941-1942.

Um exemplo foi ler a *Ilíada*, para refletir a Guerra na França de seu tempo. A filósofa foi continuamente afetada pelo rosto do outro em sua própria carne, o que a movia em busca de justiça. Em 1933, escreveu artigos sobre a situação da Alemanha, sobre a revolução proletária, a guerra[3], Rosa Luxemburgo e Lenine. Encontra Leon Trótski[4], em Paris, e discute sobre a situação política. Assim, depois de uma grande decepção com a Rússia Bolchevista, decide trabalhar como operária.

Em 1934, com saúde frágil, pediu licença de um ano da academia para viver uma experiência de vida trabalhando na fábrica. Quis presenciar por ela mesma a vida dura dos operários, apesar de suas dores de cabeça e de suas deficiências psíquicas, que sempre teve de superar. Não admitia ser diferente de seus companheiros de atelier. Por isso, alugou um quarto em uma mansão vizinha da fábrica. Dessa experiência resultou seu *Journal d'Usine* e escreveu *Condição operária*, em 1935.

Essa experiência foi muito dura, mas a transformou de uma vez por todas. Afirmou estar feliz em tê-la vivido: "saí muito diferente do que eu era quando eu entrei – esgotada fisicamente, mas moralmente endurecida" (WEIL, 1951, p. 16). O que viviam na fábrica era algo realmente exigente e aniquilador[5]. Simone Weil afirma que a rapidez dos movimentos com que deveriam agir diante das máquinas era mais rápida que o pensamento, "matando-os"[6]. Nesse mesmo ano, em 2 de janeiro, escreveu: "a exaustão extrema me faz esquecer as razões verdadeiras de minha estada na fábrica, torna quase invencível para mim a tentação mais forte que comporta esta vida: esta de não mais pensar, só e único meio de não se sofrer" (WEIL, 1999, p. 63). Compreende, assim, porque os operários não reivindicam.

Apresenta-se, a partir de sua experiência na fábrica, uma primeira linha de reflexão – corpo como sofrimento físico:

---

3   Simone Weil escreveu seu diário da Espanha em plena guerra, em 1936. *Journal D'Espagne* [août 1936]. (OC II-2, 374-382).

4   A discussão ocorreu a partir da reação do revolucionário bolchevista, que rebateu o artigo de Simone Weil *"Perspectives. Allons-nous vers la révolution prolétarienne?"*, afirmando ser "fórmula de antigo liberalismo revigorado com uma exaltação anarquista barata". O artigo encontra-se em: *Ouevres Complètes* II-I, 405. (nota 177 bis). Citado também: WEIL, S. *La gravedad y la gracia*, p. 21.

5   Para conhecer os relatos diários do trabalho da fábrica de Weil ler: *A condição operária*.

6   "Matam": expressão utilizada para se referir a uma peça estragada na usinagem, quando a peça foi perdida e "não pode ser aproveitada" (WEIL, *La condition ouvrière*, 1951, p. 16).

> Estando na fábrica, confundida aos olhos de todos e aos meus próprios com a massa anônima, a desgraça dos outros entrou em minha carne e em minha alma. Nada me separava disto, porque havia esquecido realmente meu passado e não esperava nenhum porvir, e dificilmente podia imaginar a possibilidade de sobreviver àquelas fadigas. O que sofri ali me marcou muito, [...] Recebi ali para sempre a marca da escravidão, como a marca de um ferro quente que os romanos colocavam em seus escravos mais desprezíveis. Desde então, passei a ver-me como uma escrava (WEIL, 1952, p. 36).

Em seu diário da fábrica relata seus dias duros e pesados de trabalho e uma série de textos em que lança a filosofia e a moral desta experiência. Nesta reflexão, Simone Weil relaciona sua época à revolução industrial:

> Muitas vezes se fala da revolução industrial para designar exatamente a transformação que se produziu na indústria quando a ciência se voltou para a produção e apareceu a grande indústria. Mas pode-se dizer que houve uma segunda revolução industrial. A primeira se define pela utilização científica da matéria inerte e das forças da natureza. A segunda se define pela utilização científica da matéria viva, isto é, dos homens (WEIL, 1951, p. 182).

O sofrimento de descentralização do eu é o que afirma: "de fato entrou tão profundamente em meu coração o *malheur* da degradação social que desde então estou sempre me sentindo uma escrava, no sentido que esta palavra tem para os romanos" (WEIL, 1999, p. 797).

O conceito de *malheur*, traduzido aproximadamente por desgraça, é importante no pensamento da jovem filósofa. Para ela, o sofrimento compreende o ser humano em sua totalidade. Assim, *malheur* afeta todas as dimensões do ser humano: a física, psíquica, espiritual[7] e social: "a extrema desgraça, que é por sua vez dor física, angústia da alma e degradação social" (WEIL, 1952, p. 97). A desgraça é um desenraizamento da vida. [...] A desgraça mantém Deus ausente durante um tempo. [...] Durante esta ausência não há nada para amar. É que, se a alma deixa de amar, a ausência de Deus torna-se definitiva (ibid., p. 82-84).

---

7 Simone Weil escreve sobre as dimensões do ser humano em seus escritos: WEIL, S. *Leçons de philosophie* (Roanne 1933-1934).

Sobre a experiência da fábrica afirmou ainda que quando se renuncia ao autocontrole por não resistir à realidade do sofrimento ou por não poder se afastar dos socialmente marginalizados, por exemplo, inicia-se um processo de *décréation,* traduzido por descriação, outro conceito importante para Weil. *Décréation* é o esvaziamento do ser humano, sua *kenose*, para esvaziar-se de si e deixar que Deus ocupe este espaço. Para ela, o ser humano se descria para se recriar em Deus, aqui imita a *kenose* divina.

Para Janeira e Ribeiro (*O vazio em Simone Weil*, p. 385-401), *décréation*, é o processo que visa o retorno à origem – decreação, esvaziamento – toma como paradigma o ato criador, mas inverte-lhe parcialmente a direção (WEIL, 1956, p. 91; 1953, p. 206). Há que se analisar a descriação diante de duas perspectivas, do criador e da criatura. A partir da perspectiva do criador, o ato não se dá só num tempo, permanentemente. Se agora é diferente – a graça não deixa ser, todavia, um esvaziar-se. Na verdade, a graça continua a canalizar e a testemunhar Deus, que se quer vacuidade.

Assim, após a dura experiência da fábrica, antes de retornar ao magistério, ela relatou sair com "a alma e o corpo em pedaços" (WEIL, 1952, p. 36), pois aquela experiência tinha aniquilado a sua juventude. Portanto, o sofrimento causado através do *malheur* é para ela a própria escravidão (WEIL, 1951, p. 20). É, ainda, um desenraizamento da vida, presente na alma pelo alcance ou receio da dor física.

Assim, Simone Weil sentiu as dores do trabalho duro e escravo da fábrica em seu corpo e em sua alma. Não somente o corpo físico, mas sua dignidade sai afetada. No trabalho da fábrica ela percebe a grandeza da plenitude humana, além da espiritualidade que ela chama de espiritualidade do trabalho na qual se encontraram conciliadas todas as aspirações do ser humano, no equilíbrio do carnal e do espiritual. Para ela há um privilégio do trabalho manual, que é tocar o mundo em sua verdade nua. Os membros estão quebrados pelo esforço de uma jornada laboral, em que o corpo foi submisso à matéria, e carrega na sua carne, como na espinha dorsal, a realidade do universo (WEIL, 1994, p. 360).

Narcy, ao analisar a visão científica de Simone Weil, afirma que, em comparação ao pensamento grego, a filósofa cria uma imagem a partir da noção de gravidade e lhe confere uma extensão universal (NARCY, apud WEIL, 1994, p. 21-31). Em seus *Cahiers,* Simone Weil usa a noção de gravidade para o corpo, geralmente em uma perspectiva espiritual. Assim como o corpo físico, a alma humana sofre também por um movimento descendente que é "misto, sujo, escuro". Condição humana pecaminosa, a força que puxa para baixo, corresponde a esse estado.

Depois da experiência do trabalho na fábrica, da qual relata sair com a alma e o corpo em pedaços, realizou seu primeiro encontro com o cristianismo observando uma procissão de pescadores. Identificou-se de tal maneira, que fez uma crítica a respeito do posicionamento que Nietzsche havia feito sobre a ideologia cristã. Enquanto o filósofo alemão afirma que o cristianismo mantém escravos, Simone Weil afirma que essa religião com a qual ela se identifica os tira da condição de escravidão, pois estar ao lado dos últimos deste mundo, dos desprezados, ali está o cristianismo e ali deveria estar ela também (WEIL, 1952, 37).

Uma experiência de destaque, ainda na linha de reflexão sobre o corpo que sofre, é recordar que Simone Weil sofria de intensas dores de cabeça. Numa dessas crises, no auge de uma intensa dor, no mosteiro de Solesmes, em 1938, enquanto acompanhava os ofícios da semana santa, relata:

> Cada som me feria como um golpe, e um extremo esforço de atenção me permitia sair desta miserável carne, deixá-la sofrer sozinha, abandonada em seu rincão, e encontrar uma alegria pura e perfeita na beleza inaudita do canto e das palavras. Esta experiência permitiu-me, por analogia, compreender melhor a possibilidade de saborear o amor divino através da desgraça. No curso daqueles ofícios, o pensamento da Paixão de Cristo entrou em mim de uma vez para sempre (WEIL, 1952, p. 37).

Nesse relato percebemos que o sofrimento, por meio de suas intensas dores de cabeça, permitiu-lhe sentir a encarnação, ou, por analogia, a Paixão de Cristo.

Nessa mesma capela recebeu de um jovem católico inglês, que ela diz ter sido um mensageiro, um poema chamado Love, do século XVII, do poeta, orador e sacerdote anglo-galês, George Herbert. Ela recitava esse poema frequentemente, pois o conhecia de cor, quando sentia em seu corpo as violentas dores de cabeça. É no momento de uma das recitações que fez sua grande experiência mística, a de ser tomada pelo Cristo. Para ela, este poema tem a força de uma prece.

Na experiência de Solesmes, é possível resgatar a experimentação do amor que faz em meio à dor, a segunda linha de reflexão, o corpo que ama, anteriormente destacado pelo próprio *malheur*. Agora se ressalta a possibilidade de saborear o amor pela desgraça. Em meio aos fortes golpes que sentia em sua cabeça, buscava na alegria das palavras, por analogia, compreender melhor a possibilidade de saborear o amor divino pela desgraça. "No curso daqueles ofícios, o pensamento da Paixão de Cristo entrou em mim de uma vez para sempre", afirmou Simone Weil (WEIL, 1952, p. 37). Ela escreveu sobre sua experiência ao ler este poema de George Herbert em carta a Joë Bousquet e ao Padre Perrin.

> O Amor
> O amor me acolheu, porém minha alma se afastou,
> Pleno de poeira e de pecado.
> Mas atento ao amor, ao observar
> Minha entrada vacilante,
> Aproximou-se de mim, perguntando com doçura de que necessitava.
> Um convidado – respondi – digno de estar aqui.
> O Amor disse: Serás tu.
> Eu, cruel e ingrata? Ah, meu Deus, não posso sequer olhar-te.
> O Amor tomou minha mão e sorrindo disse:
> Quem fez seus olhos senão eu?
> É verdade, Senhor, mas eu o manchei, deixa que minha vergonha vá onde ela merece. Acaso não sabe – disse o Amor – quem carregou a culpa?
> Meu querido, então o servirei.
> Só deves sentar-te – disse o Amor – e provar minha carne.
> Então sentei e comi (WEIL, 1999, p. 789-780).

Stone afirma que, para Simone Weil, a autorrenúncia deve ser entendida como um consentimento e aceitação da incontinência corporal que revela a ilusão do ego. Isso porque, para ela, a orientação que acompanha esse exercício não é uma amplificação da vontade, mas seu lançamento (STONE, 2013, p. 95-101). Dado o sentimento de sofrimento weiliano em conexão com a incontinência, a experiência da dor é fundamental para o valor da *akrasia* ética, ou seja, uma espécie da "fraqueza da vontade"[8].

---

8   Weil não abordou o tema sobre o ponto de vista do corpo, mas articulou temas gerais da experiência humana que revelam sua perspectiva sobre o eu como um agente de controle e

Por essa expressão da captura do ser humano por Deus, Simone Weil reflete a surpresa de sua experiência sobrenatural que, ao mesmo tempo, a excede e a situa fora dos limites do racional, e a conecta fortemente com o mistério do Cristo[9]. Jamais a filósofa duvidou desse imprevisível contato com o Cristo e nem de como foi decisivo esse momento para ela. Posteriormente descreve o que sentiu nessa súbita descida de Cristo: "nem os sentidos, nem a imaginação tomaram parte; somente senti, através do sofrimento, a presença de um amor análogo àquele que se lê no sorriso de um rosto amado" (WEIL, 1952, p. 38).

Segundo Maria Clara Bingemer, a jovem filósofa "vive assim sua primeira experiência mística cristã consciente, sente-se tomada por Cristo [...]. Finalmente, Simone conhece o amor, percebe-se profundamente querida por um suave e forte amor" (BINGEMER, 2007, p. 42). Quando Weil afirma ao Padre Perrin que ela crê estar "recitando somente" um poema, indica que a experiência é nova, imprevisível e sem anterioridade nenhuma.

O Cristo que Weil experimentou não é necessariamente seu mandamento. O Cristo projetado no eterno. O Cristo que se encarna, viveu e morreu na Palestina – o Cristo existencial – foi para ela o objeto de uma experiência viva. Segundo Xavier Tillette, que escreveu comentários importantes sobre "o amor de Deus e o *malheur*", Simone Weil, "por tê-lo assim experimentado" fez do Cristo seu "único estudo". Convém precisar que é sobre o Cristo da Paixão que Simone Weil fixou seu olhar amante, até a obsessão. O abandono de Cristo sobre a cruz (o Filho abandonado pelo Pai) suscitou nela uma cristologia radical (WEIL, 1991, p. 28).

Simone Weil inicia também aqui uma unidade de pensamento, uma coerência de vida e de entrega de seu próprio corpo até às últimas

---

obstáculos para uma orientação moral. Para aprofundar no tema: STONE, R. R.; STONE, L. *Simone Weil and Theology*.

[9] R. Chenavier afirma que Simone Weil escreveu em 12 de maio a Joë Bousquet e um pouco antes de 14 de maio ao Padre Perrin, carta em que se encontra a confidência de uma experiência totalmente imprevisível: "O Cristo mesmo desceu e me tomou" (WEIL, 1952, p. 45). Se ela não falou em nada na filosofia é claro que este comentário é sobrenatural. Para o Padre Perrin é sobrenatural. Para Simone Weil o que é produzido por Deus e não necessariamente o que é acesso à vida de Deus, a graça, como diz correntemente a linguagem cristã (PERRIN, J.-M. *Mon dialogue avec Simone Weil*, 2009, p. 50). Por isso escreveu que, em sua vida, em momento algum pensou em procurar Deus (WEIL, 2008, p. 201).

consequências. Declarou a Padre Perrin: "embora várias vezes eu pudesse chegar e cruzar um limite, eu não me lembro de um momento em que eu tenha mudado de direção" (WEIL, 1988, p. 10). Essa evolução segue sobre a sua visão de mundo e do ser humano.

O ponto de vista de Simone Weil é que o corpo desempenha um papel em todos os estágios. Tem-se muito a aprender com a dor: "no plano da sensibilidade física, o sofrimento só nos dá o contato com essa necessidade que constitui o fim do mundo", escreveu ela. Esse contato com a necessidade sempre permitirá ao ser humano a sensibilidade total para o universo, de forma que o prazer não lhe será permitido. Pode-se dizer que o prazer propiciará outras maneiras de contato e possibilidades que não descarta nem se anula aqui. Afirma-se com Weil que não se busca o sofrimento[10] ou se escolhe a cruz, mas quando se trata do ego,

> temos que abrir o centro de nossa alma, assim como uma mulher abre a porta para os mensageiros de seu amado. Que importa à amante se o mensageiro for educado ou áspero enquanto ele entrega a mensagem? (WEIL, 1951, p. 138).

2. Corpo como eucaristia – isto é meu corpo: tomai e comei

Na fragilidade, Simone Weil percebe-se ainda mais criatura amada e desejada por Deus. Na vulnerabilidade o ser humano se aproxima do outro para apoiá-lo. Na continuidade de suas experiências, em setembro de 1941, vai trabalhar nas vindimas em Saint-Julien-de-Peyrolas. O trabalho é muito duro. Relata à sua amiga Simone Pétrement: "As fadigas de meu corpo e da alma se transformam em nutrição para um povo que tem fome" (PÉTREMENT, 1973, p. 561). Em 1942, em Ardèche, assume trabalhos manuais com os camponeses, ora no campo na época da colheita, ora nos vinhedos na época da safra. Em sua experiência no campo, entretanto, Simone viveu exatamente como viveram esses camponeses. Alimentava-se e dormia em condições precárias, mas trabalhava muito bem e ainda lhes ensinava latim.

---

10 Princípio e fundamento de Santo Inácio de Loyola (*Exercícios espirituais de Santo Inácio de Loyola*, n. 23, p. 28).

Simone Weil escreverá mais tarde sobre sua experiência no trabalho no campo, em seus *Cahiers* (K13[11]), durante o período que esteve em Marseille, em abril de 1942. Ela afirma que Deus reside no alimento fabricado pelo trabalho humano. E o camponês, com seu trabalho, dá um pouco de sua carne para tornar-se carne do Cristo[12]. "É suficiente olhar minha carne e meu sangue como a matéria inerte, insensível, e comestível pelo outro" (WEIL, 1991, p. 40).

Para a filósofa, a eucaristia deveria ser o centro de toda vida no campo. Segundo ela, se o Cristo escolheu o pão e o vinho para se encarnar através dos séculos, não deve ser sem razão. Faz um paralelo com a vida do trabalhador: "Um homem que trabalha queimando sua própria carne a transforma em energia como uma máquina queimando carvão" (WEIL, 2006, p. 313). Ainda, continua a filósofa,

> É porque ele trabalha muito e não come o suficiente em relação ao trabalho que ele exerce; ele emagrece; ele perde a carne. Assim se pode dizer em um sentido que o trabalho manual transforma sua carne e seu sangue em objeto fabricado. Para o camponês, estes objetos fabricados são o pão e o vinho (WEIL, 1994, p. 266).

O trabalho na fábrica e nos campos demonstra esse fazer-se carne para Cristo. Sua carne se fez trabalho/pão para seus companheiros. Sua experiência existencial corpórea foi de profunda *kenose*. Entregou seu corpo e sua alma em comida e bebida para os demais.

Sem se dar conta, aproximou-se mais do Cristo que podia imaginar. Escreve esta oração em Nova York:

> Pai, arranca de mim este corpo e esta alma para fazer coisas Tuas e só deixa subsistir de mim eternamente o próprio arrancamento ou nada [...] que tudo isso seja arrancado de mim, devorado por Deus, transformado em substância do Cristo e dado a comer aos desgraçados cujo corpo e alma falta qualquer tipo de alimento[13] (WEIL, 1991, p. 205).

---

11 '*K*'[ms] indicação nas Obras Completas da página do Cahier.

12 Na folha [ms 141] escreve: para que um homem seja realmente habitado pelo Cristo como hóstia após a consagração, é necessário primeiro que sua carne e seu sangue sejam tornados matéria inerte, e mais comestível por seus semelhantes. Então esta matéria pode tornar-se por uma consagração secreta carne e sangue do Cristo ([ms 141] WEIL, 2006, p. 123).

13 Frase de Simone Weil citada por E. Lévinas. Essa expressão é interpretada por Lévinas como a essência do "desnudamento", "o arrancar-se a si próprio", a "substituição" a outrem.

Este desejo de ser ela mesma eucaristia à imagem do Cristo foi o que a levou a não pensar a Cruz sem cometer o "pecado da inveja". Loucura do amor que une a definição de "perfeita alegria" nos *I Fioretti*, como a da "loucura de amor", da Cruz.

Quando um aprendiz se queixa da fadiga, os camponeses falam: "É o ofício que penetra no corpo" (WEIL, 1952, p. 94). Assim, para ela, cada vez que se sofre uma dor, pode-se dizer que a ordem do mundo, a beleza, a obediência da criação de Deus penetram no corpo do ser humano, pois

> a alegria e a dor são dons igualmente preciosos, que é preciso saborear, tanto um como outro, integralmente, cada um em sua pureza, sem misturá-los. Pela alegria, a beleza do mundo penetra em nossa alma. Pela dor, ela penetra em nosso corpo (WEIL, 1952, p. 94).

Conclui, então, que a desgraça não é a dor. É algo totalmente diverso de um proceder pedagógico de Deus (WEIL, 1952, p. 95).

Ao se retornar à reflexão filosófica, Simone Weil pensa o contato com a realidade, pensa a ação. Para ela, o que permite aceder ao real é a condição da existência. Por conseguinte, o que prova a fome é ela mesma. A filósofa pratica a filosofia como transformação de si mesma. A linguagem que fala, ou, a verdade que lhe permite engajar seu próprio corpo e transportar a sensibilidade, sentir todo o universo, como descreve:

> O que não tem considerado suficientemente a condição humana? A alma está ligada ao corpo e, pelo corpo, a todo universo[14]. Quando ela contempla o céu estrelado, não há um astro, cuja presença não aja sobre ela; não há um único movimento que ela imprima ao corpo que não modifique o curso das estrelas (WEIL, 2002, p. 118).

Neste texto, a filósofa de Paris esboça uma unidade entre o singular e o universal e se percebe, igualmente, um aprofundamento progressivo de uma intuição da juventude, talvez, uma presença real no universo (por analogia com a eucaristia), até a metafísica da encarnação.

(BINGEMER, M. C.; PUENTE, F. R. *Simone Weil e a filosofia*. São Paulo, Rio de Janeiro: PUC-RJ e Loyola, 2011).

14 Só se chega a alma através do corpo. O exemplo utilizado por Simone Weil é a anologia do bastão do cego.

Segundo Gabellieri, a falta da encarnação do cristianismo significa, portanto, sempre uma falta de enraizamento místico, que poderia irradiar não a partir do sobrenatural, mas de sua própria potência social, deixando seu centro de ser secreto e tornando-se visível (GABELLIERI, 2003, p. 418).

O corpo é, portanto, este ponto para onde todo o universo trata e ressoa no ser humano, de sorte que, por seu intermediário, a alma está religada ao universo, como a alma do crente está ligada ao Cristo por intermédio da Eucaristia. Nos dois casos, apresentados por Simone Weil, a analogia – o milagre – é a capacidade de ser religado ao infinito do universo ou de Deus "para este infinitesimal que é um determinado corpo": o universo se dá a mim, "concentrado no objeto" que não é um objeto, mas o "corpo meio de percepção", sem o qual a "alma não pode comunicar com o universo tal qual". Assim o corpo, como "corpo percebendo", é o único dos objetos existentes para ter o poder de afetar uma alma, como a hóstia é esta matéria capaz de transformar o espírito. Por ele, se realiza uma presença real no mundo, semelhante a este que realiza a Eucaristia na alma e na carne do crente. Não somente o homem pode realmente entrar em contato com a totalidade do universo e do ser sem desencarnar, mas o ser encarnado é a única maneira real de o fazer. O espírito não pode entrar em contato com o ser sem a mediação do corpo, nem pode se descobrir ele mesmo sem a mediação do mundo, "o corpo humano é o objeto belo por excelência [...] a união do espírito e da natureza se encontra realizada no mais alto ponto" (WEIL, 1952, p. 51).

Sentir, relacionar o corpo com todo o mundo, uma filosofia da encarnação, é sentir com todo o universo por meio do corpo. Nessa contemplação da eucaristia, Simone Weil aborda a contemplação do real, a inversão da perspectiva, a presença real. Essa experiência é central e real. A presença real é uma preocupação de toda sua vida. E a eucaristia será o centro vital, não como participação do rito, mas como doação de seu corpo para ser comida e bebida[15].

Ao se observar este conjunto de análises percebe-se uma reflexão sobre a relação, não mais da alma e do corpo, mas do ser humano e do cosmos, da tal sorte que o corpo próprio parece dever tornar-se um corpo

---

15 Outro fator de transformação na sua espiritualidade teve lugar durante o inverno de 1941-1942. Trata-se do mistério da eucaristia que será relatado mais adiante (WEIL, 2009, p. 224).

cósmico, capaz de tornar-se presente em todo universo (GABELLIERI, 2003, p. 91)[16].

A importância do aspecto físico corporal está expresso diferentemente em um outro fragmento nos *Cahiers*. Nesse caso, Simone Weil se preocupa com a relação entre o corpo e o mundo: associar o ritmo da vida do corpo (respiração e medida do tempo) ao ritmo do mundo (rotação das estrelas), sentir constantemente essa associação (sentir, não apenas saber), bem como sentir a troca perpétua da matéria pela qual o ser humano se banha no mundo (WEIL, 1951, p. 159).

Simone Weil estabelece, ainda, a relação exata ao exercício físico, ou, ao corpo:

> se o trabalho de arar me faz emagrecer, minha carne se faz realmente trigo. Se este trigo serve para a hóstia, esta se faz carne para Cristo. Qualquer um que are com esta intenção, deve se converter em santo (WEIL, 1991, p. 40).

Para Simone Weil, o "Deus que reside no alimento" (WEIL, 1991, p. 40) é o Cordeiro e o pão. Assim deveria ser o centro da vida camponesa. Por seu trabalho, entende ela que o camponês tem essa intenção, dar um pouco de sua carne para se converter na carne de Cristo. Assim, ele deveria ser consagrado (WEIL, 1991, p. 40). A santidade é também, nesse sentido, uma transmutação como a eucaristia. Segundo ela:

> para que um homem esteja habitado pelo Cristo como a hóstia depois da consagração, é preciso previamente que sua carne e seu sangue se façam matéria inerte, e comestível, ademais, para seus semelhantes (WEIL, 1991, p. 40).

Para Simone Weil, essa matéria pode chegar a ser, por sua consagração secreta, carne e sangue do Cristo. Esta segunda transmutação, diz ela, é assunto de Deus somente. A primeira é, em parte, assunto do ser humano.

Gabellieri pergunta então: "Recusar-se a ficar separado do sofrimento dos homens e ser eucaristia para outrem não é a mediação por excelência, a própria mediação realizada por Deus na figura do Cristo Mediador?" (GABELLIERI, 2005, p. 314). Assim como Levinas, Weil

---

[16] Segundo Gabellieri o texto mais surpreendente e o mais revelador sobre este ponto é este de 1926 sobre "o dogma da presença real".

privilegiou o outro sobre o eu, em termos de compaixão (BINGEMER; PUENTE, 2011, p. 160).

O trabalho na fábrica e nos campos demonstra esse fazer-se carne para Cristo. Sua carne se fez trabalho/pão para seus companheiros. Sua experiência existencial corpórea foi de profunda *kenose*, entregou seu corpo e sua alma em comida e bebida para os demais. E assim ela fez. Experimentou em meio à dor o Cristo tão fortemente que algo mais forte que ela a obrigou a pôr-se de joelhos!

3. O enraizamento do corpo que responde: pôr-se de joelhos

> *Certos pensamentos são orações. Há momentos em que qualquer que seja a posição do corpo, a alma está de joelhos.* (Victor Hugo)

Recorre-se neste momento a duas experiências místico-corpóreas realizadas por Simone Weil. A primeira é mística, feita a partir do cristianismo em Assis e, a segunda, um pequeno texto escrito por ela sobre uma experiência realizada com um desconhecido, chamado Prólogo.

Antes de escrever sobre a experiência da filósofa francesa, conta-se que ela tinha grande admiração por São Francisco de Assis. Dizia que a vagabundagem deste Santo a acompanhava desde muito jovem. Este estado de "vagabundagem" é a expressão de um sentimento de universalidade, de um desejo de esposar, não somente a pobreza, mas a totalidade do mundo e do cosmos.

Em Assis, em 1937, aconteceu seu segundo encontro com o Cristianismo. Relatou que ao estar só na capelinha românica do século XII, Santa Maria dos Anjos, incomparável maravilha de pureza onde São Francisco rezou muitas vezes, escreve:

> Estando só na pequena capela românica do sec. XII, de Santa Maria degli Angeli, incomparável maravilha de pureza, onde são Francisco rezou frequentemente, alguma coisa de mais forte me obrigou, pela primeira vez em minha vida, a pôr-me de joelhos (WEIL, 1957, p. 37).

O testemunho de uma simplicidade que desarma, mas dizendo sem dúvida por exprimir alguma coisa de essencialmente nova (GABELLIERI, 2011, p. 252-253).

A segunda experiência místico-corpórea é apresentada através de um texto chamado Prólogo, encontrado em uma folha solta em um de seus últimos escritos, *Cahiers XI*, em 1942. O texto que apresenta o movimento do corpo que ama e a impulsiona para o mundo, e o que sofre e a coloca de joelhos, criando assim um diálogo íntimo, exteriorizando o interior. Embora Simone Weil não seja dualista, a influência dualista está muito presente em seu pensamento. Esta "Declaração de um encontro íntimo" apresenta um diálogo, totalmente corpóreo, físico e visual (WEIL, 1991, p. 9-10). Os joelhos dobram e sua alma toca a intimidade do inefável. Nesse movimento corpóreo, diante de Deus, encontra-se Simone Weil, "crítica do Século XX, profeta do século XXI"[17]. Ela resumiu sua experiência mística muito bem:

> Ele entrou em meu quarto e disse-me: "Miserável que não compreende nada, que não sabe nada. *Vem comigo e eu te ensinarei coisas que você não conhece*". Eu o segui. Conduziu-me a uma igreja nova e feia. Levou-me diante de um altar e disse-me: *"Coloca-te de joelhos"*. Eu respondi: "Não fui batizada". Respondeu-me: "Coloca-te de joelhos frente a este altar, com amor, como se estivesse diante do lugar onde existe a verdade". Eu Lhe obedeci. Ele me fez sair e subir até um ático de onde se via, através da janela aberta, toda a cidade, alguns andaimes de madeira e, ao fundo, o rio por onde os barcos se dirigem ao porto. Pediu-me que sentasse. Estávamos sozinhos. Ele falou. [...] Em algumas ocasiões ele se calava, tirava de uma gaveta um pão e partilhávamos. Esse pão era realmente pão. Nunca mais voltei a encontrar este sabor. Ele servia-me e servia-se de vinho que tinha o sabor do sol e da terra onde estava construída a cidade. Um dia me disse: "Agora vá". Caí de joelhos e abracei suas pernas, suplicando que não me pusesse para fora. Porém ele jogou-me pelas escadas. Desci sem entender nada, com o coração em pedaços. [...] Meu lugar não estava neste ático. Meu lugar está não importa onde: em uma cela da prisão, ou em um desses salões burgueses com cadeiras de veludo vermelho, ou até em uma sala de espera da estação de trem. Não importa onde, contudo não neste ático. [...] Sei bem que ele não me ama. Como ele poderia me amar? E, portanto, no meu íntimo alguma coisa, um ponto de mim mesma, não pode deixar de pensar, tremendo de medo que pode ser, apesar de tudo, que ele me ame (WEIL, 1991, p. 9-10).

---

17 Expressão citada por Emmanuel Gabellieri no texto *La pensée de Simone Weil, une ressource pour aujourd'hui*. Paris: Ellipses, 2001.

Esse poema em prosa evoca a presença, na mansarda, de um misterioso visitante que a encontra. Para Simone Weil, não é o ser humano que encontra Deus, é Deus que o encontra. O ser humano fica à Sua espera: *Attente de Dieu*. Afirma Simone que se um dia disser que o encontrou, provavelmente estaria enganada: "A infinitude do espaço e do tempo nos separam de Deus. Como buscá-lo? [...] Não podemos dar um único passo em direção aos céus. Deus atravessa o universo e vem até nós" (WEIL, 1952, p. 78).

Neste Prólogo há um movimento de encontro, de conversa e de saída. Mesmo ela não entendendo nada, segue-o e o obedece. De uma gaveta ele tirou o pão que tem o gosto do pão. Ofereceu o vinho que tinha gosto do sol e da terra. Remete o leitor à refeição eucarística (WEIL, 2008, p. 225). O Pão da vida, ou ainda o corpo como comida e bebida, descrito nos textos anteriores por ela. Nesse momento do ápice do encontro, ela é lançada para fora deste ático, em direção ao Outro: "Um dia ele me disse: agora vá". Ela desejou ficar: "abracei suas pernas", mas ele a jogou escada abaixo. No princípio não entendeu, afirmou no texto, embora sempre tenha entendido que seu lugar não fosse "neste ático". Percebe-se certo sofrimento quando deseja ficar, porém ele a manda ir. Ela segurou suas pernas, quer ficar, quer segurança, mas ele a jogou escada abaixo.

Essa experiência mística relatada neste poema encontra ainda a projeção de uma realidade, a mais importante, o diálogo com Deus. Evoca um visitante misterioso, mas com quem ela tem intimidade, pois, conversa, chama por ele, recebe dele pão e vinho. São vários os movimentos: ser conduzida, obedecer, pôr-se de joelhos, conversar, comer, beber, mas depois de toda essa relação, como sempre em sua vida, continua e caminha em direção ao outro.

Nessa parte do Prólogo, ainda como ponto de convergência, a partir de expressões conhecidas de Simone Weil, como a alma que dormiu com Deus na "câmara nupcial" e vai para a "praça pública", verifica-se a interpelação para seguir adiante, a partir do que experimentou em seu íntimo. Essa alma que dormiu, ou, encontrou-se com Deus, em seu íntimo, experimentou seu amor-*eros*, ouviu e foi lançada movida por esse amor, a estar onde se necessitava estar. Esse movimento de saída que Simone Weil escreveu no Prólogo coroa sua existência e mostra muito bem a preocupação que perpassou toda sua vida com as necessidades vitais, não somente da fome, necessidades que têm relação tanto com a vida física, como com a vida moral que não são satisfeitas.

A certeza, em meio à alegria e à dor, é relatada no final do Prólogo, um de seus últimos escritos: "Sei bem que ele não me ama. Como ele poderia me amar? E, portanto, no meu íntimo alguma coisa, um ponto de mim mesma, não pode deixar de pensar, tremendo de medo que pode ser, apesar de tudo, que ele me ame" (WEIL, 1991, p. 9-10; 1997, p. 445-446). Existe a certeza do amor, mas existem também o medo, a dor, a fragilidade, a incerteza, ou, a existência humana.

A partir da experiência de Simone Weil, contada através do Prólogo, pode-se afirmar que a revelação cristã acontece no corpo, tanto do ponto de vista existencial quanto ontológico[18]: "Ela vem confirmar, assumir e fecundar o que foi previsto de seu dinamismo espiritual, assim como o que foi evocado de sua profundidade ontológica" (LACROIX, 2009, p. 211). O ser como dualidade existencial, corpo e alma, mas na sua unidade ontológica. Emmanuel Gabellieri ressalta que Simone Weil não é sempre "dualista" como se diz sumariamente, mas sob a dependência de esquemas dualistas que ela herdou das filosofias que estão mais marcadas por Platão, Descartes, Kant (GABELLIERI, 2003, p. 4).

Tanto em Assis, como no Prólogo, colocou-se de joelhos diante do mistério divino. Experiências que a impulsionaram a entregar-se cada vez mais em seu corpo e alma, buscando a configuração à história do Cristo. E assim ela fez. Experimentou em meio à dor o Cristo tão fortemente que algo mais forte que ela a obrigou a pôr-se de joelhos!

> Tendo a condição divina (por substância a essência divina) não considerou como um ser igual a Deus. Esvaziou-se de sua condição, tomando a de um servo, (esvazia-as tomando a essência de um escravo), tornando-se semelhantes aos homens, e reconhecendo seu aspecto humano, abaixa-se, tornando-se obediente até a morte, a morte na cruz. Assim Deus o exaltou soberanamente, a fim de que diante do nome de Jesus todo joelho se dobre, nos céus, na terra e debaixo da terra (Fl 2,6-10).

---

18 Xavier Lacroix afirma que é necessário aceitar a problemática ontológica na condição presente. A questão é somente saber qual aporte concorda com a passagem da ontologia existencial: o movimento existencial é transcendente, entrou em um dinamismo relacional deste "para o outro". (LACROIX, X. *Le corps de chair*: les dimensions éthique, esthétique et spirituelle de l'amour, p. 211).

Considerações finais

Sejam as experiências de dor, de sofrimento, sejam as experiências de amor, romperam com as dualidades, pois as sentiu e viveu na carne. Elas se entrelaçavam em toda sensação, seja de dor ou da beleza. Doravante, "a criação, a Paixão, a Eucaristia (amor, beleza e dor) – sempre esse mesmo movimento de retirada é o amor" (WEIL, 1991, p. 20).

O itinerário de vida de Simone Weil apresenta um contínuo despojar-se, para atingir uma proximidade cada vez mais solidária com os pequenos, os humildes, os desprezados da modernidade. Não admitiu a dor e o sofrimento pelos quais passavam os franceses, sem participar diretamente. Escolheu a alegria de quem doa sua vida, como fez o Cristo, dando seu corpo em comida e bebida. Não havia limites entre sua dor e a dor do mundo. Eles se entrelaçavam em toda sensação, seja de dor ou da beleza.

Simone Weil, neste momento, é o grande expoente da experiência do Deus de Jesus Cristo tal como a entendemos. Sua vida é *práxis*. Ela viveu o que refletiu e o que experimentou e praticou. Não suportou ficar apenas no mundo das ideias, muito menos viver uma religião que não a levasse à identificação com o outro e a ação. Quer ser para o outro, para o Cristo, tal é sua identificação! Assim, sua experiência mística-corpórea compreende o esvaziamento de si, respondendo ao chamado e ao apelo do Amor na total configuração com o Cristo.

Ao se olhar para Simone Weil encontram-se profundos sinais de esperança. Sua passagem pelo mundo foi rápida: apenas 34 anos. Seu legado, no entanto, inaugurou um tempo de esperança entre os marginalizados que, infelizmente, ficou por muito tempo escondido aos olhos de seus contemporâneos. Nada melhor, enfim, que a época atual para tirar dos escombros da história essa mulher sem precedentes, Simone Weil.

Referências

BEA, E. *Simone Weil: la consciência del dolor y de la beleza*. Madrid: Trotta, 2010.

BINGEMER, M. C. *Simone Weil: a força e a fraqueza do amor*. Rio de Janeiro: Rocco, 2007.

_____. *Simone Weil: una mística en los limites*. Buenos Aires: Ciudad Nueva, 2011.

BINGEMER, M. C.; PUENTE, F. R. *Simone Weil e a filosofia*. São Paulo, Rio de Janeiro: PUC-RJ e Loyola, 2011.

BOSI, E. *Simone Weil: a condição operária e outros estudos sobre a opressão*. São Paulo: Paz e Terra, 1979.

DE NICOLA, G. P.; DANESE, A. *Abismos e ápices: percursos espirituais e místicos em Simone Weil*. São Paulo: Loyola, 2003.

GABELLIERI, E. *Simone Weil*. Paris: Ellipses, 2001.

_____. *Être et Don: Simone Weil et la philosophie*. Louvain-Paris: Peeters, 2003.

_____. Simone Weil: uma filosofa da mediação e do dom. In: BINGEMER, M. C; DE DE NICOLA, G. P. *Simone Weil: ação e contemplação*. São Paulo: EDUSC, 2005.

_____. *La pensée de Simone Weil, une ressource pour aujourd'hui*. S. d. Disponível em: <http://www.paris.catholique.fr/La-pensee-de-Simone-Weil-une.html>. Acesso em: 14 maio 2019.

LACROIX, X. *Le corps de chair: les dimensions éthique, esthétique et spirituelle de l'amour*. 4.ed. Paris: Cerf, 1992.

_____. *O Corpo de Carne. As dimensões ética, estética e espiritual do amor*. Tradução de Paulo Meneses. São Paulo: Loyola, 2009.

_____. *Le corps et l'esprit*. 2.ed. Paris: Vie Chrétienne, 1996.

LÉVINAS, E. *Totalité et infini: essai sur l'extériorité*. Paris: Biblio essais, 1968.

SANTO INÁCIO LOYOLA. *Exercícios espirituais de Santo Inácio de Loyola*, n. 23. São Paulo: Loyola, 2002.

LUBAC, H. *Histoire et Esprit: l'intelligence de l'écriture*. Paris: Cerf, 1950.

PERRIN, J.-M. *Mon dialogue avec Simone Weil*. Paris: Nouvelle Cité, 2009.

PÉTREMENT, S. *La vie de Simone Weil*. 2.v. Paris: Fayard, 1973.

STONE, R. R.; STONE, L. *Simone Weil and Theology*. Bloomsbury: t&t clark, 2013.

VELASCO, J. M. *La experiencia mística. Estudio interdisciplinar*. Madri: Trotta, 2004.

_____. *El fenômeno místico: estúdio comparado*. Madri: Trotta, 1999.

WEIL, S. *Attente de Dieu*. Paris: La Colombe, 1952.

_____. *La connaissance surnaturelle*. Paris: Gallimard, 1991.

_____. *Leçons de philosophie* (Roanne 1933-1934). Transcritas e apresentadas por Anne Reynaud-Guérithault. Paris: Plon, 1959.

_____. *La Source grecque*. Paris: Gallimard, 1963.

_____. *Cahiers*. Paris: Plon, 1951. Tome I.

_____. *La condition ouvrière*. Paris: Gallimard, 1951.

_____. *Cahiers*. Paris: Plon, 1953. Tome II.

_____. *Oppression et liberté*. Paris: Gallimard, 1955.

_____. *Pensées sans ordre concernant l'amour de Dieu*. Paris: Gallimard, 1962.

_____. *A condição operária e outros estudos sobre opressão*. Rio de Janeiro: Paz e Terra, 1979.

_____. *Cahiers*. Paris: Plon, 1956. Tome III.

_____. *Œuvres Complètes II-1: Écrits historiques et politiques. L'engagement syndical (1927-juillet 1934)*. Paris: Gallimard, 1988.

WEIL, S. *Œuvres Complètes II-2: Écrits historiques et politiques. L'expérience ouvrière et l'adieu à la révolution (juillet 1934-juin 1937)*. Paris: Gallimard, 1991.

_____. *Œuvres Complètes IV-1: Écrits de Marseille (1940-1942), Philosophie, Science, Religion, Questions politiques et sociales*. Paris: Gallimard, 2008.

_____. *Œuvres Complètes IV-2: Ecrits de Marseille (1941-42), Grèce – Inde – Occitanie,* 2009.

_____. *Œuvres Complètes VI-1: Cahiers I (1933-septembre 1941)*. Paris: Gallimard, 1994.

_____. *Œuvres Complètes VI-2: Cahiers II (septembre 1941-février 1942).* Paris: Gallimard, 1997.

_____. *Œuvres Complètes VI-3: Cahiers (février 1942-juin 1942)*. Paris: Gallimard, 2002.

_____. *Œuvres Complètes VI-4: Cahiers (juillet 1942-juillet 1943), La Connaissance surnaturelle. Cahiers de New York et de Londres,* Paris: Gallimard, 2006.

_____. *Œuvres. Simone Weil*. Introduit et dirigé par F. de Lussy. Paris: Gallimard, 1999.

Etty Hillesum: mística do cotidiano vulnerável

Dom Vicente de Paula Ferreira[1]

Introdução

O que se entende por mística do cotidiano vulnerável de Etty Hillesum e suas contribuições espirituais para o sujeito contemporâneo, a partir de uma relação profunda consigo mesmo, é o objetivo principal dessa reflexão. Para responder a esse desafio, a pós-modernidade será entendida, por um lado, por era da fragmentação, da pluralidade hermenêutica e, por outro, como tempo do ressurgimento de fundamentalismos violentos e discriminatórios. Num contexto de massificação, quando a verdade ganha dimensões de totalidade ou sucumbe em relativizações perigosas, pretende-se colher como Etty apresentou um caminho alternativo de busca interior para chegar a um amor intenso ao outro e a Deus.

Em relação ao enrijecimento de cenários violentos, sua mística pode ser vista na contramão, porque resistiu a todo e qualquer domínio. Mulher, de ascendência judaica e morta num campo de concentração, testemunhou a força da vida interior, sobretudo no desabrochar de sua paixão por Deus e pela beleza de cada ser humano. Seu percurso revelou, numa cultura de massa, que massacrava a beleza da diversidade, o cultivo interior como caminho de resistência de uma subjetividade que não aceitou afogar-se na anulação de si pela vontade do outro. Como, em tempos de excessos extremistas, essa perspectiva auxilia no reforço da luta contra o colonialismo, contra o racismo, contra a discriminação de todas as espécies?

---

1 Contato: vicenteferreirabh1@gmail.com

A força interior de Etty, foi prova de que a vítima sobrevive, mesmo não conhecida oficialmente. Tem força de resistência quando trilha caminhos alternativos, sem os recursos oficiais do poder que manda, até mesmo sem o amparo de instituições. Quando os ideais culturais culminam em posturas fundamentalistas de poder e de direito, retorna a necessidade de se pensar elementos esquecidos, suspeitos porque o não ao todo tem força que transcende. Vulnerabilidade, nesse caso, expressa-se nas tantas questões deixadas de lado, como é o caso das pessoas, grupos e raças que são discriminados, que têm sua dignidade violada. Não se trata de um olhar para a fragilidade como elemento menor, mas como fonte de inspiração de outros saberes, de uma força que não se esgota no poder opressor.

Como encontrar, então, em Etty, um testemunho de resistência de alguém, que mesmo sendo vitimada, não aceitou a posição de vítima, sucumbindo à banalização de consciências que acreditavam apenas em uma raça perfeita? De que modo ela fez nascer das cinzas do holocausto uma voz política que escreveu a história das vítimas de um dos maiores massacres da humanidade, a Shoá? Espera-se que a presente reflexão sobre seu itinerário místico, contribua para uma experiência espiritual que aconteça na relação com as verdades mais profundas que cada pessoa é chamada a viver, nas expressões de uma corporeidade sempre em construção e na relação dialogal com o outro, que faz superar os excessos narcisistas.

1. Um corpo, entre pulsões de vida e morte, em busca de liberdade interior

Esther Etty Hillesum nasceu em 15 de janeiro de 1914, em Middelburg, na Holanda. Seu pai ensinava línguas clássicas, era o último de quatro filhos do comerciante Jacob Samuel Hillesum e de Riva Hillesum-Bernstein, de origem Russa. Aos dez anos de idade, foi com os pais e dois irmãos viver na cidade holandesa de Deventer. Seus irmãos eram Jaap Hillesum, médico, e Mischa Hillesum, reconhecido pelo talento musical. Sua família era de judeus não praticantes. Quando Etty completou 18 anos, os pais enviaram-na para estudar línguas eslavas em Amsterdã, onde graduou-se também em jurisprudência. Em 1941, iniciou sua análise com Julius Spier, psicoquirólogo, trabalho baseado na leitura das linhas das mãos, com quem teve uma relação erótica conflituosa e, ao mesmo tempo, que a fez percorrer um rico caminho de crescimento interior.

Assim que começou a terapia, iniciou também a escrita de seu diário, que a tornou conhecida mundialmente, escrito na Gabriel Metsustraat, onde vivia com Han Wegerif, seu companheiro. Em julho de 1942, começou a trabalhar como datilógrafa no Conselho Hebraico, criado pelos alemães para mediação com a comunidade judaica. Não se encontrando feliz com essa função, tornou-se voluntária no campo de Westerbork, criado em 1939, como acampamento para os refugiados judeus, que se tornou campo de concentração em 1942, quando os alemães ocuparam o espaço. De Westerbork, onde cuidava dos deportados judeus, mesmo podendo retornar a Amsterdã, foi levada, com a família, no dia 07 de setembro de 1943, para Auschwitz, na Polônia, onde, em 30 de novembro de 1943, aos 29 anos de idade, morreu numa câmara de gás. Quando foi deportada para Auschwitz, em sua mochila havia uma bíblia e uma gramática russa.

Seu diário mostra a luta de alguém que buscou encontrar, no fundo da alma, a razão mais profunda para conviver com o desamparo pessoal e com os horrores do massacre dos judeus. Os frutos que colheu dessa aventura foram provenientes de um primeiro passo, seu encontro com Spier, a quem reconhece como alguém que tomou pela mão outro alguém que sofria de uma constipação espiritual, vivendo num mundo caótico, dando-lhe ordem. Ao mesmo tempo que se lançou nessa busca de si, resistiu à tentação de ser capturada e de se perder no desejo do outro. Segundo ela,

> Se um homem me causa certa impressão, sou capaz de abandonar-me por dias e noites às minhas fantasias eróticas – não me dou conta de quanta energia eu tenha perdido por isso – mas se então acontece um contato real, é uma grande desilusão. A realidade não pode coincidir com a minha fantasia desenfreada (HILLESUM, 2012, p. 36).

Tal convicção perpassou todo seu diário. Houve, sem dúvida, a procura de ser ela mesma, sem perder-se no grande outro, até chegar a compreender o interior de cada pessoa como morada divina. Sua caneta foi ferramenta para trabalhar as terras interiores. Em seu diário, revelou suas motivações e depressões, em relatos constantes sobre suas oscilações de humor, repetindo-os como forma de elaborá-los. Na escrita, encontrou uma forma de abertura ao mundo exterior, aos outros, ao povo judeu, a Deus. Spier a ajudou a descobrir o mundo mais profundo de si mesma. O mais importante em sua luta espiritual era a absoluta rejeição ao ódio. Tinha a convicção de que não se pode conhecer alguém, vendo apenas as aparências. E por isso, lançou-se na escrita, deixando a linguagem moldar sua própria liberdade de ser.

Traçou para si mesma métodos de disciplina. "Um ser humano é corpo e espírito. E uma meia hora de exercício combinada com uma meia hora de meditação pode criar uma base de serenidade e concentração para todo o dia" (HILLESUM, 2012, p. 103). A meditação foi uma boa forma para entrar no vazio da alma, sem presença das ervas daninhas, para encontrar algo divino, o amor. Não aquele que paralisa no êxtase, mas que envia ao cotidiano das pequenas coisas. Assim, afirmava que não se deve entregar a ninguém o centro da própria vida e, sim, cultivá-lo como forma de oferecer ao mundo um pouco mais de energia. "Quando se quer tanto a alguém, é necessário estar atentos a não investir sobre ele todas as próprias energias, de modo que não reste nada para os outros" (ibid., p. 108). Acrescenta-se a isso, o fato de não ter tido filhos, o que ela justificou da seguinte maneira. "Creio que a vida seja um grande calvário e que todos os seres humanos são infelizes, então não quero ter a responsabilidade de aumentar os números desses desafortunados" (ibid., p. 254).

Sua luta interior aconteceu como resposta às inquietações pessoais, corpóreas, psíquicas. Suas dores de cabeça, indigestões, ciclos menstruais e o doloroso aborto voluntário compuseram cenas fortes de uma corporeidade feminina inquieta. "O bloco de rocha maior se encontra, em tal caso, precisamente ao centro do meu estômago. Eu tenho um estômago autenticamente psicológico" (ibid., p. 193). Considerava que suas dores, de fato, eram provenientes de uma sobrecarga de coisas que queria agarrar para si. Acreditava que se alguma coisa não andasse bem em sua alma, seu corpo também iria sentir.

Além de suas pulsões internas, fortes, oscilantes entre alegria e tristezas, sofria os impactos externos. "Esta tarde uma nova ordem que golpeia os hebreus. Rendi-me a uma meia hora de depressão e de ânsia por esta notícia" (ibid., p. 217). Era a dor de um povo inteiro massacrado. "De novo prisões, terror, campos de concentração, sequestros de pais, irmãs e irmãos. Interroga-se sobre o sentido da vida, pergunta-se se essa tenha ainda um sentido" (ibid., p. 111). Tocada por momentos de caos interior e pelo horror das perseguições nazistas, sentia sempre uma inquietude ativa e, ao invés de sucumbir diante das prisões de fora e de dentro, aventurou-se num caminho de criação, afirmando que "só o artista tem condição de restituir aquilo que resta de irracional no homem" (ibid., p. 119).

2. Dentro de mim há uma fonte muito profunda; naquela fonte está Deus

Etty leu clássicos como Dostoievski, Jung e teve Rainer Maria Rilke como um dos escritores mais inspiradores. Seu contato com a bíblia, com escritos de Santo Agostinho, certamente marcou sua resposta de amor a Deus e aos irmãos. Em seu mundo interior, reconheceu e cultivou um saber que lhe trouxe paz, diferente daquele que, pretensiosamente, traz poder. "Senhor, concede-me a sabedoria mais que o saber; ou melhor: somente o saber que conduz à sabedoria torna os homens, pelo menos a mim, felizes e não o saber que é poder" (ibid., p. 156). A progressão de sua vida interior, no contato com os outros, a realidade, os livros, fez florir numa abertura progressiva. Repetiu sempre o desejo de não depender de uma única pessoa para ser feliz. Percebeu-se chamada a uma forma de amor universal o que, no meio de suas relações afetivas particulares, sentiu crescer o desejo de depender somente de si mesma e de Deus.

Mesmo sabendo que a vida de aparência não poderia ser de todo superada, insistiu num caminho de maior encontro consigo mesma, com suas verdades mais autênticas. Esforçou-se por não abafar as coisas interiores. E repetiu, como num refrão, que no fundo da alma, encontra-se Deus, encontro que a fez ajoelhar-se, em atitude de reverência.

> Não consigo ajoelhar-me bem, há um tipo de embaraço em mim. Por quê? Talvez por causa da parte crítica, racional e ateia que também me pertence. Todavia sinto, de quando em quando, um forte desejo de ajoelhar-me, com as mãos sobre a visão, para encontrar paz e para escutar a fonte escondida em mim (HILLESUM, 2012, p. 168).

Um desejo forte a impulsionava, em sua amizade pelos livros e na escrita de seu diário, ao fundo misterioso de si mesma. No fogo de tal procura, reconhecia a ansiedade por encontrar o ponto auge, a síntese. Assumiu, aos poucos, a impossibilidade de ser toda, abraçando a concretude das pequenas coisas, do cotidiano, como lugar da experiência da vida em sua totalidade contraditória.

> Na realidade estou ainda implicada a catalogar: procuro uma harmonia, uma síntese, mas sei que não há. Quero observar tudo a partir de um único ponto de vista, pensar tudo a partir de uma única ideia, mas o único modo para encontrar a harmonia é aceitar as contradições (HILLESUM, 2012, p. 186).

Se a única coisa que a interessava era si mesma, nisso não havia nada de egocentrismo. Tinha consciência de que colocando um pouco de ordem no caos interno, daria forma a alguma coisa boa no mundo e compreenderia mais o outro. Aliás, essa era, para Etty, a única forma de compreensão do outro, através do cultivo de uma vida interior, chegando a dizer que "uma pessoa não tem necessidade de norma externa, somente de si mesma. E pode fazer de si mesma a própria norma somente quando é verdadeiramente si mesma, quando vive das próprias forças e confiança em si." (HILLESUM, 2012, p. 206). Por isso considerou seu coração muito rico por não ser ele apaixonado por uma única pessoa, mas por todas as pessoas.

Em seu diário, Etty escreveu sobre seu duplo movimento, que era o desejo de voltar ao seio materno, à escuridão; e o outro, o de tornar-se autônoma. Para buscar as coisas mais profundas, afirmou que só havia um caminho, partir do tangível, daquilo que está ao alcance, tendo a matéria como ponto de partida. Haverá algo que faça a diferença diante da grandeza da obra criada? "O importante é que tu estejas pronta para participar de cada minuto desta vida sem opor resistência, que tu não te excluas, consciente de que não importa onde estás ou que coisa estás fazendo, se tens Deus em ti" (ibid., p. 269). Sentia-se, nos momentos em que superava a angústia, as dores de cabeça, as indigestões, habitada por uma vastidão, uma grandeza de ser. Sensação nomeada como divina. Por isso, para encontrar-se, dizia que não se deve buscar as fontes externas, mas aquela fonte de vida que corre dentro de cada um. O amor mais puro é o que transcende. Antes havia um conflito entre reflexão, momentos de estudo e vida verdadeira, ação cotidiana. Antes necessitava de retirar-se para intervalos de paz e de busca interior, o que, aos poucos, transformou-se. "Aquele quarto silencioso, para dizer assim, carrego sempre comigo, e posso retirar-me a qualquer instante. Quando estou num trem cheio de gente ou no meio da confusão da cidade" (ibid., p. 336).

Foi na escrita que Etty encontrou a maneira mais firme de cultivar a interioridade como morada de Deus, não se perdendo nas angústias internas ou externas, provocadas pela dura realidade dos campos de concentração. Rezou pedindo a força para ajudar Deus. Teve como meta salvar a parte divina que mora em todo ser humano. Nesse sentido, sua vida deixou de ser apenas importante para seu tempo, porque extrapolou as fronteiras de sua época, mostrando a dignidade da interioridade de cada pessoa como morada do mistério. No interior de cada alma habita a vocação ao pastoreio de Deus, por isso Etty não rezava olhando para o céu, mas para si, onde encontrava-se com toda a humanidade e com Deus. O auge de sua experiência espiritual aconteceu na súplica que fez, pedindo que se Ele não pudesse ajudá-la, em tempos de tragédia, que ao menos ela conseguisse salvar o pedacinho d'Ele que morava em si mesma e em todos.

3. Considerações para a pós-modernidade

A mudança de época, cada vez mais acelerada, não pode deixar o pensador cultural indiferente ao que sobrevive às margens, ainda mais quando se trata de espiritualidade. Que imagem de homem e de Deus se impõe nos discursos unitários e absolutos ou nas posturas relativistas que são denunciadas pelas crenças marginais, como é o caso das experiências místicas contemporâneas? Etty, no interior de si mesma, encontrou a fonte indestrutível, capaz de crescer nos cenários mais áridos, porque acreditou que esse é o verdadeiro endereço onde mora Deus. Descobriu que nada e ninguém podia destruir tal morada, porque ela é mistério que acompanha a singularidade de cada pessoa.

Em Etty, há um núcleo vital subjetivo que aflora, marcando sua singularidade, desde dentro, num progressivo movimento que a fez vencer barreiras interiores e se transformar numa oferta de amor, na contramão de todo ódio. No campo de batalha da vida cotidiana, Etty sofreu as incongruências de suas pulsões ou as imposições de sistemas sociais perversos. Nada disso foi motivo para se anular, pelo contrário, encontrou a razão mais profunda, capaz de livrá-la da superficialidade, da nulidade de si diante das brutalidades do mal. Sua batalha, em última análise, tirou-a de uma existência enclausurada em si mesma para uma abertura ao outro-Deus.

Assim, a partir do percurso de Etty, é possível entender mística como uma experiência subjetiva que afetou o centro e a totalidade de sua pessoa; experiência acolhida como dom, configurando-a numa nova forma de ser que não se baseava no possuir ou dominar, mas no encontro amoroso com Deus e com seu povo. Ainda que não seja fácil compreender seu crescimento humano e espiritual, numa época em que a Europa passava por uma terrível guerra e desastrosas perseguições ao povo judeu, seu diário transparece luz, esperança, uma confiança absurda na vida e uma oposição radical ao mal. Percorreu um trajeto anormal em relação aos místicos mais importantes do ocidente cristão. Não pertenceu a uma instituição, a uma crença. Foi secular. Uma mulher ocupada em seus afazeres cotidianos, mas sintonizada com o destino de seu povo. Chegou a experimentar Deus na relação com o mundo e com o outro, lidando com a realidade que percebia em si mesma, inquietando-a. Não se tratava apenas de autoconhecimento, um conhecimento de si para si mesma, mas de um trabalho interior, um conhecimento de si para o outro. Esse, de fato, é um dos pontos mais preciosos de sua atualidade. O cultivo de sua interioridade confronta os excessos narcisistas contemporâneos, que entendem o conhecimento de si como autoajuda para um bem viver superficial e não como duro trabalho de aprofundamento, no diálogo com o outro e com a realidade.

Seu caminho místico alargou o horizonte interior, fazendo-a sair da estreiteza do próprio eu até atingir

> o acesso àquela dimensão de nós em que somos a imagem e semelhança de Deus, e na qual, ao alcançá-la, somos capazes de compreender realmente o sentido profundo da vida, de amá-la verdadeiramente por aquilo que ela é, assim como ela é e de amar o próximo sem reservas (IACOMPINI, 2018).

De modo que Etty foi uma mulher que aprofundou um olhar que vinha de dentro, passando a enfrentar cada situação, mergulhando em seu sentido mais profundo. Seu campo de batalha encontrava-se, primeiramente, dentro de si mesma. Em seus sentimentos estranhos e depressivos, evoluiu com ajuda de outrem. Lutou bravamente para não se tornar posse de ninguém, nem mesmo da brutalidade do nazismo. Encontrou-se com uma experiência genuinamente espiritual no interior de sua alma. Aos poucos nomeou tal visão como experiência de Deus. "Ela encontrou aquilo que os místicos chamam de fundo da alma, o lugar onde surge a identidade, a intimidade mais profunda do sujeito, onde Deus habita ou, melhor, onde, de modo misterioso, Deus e a alma são uma coisa só" (IACOMPINI, 2018). Assim, é uma mística que contribui com as demandas de espiritualidade pós-modernas, tão enraizadas em excentricidades, apontado para a interioridade como lugar insubstituível de encontro com Deus.

Seu itinerário revela, ainda, uma descoberta ao avesso do que se entende normalmente por uma experiência de Deus. Etty, longe daquele Deus que interfere na realidade para auxiliar o ser humano em suas lutas, descobre o oposto, tratando-se de uma grande revolução. O ser humano é criatura responsável por salvar Deus, que mora em sua interioridade. O fato de não ter se poupado da morte, num campo de concentração, a fez solidária, ao extremo, com seu povo. Declarou-se um pão partido no meio da dilaceração da morte. Uma das cenas mais fortes de sua vida foi um bilhete jogado pela janela do trem que a levava para Auschwitz, dizendo que viajava, cantando, o Senhor é meu refúgio. Cena que demonstrou o grau de abertura ao qual chegou em seu processo de trabalho sobre si, superando as barreiras egoístas para ser um dom de amor para o mundo. Numa época na qual crescem as ofertas religiosas que propõem fragmentos de espiritualidades à serviço da satisfações das pessoas, a contribuição de Etty é totalmente diferente. Deus mora em cada pessoa e ele precisa ser cuidado com todas as forças, quando se cuida de si e do outro.

Quando se está nas mãos de Deus, ninguém pode ser capturado pela força do domínio e do poder. É do fundo do coração que se deve fazer Deus acordar e, somente assim, Etty acreditava que era possível uma nova geração, sem ressentimentos, sem violência. Por isso, seu percurso místico ganhou admiração universal, transpondo credos, culturas e religiões, por não aceitar imposição do mundo exterior. Com sua luz interna, leu o mais profundo. O que fazia Etty era arrancar motivos de alegria em meio ao horror, o que para ela era possível pela experiência do silêncio, um retorno sobre o mais profundo de sua alma. "Quando por fora tudo desmorona e o que está em jogo é o que alguém tem por dentro, é então que esta segunda vida é chamada a mostrar a sua força" (IANELLI, 2018). Os místicos são sempre resistentes, diante daquilo que coloca o ser humano perdido na superficialidade da vida. Devolvem o valor real às coisas, deixando transparecer o absoluto de Deus, sem o qual o homem se esvazia. Etty desautorizou o ódio antinazista, resistindo, cultivando o único espaço que ninguém pode capturar, a liberdade de construir uma vida interior.

E hoje? A pós-modernidade tem também seus escombros. A religião, cada vez mais, é transformada em um conjunto de mercadorias. Em muitos casos, o retorno do religioso é, na verdade, uma reconfiguração do cristianismo mais adequado aos ideais de felicidade hedonista do capitalismo de consumo. Faz parte do capitalismo de consumo a penetração dos princípios do hiperconsumo no interior da alma religiosa. Por outro lado, observam-se ainda posturas que recorrem a um outro polo, o crescimento do fundamentalismo religioso. Num contexto de relativismo promovido pela multiplicação de ofertas religiosas, muitos vão buscar socorro em propostas dogmáticas e moralistas, que ofereçam respostas claras e seguras. Os caminhos da mística de Etty está em contraposição a essa onda de superficialidade, ou ao enrijecimento tradicionalista, por ser uma busca de liberdade apoiada no encontro com o mistério santo. Com ele a pessoa pode se deparar quando, na vida, ousa empreender mergulhos mais profundos, inspirados nos testemunhos desses que, como Etty Hillesum, trilharam esse itinerário e encontraram as palavras apropriadas para comunicar a beleza das suas descobertas espirituais.

A partir do seu encontro com Deus, no fundo da alma, Etty conservou uma compaixão profunda por seu povo, pelas vias não do ressentimento, mas do perdão. Acreditava no amor, mesmo na limitada condição de suas expressões. Procurou saídas pelas bordas, na concretude do real, sem o enfrentamento violento porque via, em cada pessoa, mesmo no soldado alemão, a imagem e semelhança de Deus. Uma entrega forte e comovente, capaz de contar história, a fez diferente. Sabia que o mal não tem coragem de se olhar no espelho e perguntar-se pelas razões de sua maldade. É bruto e pobre de sentido. Age com a força mínima da eliminação. O amor cresce justamente por isso, porque liberta as forças ocultas de vida. Nesse sentido, Etty abraçou o lado mais fraco, revelando o que não se pode destruir, a pessoa humana como morada de Deus. Revelou que a exclusão das minorias, pela imposição de qualquer regime autoritário, é desmascarada não a partir de uma violência maior, mas da resistência do não todo que sempre permanece vivo, no real de cada cultura.

Conclusões

O que mais parece ser perigoso no cenário pós-moderno é a constatação de que o que se globaliza não é a fraternidade, mas sim a violência, processos de massificação de tantos corpos produtivos, sedentos de consumo, em função do acúmulo de uma elite internacional. O dinheiro é o grande dragão das vidas manipuladas por um sistema que elege o capital como absoluto. A morte de Deus ou do humanismo não configuram um problema metafísico. A sofreguidão em destruir o planeta, a falta de bom senso nas relações interpessoais, o aumento da pobreza, acenam para uma tragédia não mais teatral, mas da própria espécie humana. De fato, o colapso é mesmo de todo um esquema de racionalidade ocidental. É necessário pensar esse abismo, reconstruir caminhos novos, e discernir como experiências de Deus, do mistério, podem também estar capturadas por esse sistema ou não.

Vislumbrando o absoluto, no cotidiano, na concretude da vida, a mística de Etty captou a relatividade e, ao mesmo tempo, a singularidade de todas as coisas. Mostrou que o poder da opressão está muitas vezes associado à idolatria, ao fato de se atribuir valor absoluto ao que é relativo, transformar o que é mediação em fim último. Absolutizar a lei religiosa ou moral, um sistema político, uma forma de organização social é estar sob o risco da escravidão. Etty descobriu a quem pertencia e, a partir disso, ordenou sua liberdade ainda que tenha sido vítima de um sistema extremamente autoritário e violento. Resistiu a toda forma de opressão a partir do amor, parte divina que sentia morar em si mesma e em toda pessoa. Assim, uma espiritualidade mística, como os relatos de Etty Hillesum, ao centrar-se na força interior, na relação com o outro-Deus, orienta a vida para a concretude do cotidiano em suas demandas, muitas vezes, tão vulneráveis. Nesse ponto, sua espiritualidade está na contramão de tantas posturas alienadas, que não potencializam as pessoas para uma vida de pastoreio da parte divina que mora no mais profundo da existência humana. De modo que, quem muda a si mesmo, muda o mundo. Uma lição que deveria ser assumida por toda expressão religiosa, que tem a responsabilidade de

> ensinar a superar cercas e divisões, abandonar todo espírito de proselitismo para lançar com uma só voz uma mensagem às pessoas de boa vontade, mensagem que poderíamos sintetizar assim: trabalhar sobre si mesmo para abandonar toda perspectiva egocêntrica e, assim, deixar emergir Deus, ou seja, o amor, no mundo (IACOPINI, 2018).

Por fim, a mística de Etty tem densidade política, frente às mazelas do dia a dia, iluminando sombras como as que insistem em imposições coloniais, preconceituosas e violentas. Seu jeito de conduzir a existência, na relação com os outros e com o mistério de Deus, interfere, profundamente, na realidade, oferecendo-se como pastoreio da interioridade, morada do divino. Ao lançar-se no frágil amor das relações cotidianas, amparando os condenados aos campos de concentração, mostrou que mais frágil é o amor divino, tão dependente da resposta humana. Um amor que nada mais espera do que um encontro gratuito, na relação que se dá no fundo da alma. A importância de redescobrir um itinerário místico desse porte, na contemporaneidade, certamente ajuda a livrar o ser humano da banalização da existência e o remete ao reencontro com Deus, numa experiência que é muito mais rica do que simplesmente consumir imagens superficiais do sagrado, apresentados pelo mercado que não tem limites em suas ofertas. Em tempos de esvaziamento da pertença das pessoas à grandes instituições, ou da volta de grupos fanáticos, donos da verdade, a secularidade de Etty mostra que a experiência de Deus vai muito além da pertença de um sujeito à uma ordem religiosa. Ele, o mistério absoluto, encontra-se nas mais frágeis realidades cotidianas e o fundo da alma é lugar de seu pastoreio.

Referências

HILLESUM, Etty. *Diario*. Edizione integrale. Milano: Adelphi, 2012.

_____. *Lettere*. Edizione Integrale. Milano: Adelphi, 2013.

IACOPINI, B. Trabalhar sobre si mesmo é a única solução par ao mal. In: *IHU On-line,* Edição 532, 17/12/2018 (IHU Online – Trabalhar sobre si mesmo é a única solução para o mal – unisinos.br). Consultado em: 20/08/2019.

IANELLI, M. A jovem mística que "desenterra Deus do fundo do coração dos outros". In: *IHU On-line,* Edição 532, 17/12/2018 (IHU Online – A jovem mística que "desenterra Deus do fundo do coração dos outros" – unisinos.br). Consultado em: 20/08/2019.

6
Corporeidade em Testemunhos e militâncias 2

Na liberdade de filhos e filhas de Deus: ser fiel ao reino de Deus. O testemunho de Pedro Casaldáliga

Paulo Sérgio Lopes Gonçalves[1]

Introdução

O objetivo deste trabalho é apresentar analiticamente o testemunho espiritual acerca do Reino de Deus, realizado por Pedro Casaldáliga, missionário latino-americano, com matriz brasileira, nascido na Espanha, mundializado em suas formulações utópicas[2]. Justifica-se este objetivo o fato de que Casaldáliga vive a espiritualidade no movimento de corporificação de corpos com pessoas de diversas etnias e situações históricas, cujo *locus* é a pobreza, compreendida em sua dimensão tripartida de carência, estado de espírito e compromisso com os pobres. Deste modo, ser pobre é ser vítima da injustiça e da opressão, estar imbuído de um modo simples e humilde de viver, amar, pensar, rezar, crer, esperar e lutar pela vida. Significa ainda, empenhar-se na luta pela justiça e pela paz, defender a liberdade, promover a vida, buscar maior participação nas decisões da sociedade, organizar-se para "uma vivência integral de sua fé e comprometer-se na libertação de toda pessoa humana" (GUTIÉRREZ, 1990, p. 305).

Ao assumir a pobreza espiritual, Pedro Casaldáliga viveu como pobre estando com os pobres e se comprometendo com eles em suas lutas. A sua própria rotina cotidiana, de levantar-se, fazer uma caminhada

---

1 Doutor em Teologia pela PUG (Roma, Itália), Pós-doutor em Filosofia pela UE (Évora, Portugal), bolsista PNPD pela FAJE (2018-2019), docente-pesquisador do PPGCR da PUC-Campinas. O endereço eletrônico é: p_aselogo@hotmail.com

2 O texto foi apresentado e escrito quando Dom Pedro Casaldáliga ainda vivia, em agosto de 2019. A organização do livro preferiu deixar o texto como foi enviado pelo autor, na convicção de que o legado do grande bispo de São Félix do Araguaia, morto em 08/08/2020, permanece vivo e pode fecundar o presente e o futuro (Nota do Organizador).

pela rua junto com a tia Irene – uma agente de pastoral fundamental na vida do Bispo de São Félix – e rezar por uma hora o Ofício Divino (ESCRIBANO, 2000, p. 141), agregada ao seu empenho em evangelizar e promover a pessoa humana, através dos sacramentos, da catequese, do trabalho pastoral organizado, da inserção na vida do povo e em suas lutas, aponta para uma espiritualidade que consiste em viver segundo o Espírito de Deus, revelado em Jesus Cristo. O seu próprio corpo demonstra a pobreza em sua totalidade: franzino, mãos finas, ouvidos atentos, olhos bem abertos, para compadecer-se do povo, para ser delicado com as pessoas, para ter atenção e proximidade solidária.

Para atingir este objetivo, serão trazidas algumas notas de sua biografia, mediante o auxílio de Francese Escribano (2000) e Ana Helena Tavares (2019) utilizando evocativos da situacionalidade de seu testemunho espiritual, para então discorrer sobre alguns pontos de sua espiritualidade (CASALDÁLIGA, 1998; CASALDÁLIGA & VIGIL, 1993) e seus desdobramentos no âmbito da terra e do povo (CASALDÁLIGA, 1988).

1. Pedro Casaldáliga: uma vida com o povo, pelo povo

Pedro Casaldáliga nasceu aos 16 de fevereiro de 1928, em Balsareny, cidadezinha da província catalã de Barcelona, era filho do leiteiro e de uma camponesa, e teve três irmãos. A família tinha vida simples, era nacionalista e católica, frequentava a missa e desenvolvia costumes da fé com assiduidade. Pedro foi coroinha e aos onze anos manifestou seu desejo de ser padre e por isso, passou a aprender latim com o vigário de Balsareny, para ingressar no verão seguinte, no seminário de *La Gleva* em Vic. Era tempo do pós-guerra, de fome e de privações. As cartas que ele enviava aos familiares eram reveladoras, pois estava sempre a pedir que lhes enviassem pão para suprir a sua fome. Ficou naquele seminário por três anos, quando então foi para o seminário claretiano, porque queria ser missionário. Junto aos claretianos, estudou o ensino básico, cursou filosofia e teologia, tendo desenvolvido a disciplina e o gosto para leitura, meditação e poesia, o que o levou a intensificar as suas relações com os seus colegas de período formativo e de congregação. Ordenou-se presbítero aos 31 de maio de 1952 e em 1968 chegou a São Félix do Araguaia para desenvolver a sua vocação missionária.

Desde a sua chegada a São Félix, Pedro corporificou-se com o seu povo, ao receber de presente, na porta de sua casa, os corpos de quatro crianças que estavam colocados em uma caixa de sapato (ESCRIBANO, 2000, p. 11). Seu modo de vestir-se e calçar-se sempre foi muito simples: calça jeans, camisa de botões e chinelas havaianas, quase ficando descalço, chegando inclusive a usar barbante para segurar as fivelas dos referidos chinelos, que se apresentavam bastante desgastados. Seu jeito simples também se reflete na sua forma de acolher as pessoas em sua casa: a porta sempre está aberta, aliás não há trincos, há um quarto para hóspedes, que normalmente está ocupado por alguém que está de passagem, o chão da sala serve sempre como cama para outras pessoas, especialmente indígenas, e há comida para todos, especialmente no café da manhã quando todos estão juntos (ibid., p. 21-30).

Em seu modo de viver e de estar com as pessoas, Casaldáliga primou pelo acolhimento e pelo diálogo para tomar as decisões em conjunto, priorizando o coletivo em sua convivência com o povo. Por isso, quando recebeu a nomeação de Bispo, havia se decidido por não aceitar e já havia esboçado uma carta de renúncia à nomeação. No entanto, estava junto dele naquele dia, o bispo de Goiás Velho, Dom Tomás Balduíno, seu amigo pessoal e inserido na causa da terra e na causa indígena. Dom Tomás insistiu para que ele aceitasse, pois o povo precisava de um bispo que fosse de confiança e que estivesse inserido em sua vida e suas causas fundamentais. Ao acolher o argumento de Dom Tomás, Casaldáliga quis ouvir a sua equipe de trabalho, formada por outros padres e outros agentes de pastoral, quebrando o protocolo do segredo pontifício. Mas como disse Dom Tomás: "Pedro é assim: livre e na liberdade acolhe a Deus" (ibid., p. 45). Depois de muita reflexão com os membros de sua equipe, Casaldáliga disse sim à nomeação episcopal e foi ordenado aos 23 de outubro de 1971, à beira do rio Araguaia, com chapéu de palha sertanejo, anel de tucum e um remo como báculo. Ao longo de seu episcopado, esteve com o povo, assumindo a causa das culturas indígenas, do direito à terra pelos posseiros, a luta contra a violência, o respeito à terra. Também buscou conscientizar as pessoas acerca da pertença continental do povo (ibid., p. 39-50). Sua causa não se situou apenas em São Félix do Araguaia, mas abarcou o Brasil, principalmente no âmbito da reforma agrária e da constituição de uma "Igreja dos pobres", e não se situou apenas no

Brasil, tendo abrangido todo o continente, sendo uma voz para todos os povos pobres da terra. Sua vida é consoante ao lema de seu episcopado: "Humanizar a humanidade", porque entendeu que Deus dignificou plenamente aos seres humanos, mediante a encarnação de seu Filho, que assumiu a humanidade através do ventre de Maria e da condição de pobre e trabalhador na oficina de José. O seu porte físico, constituído de magreza ou "finura" e marcado por ser alimentado com a comida do povo, condiz com seu modo simples e móvel de viver. Não obstante que tenha se disciplinado para estudar e escrever seu textos teológico-pastorais e suas poesias – sim é um poeta que a despeito de gostar de poesia, não teve dedicação adequada a ela – esteve sempre no meio do povo, porque entendeu que o *locus* de Deus na história é o *locus* em que o povo está situado (TAVARES, 2019, p. 63-71).

Em sua situação de vida, Pedro Casaldáliga experimentou situações intensamente profundas em seu espírito. Para citar alguns exemplos, recordemos a morte do padre João Bosco Penido Bournier e a sua visita à Nicarágua.

Padre João Bosco Burnier era jesuíta, engajado na missão de Diamantino (MT), e participativa ativamente das causas indígenas. Numa certa ocasião, no começo do mês de outubro de 1976, algumas semanas após o assassinato de Padre Rodolfo e do índio Simão, realizou-se na aldeia Tapirapé o encontro indigenista anual, reunindo todas as pessoas que trabalhavam com índios na prelazia de São Félix do Araguaia. Ali estava também o padre João Bosco, que junto com Pedro Casaldáliga conversou longamente com os índios Tapirapé, estirados sobre esteiras de palha, à luz da lua. Os índios Tapirapé eram aqueles que, em conflito com os índios Caipó, quase foram extintos no início do século XX, mas que preservando um pequeno grupo e tendo investimentos da Igreja e de outras instâncias com "pessoas de boa vontade", conseguiram crescer e se expandir em sua organização. Destaca-se junto deles, as irmãzinhas de Charles de Foucauld, que por muitos anos estavam com eles, evangelizando-os mediante obras de caridade, realizadas na compaixão e solidariedade e o estabelecimento de relações fraternas. Terminado o encontro, Casaldáliga convidou João Bosco a ir com ele visitar pastoralmente alguns povoados. Viajaram para Ribeirão Bonito, que fica a 300 km de São Félix, para celebrar a festa da padroeira, Nossa Senhora Aparecida, dia 12 de outubro. Quando lá chegaram,

Pedro Casaldáliga e João Bosco encontraram a Polícia Militar a interrogar o povo acerca do assassinato do policial Félix, mediante a força e a coerção. Estavam na delegacia duas mulheres, dona Margarida e dona Santana, sendo interrogadas sob forte tortura, porque eram respectivamente a irmã e a nora de um lavrador, considerado suspeito de ter cometido o referido homicídio. O Bispo, vestido como sempre de calça jeans, camisa xadrez e chinelas havaianas, e o padre, vestido socialmente, foram até a delegacia e viram que "as duas mulheres tinham no rosto as marcas dos socos que lhes haviam dado, estavam de joelhos, com os braços em cruz e com agulhas fincadas sob as unhas das mãos. Fazia um dia que não lhes davam nada de comer e de beber" (ESCRIBANO, 2000, p. 104). No momento em que Pedro Casaldáliga e João Bosco estavam para entrar na delegacia, chegou a camioneta de "Bracinho", com o chefe da polícia de Ribeirão Bonito, dois cabos do Exército, Juraci e Messias e dois soldados, um dos quais era Ezy Ramalho. Na delegacia, os bispos e o padre exigiam que cessassem a tortura, mas não eram ouvidos e em meio à tensão, João Bosco ameaçou denunciar aquela situação ao superiores militares em Cuiabá. Foi neste momento que recebeu uma bofetada de Ezy Ramalho, que em seguida, tendo os olhos acesos por uma raiva incontrolável, pegou uma pistola, golpeou João Bosco com culatra e imediatamente deu-lhe um tiro na cabeça. Caído em terra, João Bosco ainda respirava e o desespero tomou conta de todos para levá-lo a um hospital, cujo êxito só aconteceu através de um teco-teco de Táxi Aéreo Goiás, cerca de mais de dez horas depois do ocorrido. João Bosco não resistiu e veio a morrer, sem ter dado entrada no hospital em Goiânia. Durante essas horas, Casaldáliga não saiu de perto de João Bosco, tendo ouvido do baleado que a missão havia sido cumprida, uma vez que, com o ocorrido, as mulheres haviam sido libertadas da delegacia. Pedro tinha consciência de que a vida de João Bosco era então uma vida entregue, doada para se ter libertação e elevação da dignidade do povo pobre. Sete dias depois, o povo de Ribeirão Bonito quis celebrar a missa de sétimo dia, fazendo depois da celebração, uma grande procissão, que "acabou na porta da delegacia na qual haviam torturado as duas mulheres e aonde atiraram contra o sacerdote" (ibid., p. 107). Derrubaram a delegacia e levantaram uma cruz em memória do padre João Bosco, tendo sido deslocada posteriormente para um local mais visível da cidade, ao lado da Igreja de Ribeirão, com um altar presidido pela camisa ensanguentada de João Bosco. Essa Igreja se transformou no "Santuário dos Mártires da caminhada" e suas paredes possuem fotos de João Bosco, Rodolfo, Simão, Josimo Tavares e outros mártires da América Latina.

Durante o período do regime militar, Casaldáliga não saiu do Brasil, com receio de não conseguir permissão para voltar ao país, uma vez que foram realizadas cinco tentativas de expulsá-lo. Deste modo, não retornou à Catalunha para visitar seus parentes e outros amigos, não participou da visita *ad Limina* e teve de negar o convite de ir até a Nicarágua e outros países da América Latina. No entanto, após o fim do regime militar brasileiro, empolgado com a situação da Nicarágua, que havia realizado a revolução popular sandinista e que ainda se encontrava em tensão, própria de um novo processo de mudança no país, Casaldáliga resolveu visitar esse país. Naquele momento, ele já tinha consciência de que a causa dos pobres transcendia o território de São Felix e por isso sua visita à Nicarágua significava levar a cabo sua paixão por aquela terra, que estava em processo de imensa mudança em favor do povo pobre. Ao chegar à Nicarágua, aderiu à greve de fome que era feita pelo padre Miguel D'Escoto, ministro das relações exteriores, visando denunciar o bloqueio econômico dos Estados Unidos contra o regime sandinista. Após um período de jejum, solidarizou-se com as mães nicaraguenses que perderam seus filhos ou que estavam em algum tipo de agonia, percorreu o país ajudando a clarear o significado daquele processo revolucionário e libertador não apenas para os nicaraguenses, mas para todo o continente latino-americano. Lançou a proposta de insurreição evangélica, andando por todo o país, estando nos locais de maiores conflitos, encontrando-se com muitas pessoas que eram contrárias à revolução sandinista. Chegou a escrever um livro intitulado *Nicarágua, combate e profecia* (1986), em que narra a viagem descritiva e analiticamente, trazendo à tona a importância da solidariedade total entre os povos da América Latina, e entre as pessoas de cada país. Aproveitou essa viagem para ir até Cuba, onde foi recepcionado por Fidel Castro e teve a companhia de Frei Betto e Leonardo Boff, importantes teólogos da libertação. Intercambiou ideias com Fidel Castro acerca da América Latina, denominada "Pátria Grande", chamando-o de "irmão mais velho" e "patriarca" dessa Pátria e desenvolvendo uma imensa proximidade afetiva com o líder cubano, reconhecendo que ambos são ateus do Deus do colonialismo e do imperialismo, do capitalególatra que produz fome, doenças, exclusão social e morte prematura, e que os dois são crentes do Deus da fraternidade universal.

Essa viagem, agregada ao fato de que Casaldáliga não tinha participado de nenhuma visita *ad Limina*, fez com que ele recebesse uma carta do Vaticano para que viesse a participar da visita *ad Limina*, ainda em 1985. Por isso, o Bispo de São Félix resolveu escrever uma carta meditada e formulada durante vários meses ao Papa João Paulo II, esclarecendo as razões de não realizar essa visita e explicando todo o seu trabalho de evangelização e pastoral junto ao povo de São Félix, sua consciência eclesial, pela qual chamou o Papa de irmão, e ação junto aos povos da Pátria Grande e aos pobres deste mundo (CASALDÁLIGA, 1988, p. 151-160). Mesmo assim, colocou-se à disposição para estar com o Papa, o que ocorreu em 1988, quando foi atendido, em tom de entrevista pelos cardeais Bernadin Gantin e Joseph Ratzinger, respectivamente prefeitos da congregação do Bispos e da congregação para a Doutrina da Fé. Em tom firme, lhes respondeu ter fé e não ter nenhum problema dogmático de fé, respeitar e transmitir a doutrina eclesial, comprometer-se com os pobres e agir in *ecclesia*. Esse tom de firmeza foi possível em função do apoio recebido de diversos bispos e do próprio Papa João Paulo II, que o recebeu por quinze minutos em audiência privada, escutando o bispo de São Félix expor suas atividades evangelizadoras e pastorais e incentivando-o à continuidade de seu trabalho sempre em comunhão eclesial. Apesar dessa acolhida pelo Papa, dois meses depois recebeu um relatório das duas congregações supracitadas e um documento para aceitar diversas restrições, para que fosse assinado. O bispo de São Félix não assinou o documento e continuou o seu percurso pastoral junto aos índios, aos camponeses e aos pobres em geral, desenvolvendo uma efetiva espiritualidade libertadora (ESCRIBANO, 2000, p. 123-131).

2. Espiritualidade libertadora

Em sua vida está a espiritualidade libertadora, denotativa de corporeidade com o povo de São Félix do Araguaia e com os pobres todos deste mundo. Sua espiritualidade caracteriza-se como libertadora. Seu ponto de partida é rechaçar o dualismo separatista entre corpo e alma ou matéria e espírito, visando superar uma espiritualidade reduzida a alguns instrumentos, tais como a oração e o retiro, e incapaz de possuir um vínculo encarnatório com a realidade histórica. Visualizando o caráter amplo da definição, compreende a espiritualidade como o profundo e dinâmico espírito do ser pessoa, com suas motivações, paixões, utopias e mística da vivência. Em um sentido específico, espiritualidade religiosa é a experiência relacional do ser humano com a(s) divindade(s), no interior de sua vida, compreendida na relação histórica com outros seres humanos e com o universo. Por sua vez, a espiritualidade cristã é então, um estado de espírito em que, contemplando o Deus que Jesus Cristo mesmo nos revela e vivendo a sua causa, em seu estilo de vida, em anúncio da palavra do evangelho implicada na denúncia ao pecado presente em suas formas pessoal e social e na busca da realização da utopia do Reino de Deus. Por isso, a espiritualidade cristã é personalizada, atingindo a alma e o corpo do ser humano, sempre situado historicamente, não havendo acolhimento ao individualismo, à interiorização da fé sem vínculo com outros seres humanos e sem incidência na sociedade. Neste sentido, a espiritualidade cristã é pessoal, reinocêntrica, focada no essencial e universal cristão, situada na história humana, crítica, praxística e integral, por envolver o ser humano em sua totalidade corpóreo-psíquica e espiritual. Disso resulta que esta espiritualidade é libertadora por ser cristológica e partir da *práxis* histórica de Jesus e de seu seguimento, situada na história desde os pobres, centrada na cruz da profecia e do conflito, denotativa do amor gratuito e exigente, enraizada na cultura dos povos, herdeira do sangue dos mártires, alternativa ao sistema que "mata prematuramente os pobres" e contemplativa no interior do próprio processo de libertação. Esta espiritualidade está situada no *kairós* do Reino, efetivado no "hoje e aqui" da história. Assim sendo, de um lado, a história está marcada pela mundialização neoliberal que impõe um grande peso econômico aos pobres e que possui um sistema idolátrico, e da cultura pós-moderna concentrada no esteticismo, na efemeridade e que é insensível à vulnerabilidade dos pobres, coloca os pobres em "uma noite escura" (CASALDÁLIGA & VIGIL, 1993, p. 21-42). De outro lado, na história está "a intercomunicação, a intersolidariedade, a alteridade plural na unidade humana, o concerto universal de todos povos, respeitados igualmente, complementares entre si, todas as pessoas 'iguais e diferentes' ao mesmo tempo, na macro harmonia criatural que Deus sonhou" (CASALDÁLIGA, 1998, p. 16).

Esta espiritualidade se define pelo seguimento a Jesus em seu espírito e por seu Espírito, em sua opção, em sua *práxis* e convicção vital. Existe então, uma teologalidade vital, constituída da vivência integral da fé, da esperança e do amor. Por isso, esta espiritualidade retoma uma cristologia da libertação primando pelo Jesus histórico, a fim de compreender a *práxis* histórica libertadora de Jesus como *práxis* que revela Deus ser Pai/Mãe, que deixa Deus ser Deus (CASALDÁLIGA & VIGIL, 1993, p. 122-128). Trata-se de um Deus vida e do Reino que assim se revela mediante a atitude humana de "ir mudando Deus, de conversão em conversão, de fé em fé, de amor em amor, de serviço em serviço, de esperança em esperança" (CASALDÁLIGA, 1998, p. 25). Por ser reinocêntrica, esta espiritualidade mostra que as atitudes de Jesus são históricas, fiéis no próprio serviço de Jesus, apresentam a comunhão entre as pessoas, apontam a sua liberdade em ser pobre e assumir a causa dos pobres, constituída de novidade "irredutível, utópica, transcendental e escatológica, mas diária também, que valoriza o que sai de dentro de um coração novo, e não o que brota da imposição ou da rotina" (idem, p. 33). Por isso, é uma espiritualidade que assume o conflito, por partir da parcialidade em favor dos pobres, pelos quais torna-se possível uma universalidade concreta da utopia do Reino de Deus, cuja força é a do Espírito que não cessa de atuar na história, suscitando sempre a "nossa esperança" (CASALDÁLIGA & VIGIL, 1993, p. 107-114).

A espiritualidade é libertadora no seguimento de Jesus, que assume a "noite escura dos pobres" (CASALDÁLIGA, 1998, p. 39) e tem no povo o seu protagonista e interlocutor. Compreendendo o povo como sujeito étnico e como classe trabalhadora do campo e da cidade, Casaldáliga entende que é necessário caminhar com o povo, pois "optar pelo povo é optar pelos pobres, pela justiça, pela libertação e pelo Reino de Deus" (ibid., p. 43). Para isso, é necessário descobrir o povo, aproximando-se dele, escutando-o, respeitando-o em seu ser, estando com ele tomando partido em seu favor, para contribuir à elevação de sua dignidade. Por isso, no meio do povo, as atitudes são evangélicas na misericórdia, pastorais no serviço e animação evangelizadora, política na conscientização e na organização social, e pedagógica à medida que se desenvolve um acompanhamento que contribui para que o povo seja sujeito de sua história e que essa condição seja a própria presença de Deus em sua vida (CASALDÁLIGA & VIGIL, 1993, p. 207-217).

Dessa espiritualidade libertadora resulta que a Igreja adquira um novo sentido de eclesialidade espiritual, de modo a ser reinocêntrica, mediante uma nova vivência comunitária, exercendo a profecia, valorizando a religiosidade popular, compreendendo e inserindo-se nas culturas dos povos, assumindo o rosto feminino para ser uma comunidade familiar. Deste modo, é uma Igreja samaritana que se sensibiliza pelo sofrimento, pela dor e desenvolve a compaixão, indigna-se com a injustiça e a violência, realiza a solidariedade, pratica a justiça, e efetiva o seu ser como comunidade fraterna e missionária através da inculturação. É uma Igreja que assume a tarefa de fazer com que Deus seja Deus na história, mediante o seguimento autêntico de Jesus, que inaugura um futuro inédito, utópico e de realização do Reino em sua justiça e amorosidade (ibid., 1993, p. 154-206).

3. Desdobramentos da espiritualidade da libertação: terra e povo

A espiritualidade da libertação desenvolvida por Pedro Casaldáliga pode ser destacada em duas grandes instâncias: a terra e o povo.

A instância da terra é expressa em linguagem poética:

Esta é a Terra nossa: liberdade, humanos!

Esta é a Terra nossa:
A de todos,
Irmãos!
A terra dos homens
Que caminham por ela,
Pé descalço e pobre;
Que nela nascem, dela,
Para crescer com ela,
Como tronco do Espírito e da Carne.
Que se enterram nela
Como semeadura
De Cinzas e de Espírito,
Para fazê-la fecunda como uma esposa mãe.
Que se entregam a ela,
Cada dia,
E a entregam a Deus e ao Universo,

Em pensamento e suor,
Em sua alegria
E em sua dor, com o olhar
E com a enxada
E com o verso... (CASALDÁLIGA, 1988, p. 61).

Ao pensar a vida teologalmente, Casaldáliga vê então a terra como dom de Deus que é dada aos seres humanos, para que caminhem por ela a pé descalço e como pobres. Têm aqui dois sentidos de pobreza que subjazem na teologia da libertação, o da carência e o da espiritualidade – modo de ser livre e humilde – denotativos da tensão humana na terra. Essa tensão que são cinzas e Espírito realizados na terra, a mãe, a quem os seres humanos pobres se entregam, com toda a sua dor e o seu sofrimento e com toda a sua esperança e utopia. Aprofunda esta tensão:

Prostitutos cridos da Mãe comum,
Seus malnascidos!
Malditas sejam as cercas vossas,
As que vos cercam
Por dentro,
Gordos,
Sós,
Como porcos cevados,
Fechando
Com o seu arame e seus títulos,
Fora de vosso amor,
Aos irmãos!
(Fora de seus direitos,
Seus filhos
E seus prantos
E seus mortos,
Seus braços e seu arroz!)
Fechando-os
Fora dos irmãos
E de Deus!
Malditas sejam
Todas as cercas!
Malditas todas as propriedades privadas
Que nos privam
De viver e de amar!

> Malditas sejam todas as leis,
> Amanhadas por umas poucas mãos
> Para amparar cercas e bois
> E fazer a terra escrava
> E escravos os humanos!
> Outra é a Terra nossa, homens, todos!
> A humana Terra livre, irmãos! (CASALDÁLIGA, 1988, p. 62).

Calsadáliga se concentra neste poema em rechaçar o latifúndio e a concentração de terra nas mãos de poucas pessoas e se põe a favor de uma efetiva e verdadeira reforma agrária, que eleva os posseiros unindo-os aos indígenas, também reais proprietários da terra. Por isso, a sua crítica às cercas na terra, que trazem à tona a propriedade privada, tutelada por um processo de concentração e crescimento do latifúndio. Neste sentido, seu empenho pelo fortalecimento da Comissão Pastoral da Terra e do Conselho Indigenista Missionário foi intenso e denso, com total inserção nessas instituições, tendo como princípio que a terra é Deus, criada para ser espaço de convivência fraterna, de vitalidade do trabalho como canal de realização dos seres humanos, que em Cristo são todos irmãos. Resulta então, a sua força profética em afirmar que:

> Calar diante do latifúndio – sempre iníquo, produtivo ou não, sendo particular ou de uma empresa privada – é aceitar a acumulação, o privilégio, a exclusão das maiorias, a exploração da mão de obra barata. [...] O problema da terra é um problema teológico, urgentemente pastoral. "Terra de Deus, Terra de irmãos". [...] A terra é o habitat, a cultura, a vida para os povos indígenas. É o chão, a comida, o trabalho, para os lavradores. É, na cidade, a moradia, o mínimo de dignidade que uma família humana pode exigir (CASALDÁLIGA, 1988, p. 64).

Ao visualizar a realidade injusta que priva inúmeras pessoas do uso criacional da terra, Casaldáliga alude à utopia bíblica da "terra prometida" ao povo de Deus, cuja identidade é a seguinte:

> Somos um Povo de gente,
> Somos o Povo de Deus.
> Queremos terra na Terra,
> Já temos terra nos Céus (CASALDÁLIGA, 1988, p. 65).

A instância do povo remete aos indígenas, aos negros e aos pobres em geral. Os indígenas se constituem em prioridade pastoral para a Igreja e uma prioridade mais evangélica, por serem os mais pobres que estão condenados à morte pelo latifúndio, e por serem os mais evangélicos à medida que desenvolvem uma cultura da fraternidade com as pessoas e uma cultura ecológica, de convivência com a natureza das árvores, das plantas, dos animais, das águas. Partindo do pressuposto teológico da presença das "sementes do Verbo" nas culturas indígenas, Casaldáliga aponta a necessidade do despojamento lúcido de todo etnocentrismo pastoral e de todo colonialismo. Por isso, insiste na exigência de um amor concreto, de quem se dedica à causa indígena, aprendendo o seu idioma, prestando atenção no modo de plantar e colher, como se nada e se passeia de barco pelo rio, como realiza o seu artesanato, como acolhe as pessoas, como louva a sua(s) divindade(s) e realiza os seus ritos religiosos. Esse amor concreto não se reduz aos indígenas de sua prelazia, mas se universaliza efetivamente em toda a América. Por isso, Casaldáliga assume a causa da Amerindia, de todos os indígenas do continente latino-americano. Então, na missa da "Terra sem Males", escrita junto como Pedro Tierra, Deus é universalmente de todos os povos:

> Em nome do Pai de todos os Povos,
> Maíra de tudo,
> Excelso Tupã.
> Em nome do Filho,
> Que a todos os homens nos faz ser irmãos.
> No sangue mesclado com todos os sangues.
> Em nome da aliança da Libertação.
> Em nome da Luz de toda cultura,
> Em nome do Amor que está em todo amor.
> Em nome da Terra sem Males,
> Perdida no lucro, ganhada de dor,
> Em nome da Morte vencida,
> Em nome da Vida,
> Cantamos Senhor! (CASALDÁLIGA, 1988, p. 78).

Ao longo da missa, os autores nominam o Povo como Povo da América, da Terra, de diversas etnias indígenas, realçando a Guarani, cujo canto é mediador para que "todo o resto do Continente, todos os povos do meu Povo, cantam agora seu lamento" (CASALDÁLIGA, 1988, p. 80). Após fazer uma análise histórica da opressão para com os povos indígenas e outras categorias do povo latino-americano – trabalhadores das fazendas e minas, dos bordéis e das fábricas, mendigos dos subúrbios –, cujos corpos tiveram algemas nos braços, línguas cortadas e jogadas nas covas do silêncio, corpos feridos. É possível também visualizar as culturas autóctones em seu potencial e o continente como criação divina, o que torna a terra latino-americana, elemento essencial para a fraternidade. Resulta a utopia pascal de Deus que intervém na história, de modo histórico, para elevar toda a humanidade:

> Celebrando a Páscoa do Senhor,
> Cantamos a vitória
> De toda a Humanidade
> Tribos de toda a terra,
> Povos de toda Idade.
> Na carne do Senhor
> Revive toda carne.
> Por isso comungamos toda luta.
> Por isso comungamos todo o sangue.
> Por isso comungamos toda busca
> De uma Terra sem Males (CASALDÁLIGA, p. 88).

Esta Terra sem Males não se fará sem os pobres desta terra. Assim, concluem os autores:

> Os pobres desta Terra
> Queremos inventar
> Essa Terra sem Males
> Que vem cada manhã.
> Uirás sempre à procura
> Da Terra que virá...
> Maíra, nas origens
> No fim, Marana-tha! (CASALDÁLIGA, p. 89).

O povo foi também contemplado por Casaldáliga, como um povo colonizado e escravizado, passando e suportando muitas dores e sofrimentos em seus corpos ensanguentados e em suas almas humilhadas pela domesticação, própria da escravidão. Entretanto, também aqui, Casaldáliga visualiza o horizonte utópico mediante o acontecimento do Quilombo de Palmares, com o seu líder Zumbi, compreendido teologicamente como o "Moisés negro"; A missa dos Quilombos, realizada em nova parceria com Pedro Tierra e também com Milton Nascimento (TAVARES, 2019, p. 131-136) exprime a situação de sofrimento e dor:

> Estamos chegando do fundo da terra,
> Estamos chegando do ventre da noite,
> Da carne do açoite nós somos,
> Viemos lembrar (CASALDÁLIGA, 1988, p. 91).

Os negros chegam, da morte nos mares, dos turvos porões, dos pretos rosários, dos terreiros, da oficina, da arte negada, do fundo do medo, das surdas correntes. Chegam também do banzo para chorar, santos malditos para rezar, da criação das artes, do longo lamento para louvar. É o exílio da vida, da carne vendida e açoitada, da lei do açoite, do banzo de mares que chegam a Palmares dos tambores. Chegam para amar, dançar, cantar, gingar, cobrar, gritar a utopia da libertação, impulsionada pelo Deus da vida. Assim, concluem a missa:

> No rosto de todos os homens sinceros,
> A marca da tribo de Deus,
> O Sangue, sinal do Cordeiro.
> E à espera do nosso Quilombo total – o alto Quilombo dos céus –
> Os braços erguidos, os Povos unidos
> Serão a muralha ao Medo e ao Mal,
> Serão valhacouto da Aurora desperta nos olhos do Povo,
> Da Terra liberta no Quilombo Novo! (CASALDÁLIGA, 1988, p. 91).

Unindo a "Terra sem Males" e a "Missa dos Quilombos", tem-se o homem novo, cuja utopia é universal e voltada para um homem lúcido, de mente aberta e limpa, crítico para que não haja opressão, que ama gratuitamente, que é livre para amar, que contempla toda a criação e vê a todos os seres humanos como seus irmãos e, portanto é fraterno, que milita todo o tempo, inclusive com o martírio como testemunho de sua entrega para a realização do homem novo. Este homem novo é o homem da paz, daquela paz que Deus dá, aquela paz estranha que brota em plena luta comum com flor de fogo, que rompe em plena noite com um canto escondido, que chega pela morte com um beijo esperado. É a paz dos pobres, vencedores do medo, aquela paz dos livres, amarrados à vida, que se partilha na igualdade como a água e a hóstia, a do Reino, para de Deus.

Conforme o exposto, Pedro Casaldáliga corporifica concretamente o espírito do amor de Deus, relacionando-se com o povo de maneira corporalista, pois cada pessoa lhe é importante e cada povo lhe é significante, para olhar, escutar com atenção, tocar no abraço, realizar o ósculo da fraternidade e paz, para curar as feridas de modo samaritano, para dançar a utopia do Reino. Neste sentido, o testemunho de Pedro Casaldáliga é o da esperança cristã, pela qual se crê e se sente a ação do Espírito no vigor da crítica profética e da compaixão aos sofredores, e na ternura da solidariedade, da comunicação criativa, da leveza do corpo e da alma. De quem com mãos finas, pouco peso e espírito denso de amor conduz a vida tornando-a uma vida no Espírito, para que possa ser vida, com esperança total de que o Reino de Deus está chegando a cada dia. Assim diz o poeta Casaldáliga:

>   Garça branca, adeus, pequena.
>   Boa notícia de Deus.
>   Signum credibilitatis
>   Da Nova criação
>   Asa de todos os meus voos
>   Estes anos de sertão.
>   Vela de tantas margens
>   Que acolhem o destempero
>   Das águas e dos homens.
>   Ponteiro deste relógio
>   De esperas e de esperanças.
>   Em meus silêncios, canção.
>   Em minhas altivas respostas,
>   Sinal de interrogação.
>   Em minhas pressas temporais,
>   Campainha de oração.
>   Em minha Graça, graça branca
>   Criação.
>   Vou-me para voltar,
>   Vivo da Ressurreição.
>   Para levar-te comigo
>   E devolver-te melhor:
>   Vivos em Carne e em Glória, pela Nova Criação,

livres de todo pecado
e de toda exploração
– Novos Céus e Nova Terra –
Rios, garças, homens, Deus! (CASALDÁLIGA, 1988, p. 244).

Considerações finais

Objetivou-se neste texto apresentar analiticamente o testemunho espiritual de Pedro Casaldáliga acerca do Reino de Deus. Para isso, expôs-se brevemente a biografia do Bispo de São Félix do Araguaia, apresentou-se a sua espiritualidade, caracterizada como libertadora e seus desdobramentos em relação à terra e ao povo, concebido a partir do *locus* dos pobres.

Constata-se que a biografia de Casaldáliga é marcada por uma vida segundo o Espírito que o impulsionou à missão de anunciar e testemunhar o evangelho junto aos pobres, tendo sido São Félix do Araguaia um lugar social à efetividade da missão. Casaldáliga inseriu-se totalmente na realidade dos pobres, utilizando os sentidos de seu corpo para relacionar com as pessoas em sua corporeidade viva. Deste modo, atenciosamente ele escutava e olhava as pessoas, abraçava-as, tocava-as para curar-lhe as feridas, dirigia-lhes a palavra de modo a inseri-la na realidade das pessoas e do povo como um todo. O Espírito o alimentava mediante suas poesias e outros ensaios, pelos quais conseguia formular modos históricos de realização do Reino de Deus.

O próprio corpo de Pedro Casaldáliga, marcado por sua magreza oriunda de seu hábito de caminhar com o povo e no meio do povo, durante o dia, deixando as noites para suas meditações e escritos, denota sua entrega à causa do Reino no meio do povo. É no interior desse mesmo povo, pobre, oprimido e imbuído de potencial libertador que Casaldáliga vê Deus caminhar e impulsionar esse mesmo povo à libertação. Esse corpo possui uma relação de respeito e delicadeza com a natureza vegetal, animal e mineral à medida que sabe que um passeio de barco acalma a alma irrequieta, que o luar tem sua beleza natural e que os animais têm de ser respeitados em seu mundo.

Mesmo em situações difíceis, marcadas por injustiças ao povo, por assassinatos, incluindo o martírio de membros de sua equipe, como o Padre Rodolfo e outros amigos, tais como o Padre João Bosco e o padre Josimo Tavares, e tanta pressão sofrida pessoalmente – afinal não há como negar que Casaldáliga estava marcado para morrer – o missionário da Pátria Grande não perdia a esperança, estando sempre a acreditar que, pela liberdade, era possível acreditar na utopia do Reino de Deus. Neste sentido, o testemunho espiritual de Casaldáliga é ecológico, ecumênico, libertador, por desenvolver relações corpóreas que dignificam o ser humano e a natureza, porque são dinamizadas pelo reinocentrismo que caracteriza a vida, sempre de entrega a Deus mediante a entrega às pessoas, a partir dos pobres, realizada por Pedro Casaldáliga. Esse testemunho serve de inspiração para um cristianismo que ultrapassa as normas institucionais e dá historicidade práxística ao evangelho e, se unindo a outras instâncias, tem a potencialidade de promover a vida que provém do Reino de Deus.

Referências

CASALDÁLIGA, P. & VIGIL, J. M. *Espiritualidade da Libertação*. São Paulo: Vozes, 1993.

CASALDÁLIGA, P. *Espiritualidade da Libertação*. São Paulo: Paulus, 1998.

_____. *Na procura do Reino*. São Paulo: FTD, 1988.

_____. *Nossa Espiritualidade*. São Paulo: Paulus, 1998.

ESCRIBANO, F. *Descalço sobre a terra vermelha*. Campinas: UNICAMP, 2000.

GUTIÉRREZ, G. Pobres y Opción Fundamental. In: SOBRINO, J. & ELLACURÍA, I. (orgs.). *Mysterium Liberationis* (I). Conceptos fundamentales de la liberación. Madrid: Trotta, 1990, p. 303-322.

TAVARES, A. H. *Um Bispo contra todas as cercas. A vida e as causa de Pedro Casaldáliga*. Rio de Janeiro: Gramma, 2019.

A existência metaxológica de Ernesto Cardenal: poesia e mística como formas do habitar

José Sebastião Gonçalves[1]

Introdução

Este texto tem como escopo a apresentação de breve pesquisa sobre o poeta, místico e, por isso mesmo, o também politizado Ernesto Cardenal. Trata-se apenas de uma primeira aproximação, ainda míope, sobre o místico-poeta nicaraguense[2]. Antes de qualquer coisa convém explicitar a intuição que se expressa no título: "*A existência metaxológica de Ernesto Cardenal: poesia e mística como formas do habitar*". Por que falar de Ernesto Cardenal a partir de uma existência metaxológica? O que é metaxologia? E por que afirmamos a mística e a poesia como formas do habitar? Inicialmente propomos pensar a palavra "habitar" como uma ação que comporta ao menos dois campos de sentido, a saber: o primeiro estaria conectado a um sentido mais comum que é o de morar, se fixar num lugar, armar a tenda; e outro, mais poético, diz respeito àqueles que navegam entre os hábitos, criando-os e recriando-os. Neste sentido é que somos habitantes entre o vai e vem de habitar e desabitar, habituar-se e desabituar-se. Esta dialética tem seu lugar comum na mística enquanto poesia e na poesia enquanto uma forma de existência mística. Poesia e mística nos tornam ex-cêntricos, nos descentram e, desabituando-nos continuamente, levam-nos a outros hábitos, habitats e na reabituação nos fazem novos habitantes.

Por outro lado, como tarefa de elucidação, cabe ainda breve esboço sobre o adjetivo metaxológico, aplicado à existência de Ernesto Cadernal.

---

1 Contato: sebasgarajau@gmail.com
2 O texto também foi escrito antes da morte do poeta, ocorrida em 01/03/2020, não tendo sofrido modificações após sua apresentação, em agosto de 2019 (Nota do Organizador).

A existência metaxológica, segundo William Desmond, é aquela que habita o meio, ou seja, situa-se no "entre" [*between*] (DESMOND, 1991, p. 305-331). Sua forma de habitar se encontra paradoxalmente numa transitoriedade que é mais abertura que instabilidade. A estabilidade da existência está na capacidade de transitar entre a plurivocidade das formas de ser. Importante não confundir a postura metaxológica, daquele que habita "entre", com a sentença escriturística segundo a qual Deus vomitará aos mornos (Ap 3,16). Habitar o "meio", ser "entre", não é existência indecisa, morna, sem vigor. A existência metaxológica é aquela que intencionalmente decide por "ser no meio", habitar o "entre". Trata-se de quem decididamente faz do diálogo e da escuta uma morada permanente, longe das conveniências e bastante longe dos "mornos" da linguagem bíblica. Retoma-se aqui a frase Aristotélica contra toda univocidade do pensamento: "O ser é dito de muitas formas" [*to on legetai pollachós*] (DESMOND, 2000, p. 26). É neste sentido que reconhecemos Cardenal, como místico, poeta, político, sacerdote, homem, revolucionário; como um existente que peregrina e faz de sua existência constante peregrinação. Ele tem sempre habitado o meio, e tem feito da poesia, da mística e da política, um meio de existência, um habitat.

Alguns breves dados biográficos podem atestar esta existência metaxológica na qual a mística e a poesia se erguem como verdadeiras moradas. Ernesto Cardenal nasceu em Granada, Nicarágua, em 1925. Sua família tinha um padrão financeiro estável. Devido à situação política da ditadura de Somoza (1936-1956) se engaja jovem na luta política. Sua vida acadêmica e formação básica possui fluxo entre Nicarágua, onde foi aluno dos Jesuítas, México e EUA. Neste último país obteve o doutorado. Fez viagens pela Europa entre 1949 e 1950. Em 1954 participou de uma revolução armada que pretendia tomar o Palácio presidencial em Manágua. Em 1957 foi para um mosteiro Trapista nos EUA, estabelecendo relação profunda com Thomas Merton. Tempos depois abandonou a Trapa e passou dois anos num mosteiro Beneditino, no México. Seguiu então para Colômbia, onde continuou os estudos em teologia, sendo ordenado presbítero diocesano em1965.

Muitas outras coisas poderiam ser ditas sobre a vida de Ernesto Cardenal, mas estes dados já nos bastam para apontar uma existência verdadeiramente metaxológica. Revela-se aqui um homem que fez da transitoriedade uma forma de habitar. Transita entre Jesuítas, Trapistas,

Beneditinos. Circula muito bem entre diversos países, transita entre a política e a mística, entre a literatura e a religião, entre a vida consagrada e a vida diocesana. Está aberto às diversas vozes. Vive entre a utopia e o verdadeiro *topos* da mística e do compromisso político. Situa-se entre o discipulado e a maestria, sobre ele diz com simpatia Thomas Merton:

> Ernesto Cardenal dejó Gethsemani por mala salud. Pero yo ahora puedo ver que también había otra razón: no tenía sentido que continuara aquí como novicio y como estudiante, cuando en realidad él era un maestro (MERTON, apud, RODRÍGUEZ-ZAMORA, 2009, p. 23).

A seguir desenvolveremos alguns tópicos específicos sobre o legado de Ernesto Cardenal. Passando pela inovação de seu estilo literário, observando suas influências místicas e poéticas, discorreremos brevemente sobre sua existência Metaxológica entre poesia mística e o engajamento existencial. Cabe ressaltar que, entre a variedade de suas obras, lançaremos um olhar especial sobre o "*Cántico Cósmico*" como forma do habitar. Nossa última seção consistirá, na verdade, em uma breve conclusão sobre como Cardenal nos inspira a pensar a Utopia como uma das formas primordiais do habitar.

1. Uma existência Metaxológica: entre poesia mística e engajamento existencial

Já explicitamos, na introdução, o significado de "existência metaxológica". Refere-se à vida daquele ou daquela que decidiu habitar sempre o "entre"; diz respeito à pessoa que se esforça por fazer da escuta à plurivocidade do ser sua forma de existir. Ernesto Cardenal, em sua existência metaxológica, pode ser percebido como homem que se situa entre a poesia mística e o engajamento existencial. Permanece comprometido com questões que dizem respeito ao bem comum, questões concernentes ao bem da Polis, e por isso, dele se pode dizer que é um místico poeta político. Na vida do poeta Nicaraguense não é possível separar univocamente esta plurivocidade do ser que se diz de muitas formas, mas que no contexto em questão, manifesta-se de forma privilegiada na linguagem poética e no desempenho político, ambas envolvidas por uma profunda mística voltada para a vocação evangélica do "cuidado" com os pobres e a promoção da liberdade, do direito e da justiça. Sobre este tema diz José Maria Rodríguez:

> En su poesía la historia y la experiencia política y religiosa adquirieron carta de ciudadanía y constituyen temas recurrentes y renovados. El amor a Dios se une, como en el precepto evangélico, con el amor hacia el ser humano; particularmente, con el más pobre y el marginado (RODRÍGUEZ-ZAMORA, 2009, p. 32).

A poesia de Cardenal, sua vida literária é tanto expressão de sua fé quando de seu compromisso ético político com o povo a quem escolheu servir. Mais que um instrumento, sua literatura é uma performance de sua existência metaxológica. Trata-se de uma voz que clama no deserto das chamadas periferias existenciais. Por isso, aos injustiçados e oprimidos e aos que já partiram desta terra, porque receberam como carga maldita a injúria dos infames, a eles deve se elevar nossa voz, nosso pensamento, oração e compaixão:

> Cuando recibís el nombramiento, el premio, el ascenso, piensa en los que murieron; cuando estás en la recepción, en la delegación, en la comisión, piensa en los que murieron; cuando te aplauden al subir la tribuna con los dirigentes piensa en los que murieron; cuando te toca a vos el micrófono, te enfoca la televisión, piensa en los que murieron; cuando sos el que da los certificados, las cédulas, el permiso, piensa en los que murieron; piensa en los que murieron, miralos sin camisa, arrastrados, echando sangre, con capucha, reventados, refundidos en las pilas, con la picana, el ojo sacado, degollados, acribillados, botados al borde de la carretera, en hoyos que ellos cavaron en fosas comunes, o simplemente sobre la tierra, abonos de plantas del monte Vos los representás a ellos, ellos delegaron en vos, los que murieron (CARDENAL, 2013, p. 10).

Neste poema percebe-se mais do que a voz de um revolucionário, trata-se da voz de um homem que assumiu o compromisso permanente de ter sempre diante de seu olhar o horizonte do próximo esquecido, escarnecido pela injustiça. O poema é o ultimato que traduz as palavras evangélicas do cuidado com o próximo: *"vos los representarás a ellos, ellos delegaron en vos, los que murieron"*. Portanto, a existência metaxológica de Ernesto Cardenal se insere no contexto de nossa discussão sobre o engajamento total da existência. Não é somente engajamento literário. Sua poesia flui do testemunho e da militância e, ao mesmo tempo, estas são retroalimentadas por sua mística poética ou poesia mística. Contudo, coisa alguma acontece sem o olhar profundo para o mistério crístico da salvação.

Importa ressaltar que Cardenal pertence a uma geração mergulhada no complexo contexto das revoluções políticas do pós Guerra. Vive no clima hostil das ditaduras que se levantam por todas as partes do mundo, especificamente no contexto latino-americano. Faz parte também da geração de pensadores (teólogos, sociólogos, filósofos, antropólogos, literatos em geral), que fizeram da promoção da justiça, da paz e da igualdade seu projeto de vida. Obviamente, além da influência evangélica centrada na opção preferencial pelos pobres, o método hermenêutico provindo do materialismo dialético, compõe também o mosaico de suas influências. Todo este cenário aponta para uma existência metaxológica comprometida com a escuta autêntica e atenta. Não se percebe existência esquizofrênica, não há divisão entre palavras, pensamentos e *práxis* em Cardenal. Trata-se de um homem sempre em busca de coerência. Atrevemo-nos a intuir que é justamente desta exigência de coesão que brota o exteriorismo como principal marca de sua poesia.

2. Cântico Cósmico: formas do habitar

Nesta seção discorreremos sobre as formas do habitar presentes na existência metaxológica de Cardenal através de sua obra magna o "Cântico Cósmico". Neste contexto emerge o exteriorismo como uma das marcas registradas da poesia mística do autor. E trabalhar-se-á, a partir do texto escolhido, pontos específicos sobre a poesia e a mística como formas do habitar.

2.1. O literato e seu estilo

Sobre o estilo de Cardenal, pode-se dizer que é também metaxológico, ou seja, fruto de uma capacidade profunda de escuta dos estilos literários variados. Também é importante ressaltar que é um estilo que emerge e se consolida aos poucos, podendo hoje ser sintetizado a partir da categoria do "exteriorismo". Sobre as influências em Cardenal, destacam-se autores diversos como Whitman; Ezra Pound; T. S. Elliot; J. Joyce; Hilda Doolittle. No contexto latino-americano podemos citar nomes como os de Huidobro, Neruda, Paz o Vallejo. A tudo isso se junta sua já citada capacidade de escuta das poesias populares de povos ameríndios, a cultura da poesia bíblica e as elaborações teológicas sobre a mesma. Acrescenta-se a isto também o diálogo com autores clássicos como Propércio e Horácio. Considerado o poeta mais importante de sua geração, Cardenal também é citado como um dos melhores poetas em língua castelhana, sendo marcado, como foi dito, pelo que se nomeia como exteriorismo (RODRÍGUEZ-ZAMORA, 2009, p. 33). Muitas coisas poderiam ser ditas sobre o exteriorismo no poeta nicaraguense, contudo, restringir-nos-emos ao que nos parece mais relevante para o contexto deste estudo, a começar pelas próprias palavras de Cardenal:

> El exteriorismo no es un ismo ni una escuela literaria. Es una palabra creada en Nicaragua para designar el tipo de poesía que nosotros preferimos. El exteriorismo es la poesía creada con las imágenes del mundo exterior, el mundo que vemos y palpamos, y que es, por lo general, el mundo específico de la poesía. El exteriorismo es la poesía objetiva: narrativa y anecdótica, hecha con los elementos de la vida real y con cosas concretas, con nombres propios y detalles precisos y datos exactos y cifras y hechos y dichos. En fin, es la poesía impura (RODRÍGUEZ-ZAMORA, 2009, p. 35).

A definição do exteriorismo como uma poesia objetiva precisa ser compreendida a partir de sua função referencial dirigida para os acontecimentos cotidianos que se mostram principalmente na dimensão política. O exteriorismo de Cardenal não diz respeito a qualquer captação do mundo exterior, mas se refere de forma especial à recuperação das vozes do povo que se manifestam nos seus usos e costumes, mesmo na sua forma de viver a política e a religião ou elementos bem concretos como é o caso do humor popular. Não se deve, contudo, confundir o exteriorismo com poesia simplista e objetiva, é, ao contrário, uma construção simbólica própria do imaginário poético (RODRÍGUEZ-ZAMORA, 2009, p. 35). O dizer do poeta tem sempre uma função ressemantizadora. No caso do exteriorismo, tal função aparece através da redundância. Retomaremos o tema no próximo tópico ao refletirmos sobre o "Cântico Cósmico", nesta ocasião veremos também que a técnica do verso livre pode ser considerada um dos traços fundamentais da poesia de Cardenal.

2.2. Sobre o Cântico Cósmico

Entre a vasta obra de Cardenal, o "Cántico Cósmico", publicado em 1989 e traduzido para vários idiomas, aparece, sem dúvida, como um dos expoentes mais significativos da obra do poeta nicaraguense. Considerado como teogonia contemporânea, ousa cantar a criação no estilo exteriorista fazendo sair à baila a plurivocidade presente em narrativas de povos ameríndios, tradições orientais, na ciência contemporânea, tendo como pano de fundo a tradição da criação-redenção da cultura judaico-cristã. Formado por 43 cantigas, o "Cántico Cósmico" possui uma moldura interessante, marcada pela primeira cantiga que se intitula "Big Bang" e pela última sugestivamente nomeada como "Ômega". É possível afirmar que "Cántico Cósmico" manifesta a epifania das formas do habitar.

Sobre as influências na composição de "Canto Cósmico", pode-se dizer que se insere na tradição, de forma especial, *das correntes* literárias da língua inglesa representadas por Whitmann (*Song of myself*), considerado por alguns o pai do verso livre, T. S Elliot (*The Wasteland*) e Ezra Pound (*The cantos*), considerado uma das obras mais relevantes do modernismo nos EUA. Além destas influências, o poema está escrito numa áurea da tradição da mística cristã, daí se entende a moldura entre o Big bang (alfa) primeira cantiga, e Ômega, última cantiga. Sobre as influências neste campo podemos citar o livro bíblico *Cântico dos Cânticos*, assim como o *Cântico espiritual*, de S. João da Cruz. Acrescenta-se ainda as influências latino-americanas como "Altazor", de Huidobro, "Pietra del Sol", de Octavio Paz, e , ainda o "Canto General", de Pablo Neruda. Sobre a técnica de elaboração do poema, esclarece Rodríguez-Zamora:

> La técnica para elaborar el poema consiste en que, sobre enunciaciones superpuestas, sintagmática y paradigmáticamente, se produce el texto poético a modo de encadenamiento o clasificación estructural. En cierto sentido, es un lenguaje propio de la disposición del estilo del canto popular (RODRÍGUEZ-ZAMORA, 2009, p. 34).

Nada mais ilustrativo para pensar o estilo exteriorista do que as cantigas populares, cujo material é o fenômeno da vida. Além destas observações de influências e estilo, cabe ainda ressaltar que o "Cântico Cósmico", como se pode sugerir pelo próprio título, é uma complexa teogonia contemporânea. Seus versos repletos de um "otimismo metafísico", faz jus à tradição mística do cristianismo. Muitas ressonâncias compõem a dramática deste canto. Junto à linguagem da ciência moderna, retomam-se mitos da criação de povos ameríndios como o do deus Awonawilona. Tudo isto emoldurado por categorias próprias da linguagem espiritual das trevas e luz, do vazio e plenitude. Existe uma teleologia, numa linguagem que, paradoxalmente, não despreza a incerteza fascinante do caos. Assim se canta na abertura da obra, no Big bang:

> En el principio no había nada ni espacio ni tiempo. El universo entero concentrado en el espacio del núcleo de un átomo, y antes aun menos, mucho menor que un protón, y aun menos todavía, un infinitamente denso punto matemático. Y fue el Big Bang. La Gran Explosión. El universo sometido a relaciones de incertidumbre, su radio de curvatura indeterminado, su geometría imprecisa con el principio de incertidumbre de la Mecánica Cuántica, geometría esférica en su conjunto pero no en su detalle, como cualquier patata o papa indecisamente redonda, imprecisa y cambiando además constantemente de imprecisión todo en una loca agitación, era la era cuántica del universo, período en el que nada era seguro: aun las "constantes" de la naturaleza fluctuantes indeterminadas, esto es verdaderas conjeturas del dominio de lo posible. Protones, neutrones y electrones eran completamente banales. Estaba justificado decir que en el principio la materia se encontraba completamente desintegrada. Todo oscuro en el cosmos. Buscando, (según el misterioso canto de la Polinesia) ansiosamente buscando en las tinieblas, buscando allí en la costa que divide la noche del día, buscando en la noche, la noche concibió la semilla de la noche, el corazón de la noche existía allí desde siempre aun en las tinieblas, crece en las tinieblas la pulpa palpitante de la vida, de las sombras sale aun el más tenue rayo de luz, el poder procreador, el primer éxtasis conocido de la vida, con el gozo de pasar del silencio al sonido, y así la progenie del Gran Expandidor llenó la expansión de los cielos, el coro de la vida se alzó y brotó en éxtasis y después reposó en una delicia de calma. [...] Antes de la gran explosión no había ni siquiera espacio vacío, pues espacio y tiempo, y materia y energía, salieron de la explosión, ni había ningún "afuera" adonde el universo explotara pues el universo lo contenía todo, aun todo espacio vacío. Antes del comienzo sólo Awonawilona existía, nadie más con él en el vasto espacio del tiempo sino la negra oscuridad por dondequiera y la desolación vacía dondequiera en el espacio

del tiempo [...] La esperanza en aquel que fue al lugar de donde no se vuelve y volvió. Que se llamó a sí mismo un proceso electromagnético. Después de todo, la vida es un proceso. Todo es un proceso, después de todo. ¿Y por qué nos ha sido dado conocerlo, y ponerlo todo coherente en un pizarrón negro con unos números de tiza, y unos cálculos? ¿Y si el universo entero tiende a ser un sólo ser universal? ¿Y la última etapa de la evolución el superorganismo universal? Repitiéndose tras cada Big Bang este universo para ser mejor cada vez hasta llegar a ser el cosmos perfecto, presentes en él todos los tiempos pasados, recapitulados todos los seres. Einstein por más que trataba, fracasaba, sus ecuaciones le daban siempre un modelo no estático de universo (CARDENAL, 1989, p. 11-25).

Os últimos versos trazem como palavra central a "esperança", num canto profético que denuncia a pretensão de fazer estático aquilo que se manifesta sempre como dinâmico. E ao mesmo tempo anuncia a *"esperança naquele que foi ao lugar donde não se volta e voltou"*. Cardenal é um habitante do universo. Não mora somente em si mesmo, por isso pôde compor aquilo que poucos ousam, a saber, *"um canto universal"*, que canta para o universo, com o universo, no universo, o pluriverso. Recorda-nos a mesma ousadia de Chardin, em sua muito citada liturgia cósmica. Neste canto universal, encontramos a mística e a poesia como formas metaxológicas do habitar, posto que ambas favorecem a abertura existencial para a plurivocidade que forma esta aparente harmonia universal.

2.3. Mística e poesia como formas do habitar

Retomemos a pergunta do início: o que é habitar? Se fizermos uma circunferência semântica, notaremos que é possível pensar algumas palavras bem comuns que gravitam em torno do verbo habitar. Em primeiro lugar, é indispensável falar do que poderia ser seu correlato grego "*ethos*" que alguns traduzem como (morada), de onde surge, numa metáfora majestosa, a palavra ética, como a morada mais profunda do ser humano. Contudo, outras palavras podem ser notadas neste círculo semântico, como hábito, habilidade, habitante, habitação, morada. Emerge também, desta vez do contexto bíblico, a palavra *shekiná*, que num de seus usos mais conhecidos faz alusão à morada de Deus entre os seres humanos.

Habitar, portanto, diz respeito ao menos a dois entroncamentos semânticos que nos parecem evidentes. Por um lado, refere-se ao espaço concreto da morada de alguém e, neste sentido, diz respeito a uma topografia. Por outro lado, habitar se refere também a uma construção simbólica que identifica a condição humana. Neste segundo sentido, falamos de uma *topofilia* ou, por que não, de uma *erostopia*[3]. E é nesta última acepção da palavra que visamos pensar a mística e a poesia como formas do habitar em Ernesto Cardenal, forma de morar, revelada de modo especial no seu Cântico Cósmico. Alguns elementos da mística e poesia como formas do habitar merecem atenção especial, destacamos ao menos quatro traços fundamentais que como fio de Ariadne tecem a existência mexatológica em Cardenal, a saber: o silêncio e o nada; a relação indivíduo e comunidade; o cotidiano e, por fim, a utopia como forma do habitar.

Em primeiro lugar, abordemos o silêncio e o nada como formas do habitar. Comecemos por pensar a relação fundamental entre mística e poesia que supõe a relação entre silêncio e palavra. A condição transcendental da escuta é justamente o silêncio, terra fecunda onde se deposita a palavra (GONÇALVES, 2018, p. 322). O contrário diz respeito ao excesso de palavras num mundo cheio de ruídos, que gera uma verdadeira verborreia ou verborragia. Brota daqui o desafio místico-poético de não tomar a plurivocidade como ausência de silêncio. Ao contrário, a condição de possibilidade de escuta do ser, que se diz de muitas formas, é justamente o silêncio como hábito, ou melhor, como forma do habitar. O silêncio e o nada em Cardenal são os mesmos dos poetas místicos como João da Cruz, Merton e outros. O silêncio que questiona, outrora como Sartre, o absurdo de existir o ser ao invés do nada. É neste silêncio que o coração do místico encontra sua morada. É neste contexto que se compreende a desconcertante afirmação do poeta quando diz: "*Y yo un día comprendí que ser enamorado de Dios era ser enamorado de la nada. Y apasionadamente enamorado. O creí que comprendí*" (CARDENAL, apud RODRÍGUEZ-ZAMORA, 2009, p. 34).

Não menos importante é a epifania da relação entre o indivíduo e a comunidade na poesia exteriorista de Cardenal. Em relação a isto a

---

[3] Um neologismo que se refere à dimensão do movimento de saída constante em busca de uma morada, de um lugar, usando a metáfora do desejo sexual da posse e fruição do outro, para falar do desejo de posse, fruição e frustração em relação ao habitar um lugar.

palavra emerge uma vez mais como central, sendo a principal mediadora entre o indivíduo e a comunidade. Importa ressaltar aqui a natureza coletiva da linguagem. Por ser criação social, não existe em Cardenal dissociação alguma entre a linguagem e sua expressão, entre forma e conteúdo, diz Quezada:

> el poeta no es una conciencia privilegiada ni un espectador pasivo ni elegido por la inspiración poética de los dioses, a la manera de Proust. Está muy lejos, también, de la fantasía del yo trágico de los románticos. Más bien, es un actor de la historia inmerso en la sociedad. En él, se resumen y condensan las contradicciones sociales al igual que ocurre con cualquier otro actor social. No hay omnisciencia ni omnipresencia; no se eleva falsamente ni está sobre el tiempo. Pues, su propia especificidad no consiste en un privilegio sino, se diría, en una obligación. El poeta es un trabajador social, un obrero del arte. La obra poética no es sino una parte del mismo mundo de la historia. Historia que se inscribe, a su vez, en un infinito devenir cósmico desde una sencillez lúcida (QUEZADA, apud RODRÍGUEZ-ZAMORA, 2009, p. 34-35).

A palavra emana do povo e toca o indivíduo que a acolhe como um dentre muitos. Contudo, em Cardenal o sujeito literário pessoal e individual não desaparece, pois a comunidade, criadora da palavra, não é uma entidade metafísica, mas se configura através do rosto concreto das palavras que são gente. Neste sentido, afirma Rodrigues que a forma de compreensão palavra-indivíduo-comunidade em Cardenal, difere bastante do trágico realismo socialista que dilui o indivíduo na massa e no campo de concentração (RODRÍGUEZ-ZAMORA, 2009, p. 34). Não existe aniquilação do indivíduo, mas sua ressituação existencial no seio da comunidade. E a possibilidade de tal ressituação é a possibilidade mesma deste se dizer enquanto palavra. Por isso mesmo, a palavra é uma das formas primordiais do habitar enquanto indivíduo que se comunica, fazendo de sua comunicação uma palavra única numa comunhão. A linguagem é criação coletiva, mas a palavra é a expressão mais individual do eu poético. E a palavra se fez carne, e habitou entre nós. O seu habitar entre nós depende antes de sua individuação, do seu se fazer carne, de sua encarnação.

Justamente devido a esta valorização de uma palavra encarnada que possa ser dita, sem privilégios, por um indivíduo concreto numa comunidade concreta é que podemos pensar o cotidiano como uma das formas do habitar. Repetimos de propósito, uma das formas do habitar é a hodiernidade. De fato, nada mais concreto no modo de habitar que o cotidiano, aquilo que se vive hoje, ordinariamente, o irrefletido, o não pensado, o vivido por hábito, é de fato uma das formas por excelência do habitar, e ainda mais, do habitar metaxológico. Pois o cotidiano é aquilo que se situa entre o ordinário e o extraordinário, o sentido e o pensado, o passado e o futuro, o dito e o não dito, entre o bem-dito e o mal-dito. O cotidiano pode ser definido como a ilusão do presente sempre escorregadio. E então, é neste sentido, que os de sensibilidade filosófica e poética vão compreender a conexão entre o nada e o cotidiano como formas do habitar. No fundo, habitamos este constante deslizar para o nada que chamamos presente, cotidiano. E nossa poesia mística tanto quanto nossa mística poética emergem como o grito em busca de outra forma que ser, como bem dizia Levinas (LEVINAS, 2014, p. 8-14), em sua percepção da temporalidade como a hodiernidade enquanto promessa de uma alteridade inominável, porque fora do tempo-espaço, onde tudo encontra um nome. Emerge aqui, a utopia como desejo da fuga do tempo-espaço e mesmo da categorização da palavra, como promessa de uma forma definitiva do habitar. Estamos falando do que nomeamos controvertidamente como eternidade, é assim que se pode compreender a existência humana em sua dimensão escatológica como uma presença metaxológica. Como o habitar entre a promessa de eternidade e a fugacidade do tempo, entre o silêncio e a palavra, entre o tempo e o espaço, entre o individual e o coletivo entre a poesia mística e a mística poética, num presente, pre-cedido pelo passado, no horizonte da promessa de uma amanhã que talvez nem venha.

Conclusão: a utopia como forma de habitar

Depois de nosso percurso, cabe ainda ressaltar que habitar é também movimento contínuo que supõe a dialética entre o armar a tenda e o levantar acampamento, não estando em definitivo em lugar algum. Justamente por isso podemos pesar a utopia, o não lugar definitivo como uma forma metaxológica do habitar. De fato, habitamos, paradoxalmente, o não lugar, enquanto vivemos neste movimento frenético, mas necessário de armar e desarmar a tenda. É neste sentido que emerge a mística unida à poesia como um modo, paradoxalmente, concreto e transcendente do habitar. Assim, a poesia mística e a mística poética aparecem como verdadeiras moradas, que ao transcender as categorias do espaço-tempo nos protegem das intempéries da existência, lançando-nos, portanto, para fora de nós mesmos, neste movimento "ex-cêntrico," ou seja, de descentramento, em direção aos outros modos de ser e mesmo ao outro modo que ser (LEVINAS, 2014, p. 8-14).

Não é por estar demasiadamente popularizadas nos discursos psicológicos atuais, mas por ser elemento fundamental da existência metaxológica, que evocamos aqui as categorias da resiliência e da resistência como consequência e mesmo como dimensão pragmática da utopia como forma do habitar. De fato, o "não lugar", tanto na perspectiva de busca constante por onde repousar a cabeça, quanto como postura existencial da não fixação absoluta, gera no vivente a capacidade de elasticidade (resiliência) e ao mesmo tempo de perenidade (resistência). Ainda que pareçam justapostas, estas duas atitudes, compreendidas em suas dimensões bio-psico-social, emergem como ponto central de uma existência metaxológica, capaz de fazer do "entre", da mística e da poesia, a partir da ideia da utopia, sua forma de habitar. Neste contexto, o "outro", concreto e também utópico, emerge como centro desta existência autêntica e atenta plenamente.

E por que nos deixamos ser lançados nesta abertura desconhecida e desafiante que é o outro, por que percorremos com gozo este êxodo que mais parece uma peregrinação, através dos versos que podem ou não ser ouvidos? Porque temos uma morada itinerante que nunca se descola de nós mesmos, a poesia como forma de existência. Ela é tenda que carregamos às costas. Alguns a carregam sem saber; outros, de forma venturosa, a descobrem desde muito cedo, tendo assim a possibilidade de amá-la e armá-la por onde passam. Por isso mesmo, a poesia é uma utopia, um não lugar, uma vez que seu único lugar é o lombo do viajante. "Acá en mis espaldas cargo la tienda de la poesia", poderia tê-lo dito Ernesto Cardenal, mas não o tendo dito, atrevi-me então a dizê-lo por ele.

Referências

CARDENAL, Ernesto. *Cántico cósmico*. Managua: Editora Nueva Nicarágua, 1989.

_____. Cuando recibís el nombramiento. *Cuaderno de Poesía social*, v. 17, 2013.

DESMOND, William. Being Between. *Clio: A Journal of Literature, History and the Philosophy of History*. 20.4 (1991).

_____. *A filosofia e seus outros modos do ser e do pensar*. São Paulo: Loyola, 2000.

FIGUEIREDO, Lóis C. Foucault e Heidegger: a ética e as formas históricas do habitar (e do não habitar). *Tempo Social*, 7 (1/2).

GONÇALVES, José. *Pedagogia cristã da encarnação: horizontes para uma teologia do corpo a partir da fenomenologia da vida em Henry*. Tese (Doutorado em Teologia) – FAJE, Belo Horizonte, 2018, p. 322-328.

LEVINAS, Emmanuel. *Le temps et l'autre*. Paris: PUF, 2014, p. 8-14.

RODRÍGUEZ-ZAMORA, José M. Cántico cósmico: poesía, política y silencio en Ernesto Cardenal. *Filología y Lingüística* XXXV (2), p. 31-48, 2009.

YORY, Carlos Mario. *Topofilia o la dimensión poética del habitar*. 2 ed. Bogotá: Pontifícia Universidad Javeriana, 2007.

7
A emergência de intersubjetividades religiosas e políticas através da corporeidade

Teologia e literatura através do corpo: um diálogo entre Giorgio Agamben e Vladimir Korolenko[1]

Alex Vicentin Villas Boas[2]

Introdução

A questão do corpo na *República* platônica estava situada na tensão entre filósofos e poetas e marca a disputa de como configurar o modo de se olhar para ele. Para a literatura e a arte, em geral, antiga *poiésis,* o corpo é uma dimensão do sujeito e lugar de produção cultural que interfere no sistema político (*polís*) pelo despertar de afetos (*pathos*) que ampliam possibilidades de viver a vida. Se por esse mesmo motivo, atenta contra uma concepção de unidade controlada pela forma, e portanto, com potencial risco de deformar o poder controlador, é entendido como objeto e, portanto, produto cultural a ser manipulado. Isso faz com que esteja situado no debate sobre o modelo educacional da *Pólis* platônica, resultando na expulsão dos poetas (*República*, Livro X 607b, 6-7).

A tensão entre platônicos e poetas indica que a ênfase dada é um modo de visibilidade ou invisibilidade que implica em uma correlação que se estabelece com a alma, por sua capacidade comunicativa. A poética e a política se dedicaram privilegiadamente a pensar a indissociabilidade dos dois âmbitos. Ambas têm um ponto comum de percepção dessa indissociabilidade, a saber o desejo, visceralmente fisiológico e ao mesmo tempo visceralmente existencial.

---

[1] Uma primeira versão deste ensaio foi publicado em *Territelária* – Revista de Literaturas e Teologias, v. 11, n. 23, 2021.
[2] Contato: alexvboas@ucp.pt

1. A unidade entre poética e política

A *poética* (*poiésis*) pode ser caracterizada pelo cuidado dos corpos, em que há uma primazia da alma na possibilidade de pensar o corpo, mas que se dá na medida em que este é evocado para melhor compreender a alma, e se traduz na literatura como corporificação de uma imagética, assim como na estética, na erótica e na mística, que constituem o *regime* da *poíesis*.

A *política*, por sua vez, é caracterizada pelo controle dos corpos. Há uma primazia do corpo em que a possibilidade de pensar a alma se dá na medida em que ela é evocada para melhor compreender o corpo, e se traduz na estratégia, análise, compreensão, normatização como regime do *logos* platonicamente matematizado ao serviço do poder, por lhe oferecer fundamentos epistemológicos às decisões políticas.

Há um ponto de distinção no modo como tratar o desejo, pois na medida em que o regime da *poíesis* reconhece o desejo, e a partir dele pensa a fim de discernir itinerários entre o afetivo (*pathos*) e o efetivo (*práxis*), o regime do *logos* pretende o domínio e reconhece o desejo para controlá-lo. De um lado, portanto, a poética dinamiza a política para um diálogo com a pluralidade, do outro, a política é sempre tentada a controlar a poética em uma uniformidade conveniente ao poder em exercício. Ambas estão implicadas em um modo de lidar com a imaginação.

No *regime da poiésis* a imaginação é fundamental para uma arquitetura do desejo, a fim de conhecer melhor o "objeto" do desejo, suas dimensões, profundidades, possibilidades, itinerários e potencial de tragédia ou realização. No *regime do logos,* a imaginação é perigosa, pois desperta desejos que devem ser controlados, e passa a elaborar uma imaginação iconoclasta que reduz a densidade da imagem como expressão da realidade a um exercício lógico conceitual, que estaria presente por detrás da realidade, que controla o *pathos* para direcionar a *práxis*.

Garantir o espaço da *poiésis* é transformar culturalmente a *pólis* no exercício de abertura ao diferente e transformá-la no lugar em que a convivência *poiésis* e *logos* possibilitará uma constante vitalidade da *práxis*, enquanto ação sensível e consciente da realidade, que Nietzsche metaforiza como dança divina, entre Apolo e Dionísio, sendo um veemente crítico da primazia do *logos* sob a égide de um medo a respeito do risco da liberdade da *poiésis*. Daí uma sociedade que estabelece uma política de corpos ou biopolítica, em Foucault e Agamben, sendo este último alvo de maior atenção neste estudo.

Para Giorgio Agamben, a tarefa por excelência do pensamento contemporâneo é "voltar a encontrar a unidade da própria palavra despedaçada", a saber, a unidade entre o pensamento crítico e a poesia (AGAMBEN, 2007, p. 13). Tal unidade se situa em um itinerário do seu pensamento entre *poiésis* e *pólis,* que restituiria o papel da *poiésis* nas sociedades dominadas pela biopolítica.

Agamben faz uma leitura da modernidade[3] que passa pela questão da poesia, arte, história e morte até chegar à questão da ética e da política, sendo a linguagem seu fio condutor, tendo como núcleo central a crise da *poiésis,* e o *homem sem conteúdo,* que nela se situa, chamado assim, pois não consegue se entender diante do conteúdo da obra de arte, em geral e da literatura em particular, seja por seus autores e/ou receptores. Na medida em que a arte começa a ser retirada do espaço comum e passa a ser colecionada nos museus, perde sua relação originária com a religião e a política, ambas dimensões interpeladas pela poesia. Surge, assim, o "homem de gosto", capaz de observar a fazer um juízo da obra em um regime de apreciação desinteressada, ou dito de outra forma, uma experiência artística desinteressada, distinta da *poiésis* antiga, que era convidativa a uma experiência vital, uma "promessa de felicidade" e perturbadora da ordem política, pois a arte é apresentada como verdade por ser desveladora de sentido, e, portanto, potencialmente contestadora por desvelar novas formas de se relacionar com a *pólis.*

Em Aristótelis, *poiésis* é a experiência doadora de um saber desde uma disposição passiva (*pathos*) que resulta em um desvelamento da finalidade (*télos*) para a *práxis*. A *poiésis* supõe essa disposição produtiva [*éxis poiétiké*] que relaciona a experiência passiva de acolhida de um sentido que emerge da experiência vital da poesia, ou seja, da experiência de penetrar na arte de desvelamento de um sentido mais profundo por meio da sensibilidade, como uma promessa feita ao artista, que confidencia ao receptor por meio de um despertar do desejo seduzido a procurar a mesma experiência que confirma a arte [*empiria*], e de onde nasce o conhecimento [*epistéme*]. Nessa perspectiva, a *poiésis* é a categoria que une a sensibilidade, enquanto características fundamentais da corporalidade, por sua relação entre dinamização da interioridade para a ação (ARISTÓTELES, 2002, *Metafísica VI*, 1025b).

---

3   A saber em *O homem sem conteúdo* (1970), *Estâncias* (1977), *Infância e história* (1978) e *A Linguagem e a morte* (1982).

Deste modo, *poiésis* e *práxis* se orientam para a ação, e esta última se relaciona com a experiência da vontade, em seu processo de *agir volitivo*, ao passo que a *poesia* se relaciona com a experiência da presença produtora, de algo que vem do não ser e desvela o ser, permitindo irromper uma fenda no círculo fechado da ação habitual, uma semente de possibilidade no muro da impossibilidade do costume, um raio de luz sobre a escuridão de tendência narcísica de sempre pensar o mesmo. A *práxis*, tal qual entendida por Aristóteles, se relacionava à necessidade, desejo, apetite que caracteriza a vida, ao passo que a *poiésis* se relaciona com a proximidade da verdade (ARISTÓTELES, *Poética*), ou, na releitura de Foucault, de um dizer mais verdadeiro, *etopoiético*, no qual coincide a poética de si e a ética de si (FOUCAULT, 2010, p. 322-329) fundador de uma nova consciência que dinamizava a ação, pois estar na presença era acolher a *energéia*, que se desdobrava em uma ação como efeito real (*érgon*).

Contudo, na consolidação da tradição platônica, e consequente expulsão dos poetas para a consolidação de uma epistemologia ideal, na qual o corpo é um instrumento falível, emerge a crítica de Nietzsche a uma metafísica que consiste na separação da vida em dois mundos, fazendo com que a realidade transcendente alcance status de verdade, enquanto a imanência do ordinário é desvalorizada, resultando no afastamento da multiplicidade e da complexidade do mundo.

O platonismo, em benefício da ideia, afirmou, segundo Nietzsche, a supremacia da razão em detrimento dos demais instintos vitais, criando uma esfera suprassensível, internalizando suas pulsões, e por consequência, levando o humano ao adoecimento de si mesmo. Para o filósofo alemão, o platonismo gera um homem desprovido de humanidade, que é ao mesmo tempo um homem desprovido de corporalidade, que o Cristianismo incorpora, tornando-se o novo "platonismo das massas" e ao mesmo tempo Anti-Cristo. Quando o Zaratustra, enfastiado de sua sabedoria, desce da montanha para anunciá-la aos demais e assim voltar a "tornar-se humano", é indagado no caminho por um santo, em sentido contrário, a respeito de sua intenção, ao que responde: *"Amo os homens"*. E tal santo lhe retruca:

> Pois por que – disse o santo – vim eu para a solidão? Não foi por amar demasiadamente os homens? Agora amo a Deus; não amo os homens. O homem é, para mim, coisa sobremaneira incompleta. O amor pelo homem matar-me-ia (NIETZSCHE, 2009, p. 6).

A solidão do santo, sinal de santidade, direciona o corpo, naturalmente imperfeito e agostinianamente corrompido, a um apartar-se dos corpos dos homens para amar somente a Deus, imagem plástica de como a questão do amor a Deus pode conduzir à apatia pelos homens. Reside nas formas de platonismo das massas, uma relação entre ideologia e idealização, enquanto desqualificação da análise da história, e desqualificação da alteridade que não se submete à unidade uniforme. A alteridade, na tradição cristã platonizada, se chamou herege e seu corpo deveria ser submetido ao controle subserviente, sob risco de eliminá-lo em nome da crença de um ideal. Pensando como Habermas, tal metafísica gerou uma lógica de excomunhão, em que a unidade significou controle do corpo sob a cabeça, o dirigente do corpo, visto como Messias da ordem idealizada, e autorizado a excluir como meio de salvar o corporativismo, ou ainda, matar sem cometer homicídio, origem do Estado de Exceção.

O antídoto para o platonismo, e consequentemente para o Cristianismo, seria buscar a sabedoria justamente naquilo que é negligenciado pelo platonismo. Por isso, ao invés de acessar o mundo das ideias fixas e imutáveis, Nietzsche estabelece sua estratégia como análise das condições de surgimento de todas as coisas, ou seja, como análise do devir das coisas terrestres que são também coisas perecíveis e mutáveis. Eis o ponto motriz do seu projeto: desvendar a origem terrestre das coisas suprassensíveis e denunciar a metafísica como instância de separação do homem consigo mesmo. Em *Ecce Homo* Nietzsche revisita essa temática, apontando com clareza sua posição: "onde vós vedes coisas ideais, vejo eu – coisas humanas, ah! Apenas demasiado humanas!" (*Ecce Homo*, 1).

Para o filósofo alemão, a realidade é melhor percebida pela tragédia grega, ou pelo modo como os gregos a elaboravam, isto é, pela reinvenção poética e/ou artística da vida (NIETZSCHE, 2006, p. 27-31) diante do sofrimento, pois só com os olhos da arte se pode mergulhar no coração do mundo. O pensamento trágico tem como característica o sofrimento proveniente da paixão de viver e provoca uma resposta à vida concreta (NIETZSCHE, 1895, § 38-40). Os principais deuses gregos que cumprem essa dinâmica da vida são Apolo, que representa a sabedoria comedida, a justiça e a inspiração poética, e Dionísio, responsável pela instintividade que abala a ordem e rompe os limites em nome dos desejos, e também provoca a desordem. A vida, então, é como uma dança entre Apolo e Dionísio, sendo este quem permite a ela avançar por representar seus instintos de viver. Os deuses são os intérpretes das experiências da vida, e eles é que permitem dar liceidade a esse movimento de eterno retorno. A vida aqui se baseia no acaso ao qual todos estão submetidos, e o sofrimento provoca o homem para reagir, se superar e ir além de si mesmo e alcançar o *übermensch*, no qual a arte é a eterna geradora da vontade de poder ser ou vontade de potência.

Tal "vontade de poder" se dá não pela razão, mas pela poesia [*Dichtung*] que desperta a *Ursprung* de uma nova sensibilidade que Deleuze chama de "poder de ser afetado", ou, mais propriamente dito, é um *pathos*, uma "forma afetiva primitiva" da qual derivam todos os sentimentos e "o fato mais elementar do qual resulta o devir". Assim, esse devir é possibilitado pelo *pathos*, uma vez que é da condição humana deixar-se afetar pelas forças, de modo especial pela tragédia "que força-nos", pela dimensão da vida em que o sentido se esvai e obriga a pensar um devir, um reinventar-se diante do sentido que se esvai, na dinâmica do eterno retorno da vida de fundar e refundar a existência (DELEUZE, 1976, 33-42).

A tarefa trágica visa martelar a metafísica de uma razão legitimadora de uma vontade divina anuladora porque controladora da vida, para reabilitar a vontade criativa humana, expressão de sua liberdade, despertada pelos poetas por meio de uma representação do divino na sensibilidade. Tal metafísica moderna da vontade, que enfrenta o platonismo das massas instalado nas formas de religião ocidental, é a base e ao mesmo tempo o motor de transformação da sociedade por meio de uma filosofia da *práxis* que converge na ascensão da "força do trabalho" marxiana. A *poiésis* é ofuscada em uma filosofia da *práxis*, dinamizada pela vontade de justiça e de liberdade, para uma espécie de poética social, a saber construção de uma nova história, entendida como sociedade. Tanto em Nietzsche quanto em Marx não cabem um ateísmo, mas a dispensa de uma teologia racional inibidora da vontade e de mudanças, sendo ambos nesse sentido herdeiros de uma metafísica da vontade, que entende o Ser como *actus purus* que unifica ontologicamente efetividade e ato, determinado pela vontade que ganha seu real valor na liberdade e criatividade (AGAMBEN, 2012, p. 120).

A solução nietzschiana, contudo, de uma "arte interessada" *para* e *por* artistas, a fim de recuperar a capacidade de espanto e horror, potencialmente perigosas, acaba por incidir em uma ênfase técnica da arte, ao enfatizar o "como" do *labor* do artista, seu "estatuto prático" (AGAMBEN, 2012, p. 117), corroborando assim para dois elementos da *práxis* em Marx, a redução da *poiésis* à *práxis*, e a crença de que a consciência crítica e social de um grupo especialista (marxistas) os tornariam imunes à ideologia. Em Nietzsche, a *poiésis* possibilita a *práxis*. Em Marx, a *poiésis* por excelência é *práxis*, e em ambos há uma tarefa inesgotável de humanização da condição humana que leva a um engajamento social, seja da arte e da literatura como tarefa social, seja da *práxis* social, vista como arte de transformar a história. Ambas perspectivas, crentes de que são livres de ideologias, pelo vínculo estrito que se estabeleceu entre platonismo e cristianismo, resultando no fato de que ser ateu, portanto, era um *status* intelectual subversivo e elevado, bem como uma predisposição para um representante do pensamento crítico.

Curiosamente, a questão da biopolítica e o controle dos corpos em Foucault surge como efeito da polarização ideológica, em que a perspectiva que atribuía a outrem o tributo ideológico, isentando-se do mesmo, também se legitimava como possuidora da razão esclarecida. Foucault, deste modo, relê a *Aufklärung* kantiana sobre os limites do conhecimento para enfatizar os limites políticos do conhecimento limitado, e a necessidade de não sermos demasiadamente governados, propondo que a crítica seja uma autocrítica (FOUCAULT, 1990, p. 35-63). Análise esta que coincidia com a perspectiva de não poucos que, para ser de esquerda na França, afirmavam que era necessário sair do partido comunista.

A *práxis* emergente de um clima intelectual ateísta, pelo simples fato de combater a raiz ideológica ocidental, a religião, se entendida como esclarecida, e, portanto, legítima candidata para se transformar na vontade do Estado que desenhara o homem novo da nova sociedade, em sua radical imanência e vontade soberana, sendo o corpo, e não a pessoa, o sujeito da política, moldável pelas instituições, promovendo um platonismo às avessas.

Ricoeur, sugerindo ir além de Marx ao analisar a questão ideológica, possibilita identificar mais precisamente o platonismo, não com a religião, mas com um fenômeno maior que é a ideologia, entendida como um sistema de crença autolegitimado. A ideologia como sistema de crença, na medida em que se autolegitima, se torna um autorreferencial que permite se fechar em um sistema de crença, deixando de ter uma função de integração social para manipulação social. Na análise ricoueriana, a ideologia tem três funções sociais: 1) a integradora, que possui 5 traços: a) a *representação*, que atende a necessidade do grupo de ter uma imagem de si mesmo; b) o *dinamismo*, que opera como teoria da motivação social, ao oferecer uma justificativa ou um caráter de que a causa que une o grupo é justa e constitutiva de projeto, como espírito de empreendimento; c) *mutante*, que transforma o sistema de pensamento em um sistema de crença; d) *dóxico*, que transforma ideias em opiniões que funcionam como máximas; e) *tipificação* ou *temporal*, na medida em ocorre uma sedimentação da experiência social que vai se consolidando com o tempo, pela leitura do tempo que oferece, e assim reforça o caráter irracional e não transparente de uma crença da opinião. Esse caráter irracional constitui um corpo social unificado pela crença, que é doadora de uma representação simbólica, uma motivação social, princípios de sabedoria que supostamente permitem ler o tempo, e ainda promover uma dissimulação apologética para as tentativas de deslegitimar o sistema de crença; 2) a dominadora, que ao se constituir tal corpo social, tendo como alma um sistema de crença, a ideologia opera com uma função de dominação, promovendo em sua gestão de poder, uma crença na autoridade elegida como Messias da sociedade, vista como decadente, e se acentua a dissimulação que passa para o primeiro plano, o dogmatismo; 3) a de inversão, que seria propriamente a contribuição de Marx, e consiste na substituição da percepção do processo da vida real por uma vida imaginária, sendo a crença a produção de ingenuidade, e por isso mesmo, permitia Marx e o marxismo julgarem-se imunes à ideologia (RICOEUR, 2011, p. 77-86).

Žižek enfatiza a dimensão *pathica*, o envolvimento afetivo com um sistema de crença, vendo nas ideologias um potencial para patologias sociais, seja a psicopatia dos regimes autoritários de direita, incapazes de inscrever simbolicamente a alteridade, e o fetichismo social, uma inversão do todo pela parte, dos regimes autoritários de esquerda, em que o todo da Sociedade deve obedecer ao partido (ŽIŽEK, 2013, p. 119).

Agamben vê no campo de concentração o paradigma da política contemporânea, o Estado de Exceção por excelência que manipula os corpos a fim de adestrá-los, docilizá-los e aproveitar suas forças. Também para ele, em ambos os casos, há a presença de um fetiche, o substituto de um objeto ausente e inacessível e ideal, utopia da revolução bolchevique, ou a retrotopia dos regimes fascistas e nazistas, que enfeitiça por sua ausência, um fantasma do desejo. Situado assim, em um "conflito entre a percepção da realidade que obriga a renunciar seu fantasma, e seu desejo, que impulsiona a negar a percepção". Agamben, ainda evoca a *acédia* patrística, de uma "perversão de uma vontade que quer o objeto, porém não a via que conduz a ele" (AGAMBEN, 2007, p. 21-32).

Para Agamben, a modernidade perde a noção do "estatuto poético" da humanidade sobre a terra, na medida em que a produção poética é reduzida à produtividade da *práxis*, incapaz de conter a tragédia moderna do narcisismo da *práxis*, na medida em que instalou em um círculo fechado incapaz de acolher a crítica e a alteridade, função que os poetas tinham de ajudar a acolher a realidade.

2. A via poética cristã

Uma outra contribuição do filósofo italiano é o que ele chama de via poética cristã desde sua unidade na teoria medieval dos quatro sentidos da Escritura, em que a âmbito literal, alegórico e moral coincidem em uma "unidade viva" (AGAMBEN, 1999, p. 543), e que, por isso mesmo, pode ser entendido como exercício de alteridade. Propõe uma análise da poética cristã em Dante, e um elemento tipicamente cristão que é o fato do escritor italiano atribuir à sua obra o distintivo de ser uma comédia, diferente do sentido moderno em que o uso é empregado.

Para Agamben, a teologia cristã estabelece as bases para as categorias pelas quais a cultura moderna deveria interpretar o conflito trágico: "Comédia tem um princípio turbulento, é cheio de barulho e discordâncias, e conclui em paz e tranquilidade" (AGAMBEN, 1999, p. 57; cf. ainda p. 168).

Na perspectiva alegórica da Tragédia grega, o ser humano, com seus méritos e deméritos no exercício de sua livre vontade, merece ser recompensando ou punido pela justiça divina. O drama da morte de Cristo e o desfecho da ressureição possibilita o itinerário do inferno ao paraíso e a comédia passa a ser vista como libertação da tragédia em "narração poética", um "intelecto de amor", em que a comédia é a vida humana na terra (AGAMBEN, 1999, p. 265), e a concepção semântica dual de pessoa (hipóstase/persona) no Cristianismo que se desdobrava do contexto do teatro greco-romano[4], sugere a leitura da literatura cristã como um "assumir o papel" que o insere em um itinerário do desejo da culpa à inocência. A presença de Beatriz, que mobiliza o *Homo viator* a pôr em ação a comédia como antitragédia (AGAMBEN, 1999, p. 126-133), permitirá a habilitação do erótico na literatura moderna, não sem a necessidade de pensar o itinerário inferno – paraíso, passando pelo purgatório, em suas correspondências, como exercício de reencontrar a cada vez o sentido de sua ação (AGAMBEN, 1970, p. 184), e assim insere na *hamartia* trágica que doa a estrutura narrativa do pecado original como caminho que conduz ao trágico, um itinerário soteriológico como antitrágico, em que incide na possibilidade de *expiação in singulis* e por meio de um *arbitrium libertatis*, ou seja, desperta o desejo de uma liberdade para decidir por outro caminho (AGAMBEN, 1999, p. 217).

A voz divina em Agamben coincide com a metáfora da comunicação poética, uma mudança de sentido, em que ocorre uma intervenção como nova possibilidade de trilhar a história, tal qual o episódio de Abraão a caminho de sacrificar seu filho, em que uma voz interfere em sua ação. Pode-se dizer que ocorre uma troca de uma busca de felicidade em iminente risco de tragédia, por uma nova busca de sentido da vida que emerge no mesmo cenário da tragédia como voz dirigida diretamente a um interlocutor que demanda uma acolhida, na qual a resposta é um ato de confiança ao sentido emergente que substitui a felicidade factual de um modo de concebê-la, para trilhar um itinerário que encontrará a felicidade como efeito da busca. Em Dante, essa antitragédia, enquanto possibilidade cômica de reverter a tragédia, é iniciada pela paixão, morte e ressurreição de Jesus Cristo, transposta no itinerário do eu-poético que caminha em sentido antinietizchiano em direção aos corpos, à comunhão eucarística com o Cristo, pela

---

4 Tanto a tragédia quanto a comédia grega se referem às personagens pelo termo que as caracteriza pela utilização de "máscaras" (*prósopon*), que aos poucos também passa a ganhar o sentido de personalidade jurídica-formal. Porém, o uso grego para uma natureza racional da pessoa (*hypostasis*) é elaborado pelos autores cristãos gregos. Contudo, na tradição latina, como em Boécio, por exemplo, *persona* pode ser empregado tanto no teatro quanto no discurso filosófico (AGAMBEN, 1999, p. 256-271).

mediação do amor a Beatriz. O amor expresso pelo encontro dos corpos passa a ser caminho de redenção.

A Comédia dantesca, na medida em que atua como antitragédia, insere o elemento de esperança no objeto cultural do corpo que passa a ser lugar de sentido, pois sem Beatriz não há salvação, e seu amor por ela, reabilita o erotismo na Tradição literária Ocidental. Se, por um lado, o erotismo acentua a estética da corporeidade no imaginário cultural pela reabilitação do desejo, por outro lado, o inferno de Dante inaugura a autocrítica da Cristandade em uma espécie de realismo *avant la lettre*, na medida em que o pecado da luxúria está situado no primeiro círculo do inferno, o menos grave, e realocando no fundo do inferno o controle dos corpos, sendo o pior pecado a traição política ao povo. Se a comédia é uma antitragédia que possibilita pensar a inserção da esperança no meio do inferno, pode ser entendida como a esperança que motiva inserção de sementes de possibilidade nas fendas da impossibilidade.

3. A via poética cristã na prosa russa de Vladimir Korolenko

Vladimir Korolenko (1853-1921) foi escritor russo e ativista dos Direitos Humanos, crítico do czarismo e de sua legitimação teológica expressa na tríade "Deus, czar e lei", e, ao mesmo tempo, crítico ao Regime Bolchevique, do qual fizera parte inicialmente, por julgar que ele oferecia um elixir de vitalidade das forças transformadoras da sociedade para uma parcela da população ao mesmo tempo em que administrava o mesmo *ármaco* como "veneno mortal" para outra parte da sociedade. Critica assim, uma forma de governo que supõe a irreconciliação da sociedade, e que se manifestará na intolerância à autocrítica, e usará aos seus próprios filhos a receita de desqualificar como traição aquele que pede a volta do regime às suas origens. A transição do autoritarismo czarista para o autoritarismo bolchevique é, para o escritor russo, a tragédia russa, ambos incapazes de conhecer de ouvir seus profetas, pois são incapazes de ouvir o Deus dos poetas. A pertinência da crítica de Korolenko é apresentada pela biografia que Rosa Luxemburgo escreve em uma espécie de patrística bolchevique, em que o sentimento religioso que une Deus e a compaixão pelos pobres são constitutivos (LUXEMBURGO, 2015).

Korolenko é um ótimo exemplo de via poética cristã pela retomada da ideia de comédia dantesca de antitragédia, como aposta de que o mal não é a palavra final da história, e incorpora, à ideia de comédia, um estilo tomado do jornalismo britânico, a saber, a ironia e sua capacidade de redenção, de nos devolver a consciência da ridicularidade constitutiva, um antídoto à pretensão de perfeição das formas de idealismos, que não passam de vernizes narcísicos. Aquele que é capaz de rir de si, é capaz de rir com outro, e instaura um espaço de alteridade. Quem prefere rir do outro, alimenta em si um pequeno czar ou um general soviético, que são a mesma coisa.

Em seu conto *Sonho de Makar* narra o Natal em uma aldeia pobre da Sibéria e retrata a vida dos camponeses russos, esquecidos pelos czares e pelos bolcheviques, mas não esquecidos por Deus. Makar comia pão duro todo dia. E bebia muita vodka para enfrentar o frio e a tristeza. No Natal, não tinha esperança de ter comida, pois não podia trabalhar naquele dia. Decide ir até outra aldeia, visitar "deportados políticos" que vinham de longe. E lhes ofereceram algum dinheiro para lhes trazer lenha. Makar gastou tudo com vodka. Ficou bêbado e foi jogado para fora do bar, machucando-se inclusive. Disse para a mulher, "esquecendo completamente que ela não tinha tomado vodka", que havia caído em uma armadilha de raposa, porém, tomou um "terrível pontapé" da sua mulher (*Sonho de Makar*, III).

Teve a infeliz ideia de pegar alguma raposa na armadilha do vizinho, que, por sua vez, descobriu e brigaram, e ainda lhe rouba o gorro e o manto, o deixando no frio do inverno de uma floresta na Sibéria, onde Makar não resiste e morre. Ao se dar conta que havia morrido, esperava que sua alma saísse do corpo, pois assim acabaria o frio, mas ela não saia. Encontra-se com o Padre Ivan, que havia morrido em um acidente em sua casa inclusive, devido a ter tomado muita vodka e caído na chaminé que tentara consertar. Ele lhe diz que Makar tem que ir ao encontro do Grande Toyon (chefe), para o grande tribunal, narrando ali um *iter* dantesco russo. No caminho encontra vários homens carregando suas penas (*Sonho de Makar*, IV-V).

Ao chegar ao Tribubal do Grand Toyon, Makar o reconhece, mas lembrava que no ícone da Igreja que visitara, também tinha um filho, que pelo jeito tinha saído para fazer alguma coisa. Veio então uma pomba e se sentou no colo do Grande Toyon que a acariciava. Tem início o julgamento de Makar. Os anjos pegam a *Grande Balança* para pesar os pecados de Makar, e o Grande Toyon pede que o Padre Ivan, que carregava um grande livro contasse os pecados de Makar que ali estavam registrados, pois essa era a pena que o Pe. Ivan deveria pagar por ter morrido embriagado na chaminé de Makar. Os pecados que o Pe. Ivan relata ao julgamento começam com: 21.933 vezes que Makar enganou alguém em sua vida, sobretudo vendendo lenha; bebeu 400 garrafas de vodka, etc. Na medida em que o Pe. Ivan contava os pecados aumentava o peso da balança de Makar. Este, ao tentar segurar com o pé a balança, ao ver que estava ficando muito pesada, é descoberto por um anjo que o denuncia, o que irrita muito o Grande Toyon, que resolve condená-lo a voltar à vida como um cavalo de um dono que o maltrata (*Sonho de Makar*, VI).

De repente a porta se abre e aparece o Filho do Grande Toyon, e diz:

> Eu ouvi seu veredicto Pai. Vivi muito tempo na Terra e conheço bem aquilo. Esse pobre será muito desgraçado na casa de seu dono. Deixa somente que nos conte algo de sua vida. Fala, pobre homem! (*Sonho de Makar*, VI).

E então algo acontece,

> Makar em sua vida nunca tinha pronunciado mais de 10 palavras seguidas, e de repente se sentiu um orador, e que ele mesmo escutava assombrado (*Sonho de Makar*, VI).

Todos escutavam atentamente a sua eloquência, até os anjos. Na dor do personagem Makar, Korolenko narra a vida sofrida dos camponeses da Sibéria, as esposas e crianças que morriam de frio e fome, pelos quais o Czar nunca se importou, os jovens filhos que morreram na guerra bolchevique, pelos quais a Revolução nunca sequer agradeceu.

Makar também se defende da falsa acusação de ter tomado 400 garrafas de vodka, pois não tinha dinheiro para isso, e portanto, três quartos de cada garrafa de vodka estavam cheias de água, de modo que, Makar só havia tomado 100 garrafas!

O Grande Toyon ouvindo a história da vida daquele pobre e sofrido homem, que "trabalhava com lágrimas nos olhos" e Seu Filho defendera, começa a rever a sua condenação, porém receia salvá-lo, porque era muito feio, e diz a Makar:

> Tua cara é escura, teus olhos sombrios, tuas roupas farrapos, teu coração duro. Eu amos homens virtuosos e me aparto de homens como tu.

E lhe responde Makar:

> De que homens virtuosos fala o Grande Toyon? Se tratava daqueles que viviam na terra na mesma época que Makar? [...]
> Esses homens tinham olhos claros porque não tinham chorado nunca, porém Makar não cessava de chorar, seus rostos estavam limpos porque os lavam e os perfumavam, suas roupas eram bonitas porque outros trabalhavam para eles (*Sonho de Makar*, VI).

O Grande Toyon escutando tudo aquilo se perguntava: "como conseguia suportar tudo aquilo?":

> Provavelmente porque guardava a esperança de dias melhores. Mas a vida tinha acabado e a esperança havia esvanecido. Esse pensamento O encheu de amargura. E disse: Pobre homem! Já não está na terra. Vem comigo: aqui encontras justiça! (*Sonho de Makar*, VII).

Korolenko encerra o conto com Makar estremecido de emoção, pois ninguém nunca o tratou com palavras afetuosas e chorou. O Velho Toyon também chorava, e com ele todos os anjos, testemunhando a beleza da misericórdia que ali se manifestava no abraço de Deus àquele homem marcado pelo sofrimento da vida.

Conclusão

Para Korolenko, a tarefa do escritor é ser outro Cristo, e mostrar a dor dos camponeses aos poderosos, czares e revolucionários. Assume em sua escrita aquilo que mais tarde Levinas chamou de "Encarnação da teologia", em oposição ao processo de "Espiritualização da teologia", que o platonismo ocidental promoveu. E assim fazia através de uma imaginação da presença "concreta" [sacramental] de um modo de ser do Mistério, chamado Deus pela semântica cristã, especialmente a Beleza da Misericórdia, que enxerga o sofrimento da humanidade e a humanidade que sofre, e que é melhor enxergado por aqueles que se sabem pequenos, os pobres camponeses que descobrem Nele um amigo, o único que aquecia seus corações para insistir em viver, e que com eles sofria, muito distinto do Pantocrator que nunca sorria para homens.

Korolenko também oferece uma imagem plástica *avant la lettre* da crítica que Fredric Jameson faz aos ideologemas, aos discursos políticos que atuam como crenças inabaláveis e que são irresolúveis, para apontar outro lugar de análise política, que a literatura tem um papel fundamental, mostrar a "dor da história", enquanto necessidades históricas não atendidas (JAMESON, 1992, p. 32; 75-92), especialmente por aqueles que prometeram a salvação como transformação social.

A questão do corpo, evoca a crítica às formas de controle e a não possibilidade de dar voz e visibilidade aos corpos que sofrem, ao passo que o cuidado com os corpos é a primeira forma de política de proteção e garantia de direitos a todas as formas de vida, cuidado esse que não raro está presente no *corpus* literário de uma cultura.

Por fim, o movimento da Comédia como antitragédia, implica não somente a resistência de alimentar a esperança de dias melhores, face ao fascismo e aos Estados de Exceção, mas também analisar o sentido de cada ação do itinerário que a população conduziu à tragédia, como autocrítica que permita acolher os sopros que nos reorientam para um caminho de esperança. Dito de outro modo, há que se ter não somente uma crítica ao autoritarismo, mas uma autocrítica às alternativas que se apresentaram como projeto de política popular, e que incorreram na tentação de se vender por um projeto político de poder. O Cristo de Korolenko, não somente desloca a semântica teológica da teodiceia que sustentava o czarismo, como permite a eloquência às dores de Makar, como lugar teológico e político, assim como visualiza um desafio político do século XX, com sua crítica aos governos populistas que se utilizaram dos gritos de insatisfação para chegar ao poder, mas preferiram negociar com as oligarquias sua manutenção, traindo as esperaças do povo, pecado dantesco de mais alta gravidade. Tampouco, é o moralismo hipócrita do clero da corte ao serviço da biopolítica czarista, que vem ao encontro do sofrimento do povo, sendo a poética dos contos do escritor russo uma tentativa de mediação da Voz de misericórdia que poderia acalentar a dor do povo, e dar visibilidade à dor da história.

Ademais, em Korolenko é possível identificar não somente uma forma ativa de antitragédia na poética cristã da misericórdia, assim como o exemplo da desejável unidade cultural entre poética e política em que a liberdade e a pluralidade poética se tornam instâncias críticas às pretensões biopolíticas de controle dos corpos, não somente biológicos, mas também literários. Em Korolenko, a unidade entre poética e política é serva de um realismo crítico, porém grávido de esperança na Misericórdia e Justiça divina, sobretudo aos que mais sofrem.

Referências

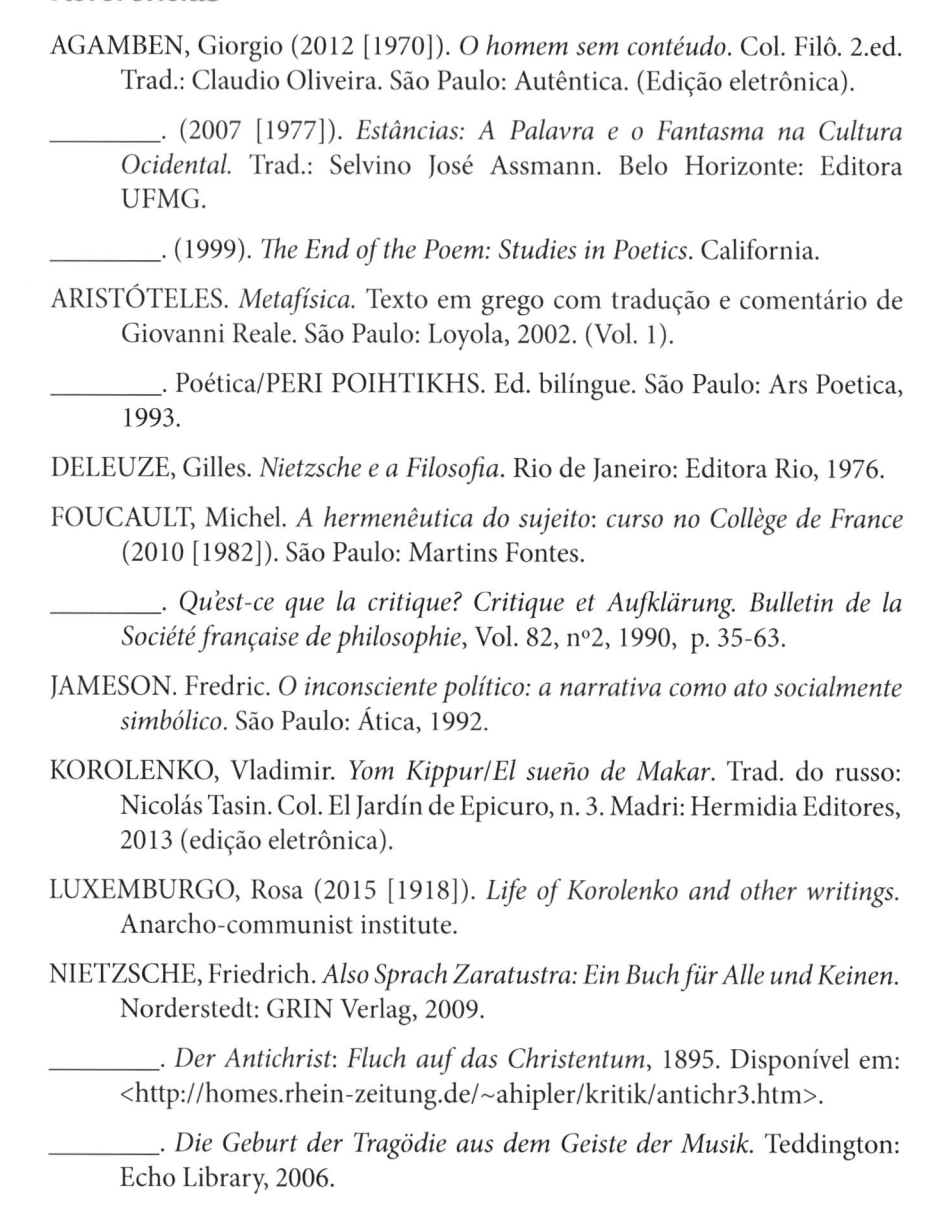

AGAMBEN, Giorgio (2012 [1970]). *O homem sem contéudo*. Col. Filô. 2.ed. Trad.: Claudio Oliveira. São Paulo: Autêntica. (Edição eletrônica).

_____. (2007 [1977]). *Estâncias: A Palavra e o Fantasma na Cultura Ocidental*. Trad.: Selvino José Assmann. Belo Horizonte: Editora UFMG.

_____. (1999). *The End of the Poem: Studies in Poetics*. California.

ARISTÓTELES. *Metafísica*. Texto em grego com tradução e comentário de Giovanni Reale. São Paulo: Loyola, 2002. (Vol. 1).

_____. Poética/PERI POIHTIKHS. Ed. bilíngue. São Paulo: Ars Poetica, 1993.

DELEUZE, Gilles. *Nietzsche e a Filosofia*. Rio de Janeiro: Editora Rio, 1976.

FOUCAULT, Michel. *A hermenêutica do sujeito*: curso no Collège de France (2010 [1982]). São Paulo: Martins Fontes.

_____. Qu'est-ce que la critique? *Critique et Aufklärung*. Bulletin de la Société française de philosophie, Vol. 82, n°2, 1990, p. 35-63.

JAMESON. Fredric. *O inconsciente político: a narrativa como ato socialmente simbólico*. São Paulo: Ática, 1992.

KOROLENKO, Vladimir. *Yom Kippur/El sueño de Makar*. Trad. do russo: Nicolás Tasin. Col. El Jardín de Epicuro, n. 3. Madri: Hermidia Editores, 2013 (edição eletrônica).

LUXEMBURGO, Rosa (2015 [1918]). *Life of Korolenko and other writings*. Anarcho-communist institute.

NIETZSCHE, Friedrich. *Also Sprach Zaratustra: Ein Buch für Alle und Keinen*. Norderstedt: GRIN Verlag, 2009.

_____. *Der Antichrist: Fluch auf das Christentum*, 1895. Disponível em: <http://homes.rhein-zeitung.de/~ahipler/kritik/antichr3.htm>.

_____. *Die Geburt der Tragödie aus dem Geiste der Musik*. Teddington: Echo Library, 2006.

_____. *Ecce homo*. Trad.: Paulo César Souza. São Paulo: Companhia das Letras, 2000.

PLATÃO. *A República*. Trad. Maria Helena da Rocha Pereira. 2. ed. Lisboa: Caloustre Gulbenkian, 1993.

RICOEUR, Paul. *Hermenêuticas e ideologias*. 2. ed. Petrópolis: Vozes, 2011.

ŽIŽEK, S. *Alguém disse totalitarismo? Cinco intervenções no mau (uso) de uma noção*. Rio de Janeiro: Editora Boitempo, 2013 (edição eletrônica).

Quero a fome de calar-me. Sobre a poesia de Daniel Faria[1]

Marcos Lopes[2]

> *Um bom meio de conhecer a alma é olhar o corpo.*
> (Paul Claudel)

> *E saibamos que seremos ouvidos, não com o muito falar, mas com a pureza do coração e a compunção das lágrimas.*
> (*A Regra de São Bento*, Capítulo XX, Da Reverência na Oração)

1. *Vita brevis, ars longa*

Daniel Faria (1971-1999), poeta português e noviço da Ordem dos Beneditinos, morreu aos 28 anos de idade. Sua morte foi provocada por um acidente doméstico e trágico: uma queda, que o fez entrar em coma e do qual não retornou mais (GARCIA, 2019, p. 3). Ao poeta noviço caberia um preceito da sabedoria antiga, evocado por Fernando Pessoa em um texto dedicado a Mário de Sá-Carneiro: "Morre jovem o que os Deuses amam". E ao especificar os três tipos privilegiados de relação com a divindade, Fernando Pessoa (PESSOA, 2005, p. 455) explicaria que "os Deuses são amigos do herói, compadecem-se do santo; só ao gênio, porém, é que verdadeiramente amam." Na categoria de gênio, para o autor de *Mensagem*, inscreve-se a figura do poeta, que excede o comum dos mortais, recebendo dos Deuses a potência da criação, que o torna semelhante a esses últimos.

É fato que aquele preceito de sabedoria antiga refere-se à noção de destino ou de fado, que entende o curso das ações humanas ferido de uma radical contingência e à mercê de algo superior à razão humana (os seres humanos são mortais e para esses últimos a única forma de imortalidade possível seria perdurar na memória das gerações vindouras por seus feitos e obras cantados pelos poetas). Também é fato que essa

---

[1] Uma primeira versão deste ensaio foi publicado em *Todas as Letras* – Revista de Língua e Literatura, v. 23, n. 3, 2021.
[2] Contato: marcoslopes@iel.unicamp.br

ideia de algo que excede a compreensão humana pode ser relacionado a uma cultura religiosa em Portugal, que, talvez, ao culto politeísta antigo soube corresponder com a devoção católica dos santos, embora não sendo deuses evidentemente, constituíram aquele conjunto de intercessores na dura travessia terrena para homens e mulheres. Curiosamente, à tríade tipológica de Fernando Pessoa, com traços distintos e aparentemente incomunicáveis, a poesia de Daniel Faria responde com uma aproximação entre as figuras do santo e do poeta.

Daniel Faria deixou uma obra ímpar, que dialoga não apenas com uma tradição literária portuguesa, o que já não seria desprezível, em se tratando da arte verbal, mas com questões intricadas da filosofia, da espiritualidade cristã, como, por exemplo, a ascese, a mística e a própria teologia. É o que acompanhamos na leitura desse poema transcrito.

> ASCESE
>
> Há os que se deitam sobre a relva
> Como sombras que dormem sobre túmulos
> Tu, porém, dormes sobre a morte
> A longa ausência que há dentro dos poemas
> (FARIA, 2009, p. 399).

Diferentemente de Fernando Pessoa ou de Mário de Sá-Carneiro, poetas que, cada um a seu modo, produziram uma intricada criação artística sobre a fragmentação do eu na modernidade e que foram capazes de pensar poeticamente com e contra essa modernidade, Daniel Faria escreveu e inscreveu sua poesia na experiência religiosa do catolicismo, mas afinando sua dicção pós-moderna no canto de poetas identificados como uma tradição ontológica, como, por exemplo, F. Hölderlin e Rainer Maria Rilke ou, segundo a percuciente formulação de Ida Alves,

> os portugueses Ruy Belo e Herberto Helder no que estes têm (ainda que diferentes entre si) de tensionadores da relação entre o humano e o sagrado, entre o mundo presente e comezinho, entre a palavra poética fundadora de mundos e a palavra cotidiana (ALVES, 2007, p. 105-106).

A poesia de Daniel Faria radica seu etos na milenar tradição espiritual do monasticismo, na experimentação e inovação semântica e formal das mais ousadas poéticas do século XX. Como poeta da década de 1990, Daniel Faria, no que diz respeito ao momento histórico da religião e da sociedade em geral, compartilha com os seus coetâneos a experiência religiosa de um pós-ateísmo, o fim das utopias socialistas e, certamente, das vanguardas artísticas, que tanto turbinaram as lutas políticas e culturais no século XX. Com o termo pós-ateísmo, entendamos, nos limites e propósitos desse ensaio, o enfraquecimento da ideia de razão que, por um lado, pode ser pensada na crise do fundamento da metafísica cristã (por exemplo, as provas da existência de Deus, a própria noção de verdade com lastro em uma grande narrativa da **história da salvação**), ou, por outro lado, na crença em uma racionalidade orientada pelo projeto de uma **história da emancipação** do ser humano (outra grande narrativa, mas agora secularizada e presidida inicialmente pelos filósofos franceses iluministas).

Procuremos entender como a poesia de Daniel Faria solicita uma modalidade de exegese ou, simplesmente, de leitura capaz de articular e tensionar aquilo que é característico da fé cristã e da própria contemporaneidade. Comecemos por interrogar as condições mínimas ou básicas para que o ato de leitura de um poema, como o do poeta português, possa acontecer.

2. Ler o corpo intransponível do poema

O que seria do nosso pequeno eu se não conservássemos uma interminável conversa em nosso íntimo. Se o ato de leitura pode ser uma experiência de solidão, como de resto costuma ser, ou de um robusto exercício espiritual, como promete a civilização da escritura à qual pertencemos, é porque, primeiramente, seu aprendizado solicitou algum tipo de "comunhão" entre a voz que ensina e o ouvido e os olhos que acolhem tal aprendizado. De resto, a aquisição da nossa linguagem depende, em que pesem diversos fatores fisiológicos e neurológicos, que um outro ser humano nos dirija primeiro a palavra.

Ler é um exercício que pressupõe uma comunidade de leitores. Também é uma possibilidade da *criação* artística entendida como transfiguração da linguagem, encarnação do verbo na textura de uma sintaxe, de um ritmo e de uma proposta de sentido. De fato, quando lemos, cultivamos a promessa de uma hermenêutica do poema, por exemplo, como compreensão de si por meio de um outro (RICOEUR, 1990, p. 57). Mas a leitura solicita uma relação afetiva e uma abordagem descritiva, por parte de quem se propõe estudar uma obra, para penetrá-la em seus meandros e abrir com isso horizontes insuspeitados à compreensão da condição humana. E essa condição, a depender do tempo e da experiência cultural, traz Deus como questão, como ocorre na poesia de Daniel Faria. De todas as possibilidades da leitura, se nossas preferências caírem sobre a poesia, por exemplo, devemos nos preparar para algo fundamental nessa experiência: a poesia é um ato irredutível a conhecimento (PÉCORA, 2004, p. 308). O que isso quer dizer? Que há uma singularidade expressiva no ato de produção poética que se furta às malhas do conceito e da categorização das ciências[3]. Afinal, como seria possível a ciência do singular?

A ideia de que uma metáfora ou uma imagem poética é intraduzível na linguagem conceitual pode espantar quem, por dever de ofício, necessita ensinar a literatura. De que maneira um professor do nível fundamental ao superior ou um crítico poderia justificar a sua profissão, se há sempre um déficit cognitivo e expressivo entre a tradução de uma linguagem para outra e seu eventual ensino? Isso nos levaria à incômoda pergunta: é possível ensinar e dissertar sobre o poema ou qualquer obra literária?

Transformar uma engenhosa metáfora sobre o amor em uma lição moral ou pedagógica para nosso consumo pessoal ou coletivo pode-se revelar uma experiência frustrante, pois, afinal, não haveriam outros insumos à nossa disposição, mais eficientes, mais práticos e convincentes? Então se não há sabedoria, tampouco pílulas filosóficas ou drágeas e confeitos nas figuras da linguagem poética, o que seria possível encontrar em versos como os que transcrevemos a seguir?

> EXPLICAÇÃO DA DÚVIDA
>
> Do seu próprio corpo se alimenta
> E a sua obsidade é a aflição
> (FARIA, 2009, p. 113).

Que dúvida é essa que não produz ou não contém na sua gênese a própria figura da alteridade ou do outro, mas que encerra um solipsismo ou uma comorbidade? Como compreender essa dúvida na qual a obesidade, a autofagia e a aflição descrevem aquilo que é a atividade mais cara ao pensamento: a pergunta?

---

3 Para uma discussão sobre o estatuto da arte, não entendida como um tipo de conhecimento, conferir GILSON, 2010, p. 85-104.

A resposta não se dá apenas com a exegese do poema citado, é necessário construir um trânsito entre a sua ocorrência e os tantos poemas que compõem a obra de Daniel Faria. Contudo, a imagem da dúvida, alimentando-se do seu próprio corpo, e o sentimento de aflição, sendo produtora da obesidade, indicam algo tão elementar para a justa compreensão de um corpo. Ele é uma encruzilhada entre pensamento e emoção. Do apego mais disciplinado a uma das expressões do pensamento (a dúvida), nasce a emoção mais indisciplinada que afeta corpo e alma (a aflição).

Ainda que não saibamos propriamente qual o estatuto dessa dúvida, que expande de tal forma o pensamento em um círculo vicioso ou na intranquilidade do espírito ou na obesidade do corpo, é possível desenhar uma primeira hipótese de trabalho ("o corpo do poema é intransponível"). Aliás, a hipótese se desenha a partir do momento em que aposto haver algum sentido nos versos lidos e, ato contínuo, repercuto com meus pensamentos ou minha escrita a presença desse significado que envolve minhas reações emocionais e espirituais. O corpo do poema é instransponível no sentido de que por mais que dele extraiamos a fórceps, por cesariana ou "naturalmente" o que ele quer nos dizer, mesmo quando não nos quer dizer nada, mas apenas estar presente aos nossos olhos, ainda assim não conseguimos substituir de forma absoluta a sua presença pelo registro da nossa experiência de leitura. Não é que esse registro seja desnecessário, ele apenas não é suficiente. Não por acaso havia antigamente, nos anos iniciais da formação escolar, a prática de decorar textos poéticos. E não são raros os testemunhos de pessoas que levaram consigo a memória desses textos para o resto de suas vidas. Presença incorruptível do corpo do poema na memória pessoal. Corpo intransponível. Corpo místico.

Ao círculo vicioso da dúvida obesa poderíamos contrapor o círculo virtuoso da aposta hermenêutica? As reações experimentadas na leitura do poema, que podem ser espontâneas ou apreendidas em um curto ou longo trajeto de formação, conduzem-nos à hermenêutica **do poema**, que seria também hermenêutica **do leitor**, porque haveria no poema as condições de sua interpretação, o que chamaríamos também de uma hermenêutica **no poema**, na medida em que seus marcadores semânticos ou percursos figurativos constituiriam as mediações para o leitor se entender diante do mundo ofertado pela criação artística. Esse círculo virtuoso de interpretação entre leitor e poema é possível, ao menos na poesia moderna, na medida em que tal programa hermenêutico se encarna na intensa prática meta reflexiva do texto poético, mas não apenas isso, evidentemente. Dito de um modo mais simples e direto, o poema lê o leitor e vice-versa. Ou ainda: o leitor se lê no e pelo poema.

Que em vários poetas modernos encontram-se tematizados e ordenados os princípios constitutivos da poesia, é algo suficientemente explorado pelos críticos ao longo do século XX. Os poemas intitulados *Arte Poética* tornaram-se comuns e se constituíram um dos protocolos de criação e de leitura da obra de um poeta moderno. É como se o poeta pegasse o leitor pela mão e lhe mostrasse qual o caminho mais promissor para entende-lo. Poemas dessa natureza diriam mais dos procedimentos de base, que permeiam a atividade criadora de um poeta, do que a exaustiva e fastidiosa empresa crítica.

Em um poema curto, composto por duas estrofes de dois versos, e marcado por certa concisão linguística, Daniel Faria explica o poeta de dentro do poema com a imagem do homem que ara a terra.

> EXPLICAÇÃO DO POETA
>
> Pousa devagar a enxada sobre o ombro
> Já cavou muito silêncio
>
> Como punhal brilha em suas costas
> A lâmina contra o cansaço
> (FARIA, 2009, p. 101).

Mas o que esse homem cava em terreno impronunciável? Nas palavras precisas do poema, "muito silêncio". Seu instrumento de "escrita" é uma enxada, que, posta sobre seus ombros, brilha "como um punhal". De instrumento de vida (a enxada) àquele de morte (o punhal), da palavra ao silêncio, da dimensão acústica à ótica, o que acompanhamos é um eu lírico que se equilibra entre a labuta extenuante e a celebração vigorosa que é dado contemplar ou simplesmente ver. É a lâmina contra o cansaço. Não seria exagero dizer que o poeta repete no gesto de arar a terra, a máxima beneditina: "*Ora et labora*". Leiamos novamente o poema.

> EXPLICAÇÃO DO POETA
>
> Pousa devagar a enxada sobre o ombro
> Já cavou muito silêncio

Como punhal brilha em suas costas
A lâmina contra o cansaço
(FARIA, 2009, p. 101).

A levar a sério o título do poema, o que tais versos explicam sobre a "essência" do poeta? A primeira coisa, talvez frustrante para quem esperasse uma definição soberba da arte poética, é que o poeta tem um corpo e ele **faz** uma atividade de natureza prática para sua sobrevivência, se puxarmos todos os fios de Ariadne que conectam e orientam a ancestral tarefa de lavrar e extrair da terra o sustento diário. Mas um segundo aspecto é que **esse fazer** demonstra um apreço incisivo pela luz, a despeito de ou contra o cansaço. Lemos o poema e imaginamos um lavrador de costas onde a efígie silenciosa de seu corpo retesa todo o significado do que se pensa com a palavra "alma". É um caminhante que recolhe em seu corpo a promessa do corte afiado da lâmina, a ceifar o cansaço resultante da labuta de cavar o silêncio. O poeta não é um agrimensor do silêncio, não geometriza o espaço da lavra, apenas cava para semear ou extrair a matéria do seu ofício. Não sendo o poeta um medidor (um matemático pensador), mas alguém que desfere golpes, que bate com a enxada na matéria bruta silenciosa, é a paixão pelo concreto e pelo sensível o que dá compleição ao corpo e à alma. Mais do que pensar o poeta ou o poema, é necessário vê-los e escutá-los naquilo que são e não naquilo que supostamente escondem aos olhos do leitor e que seria o secreto e verdadeiro sentido das coisas e das palavras. Porém, será isso mesmo o que esse poema (*A explicação do poeta*) e um outro (*Arte Poética*) querem nos convencer? Vejamos.

3. Um ritual erótico: a dialética da veste e da nudez

ARTE POÉTICA

A palavra despe-se
O silêncio despe-se

Nus
Os sexos ardem

Os seios da palavra
Os músculos do silêncio

O silêncio
E a palavra

O poeta
E o poema
(FARIA, 2009, p. 386).

Comecemos a análise desse poema por um truísmo: Despir é literalmente tirar as vestes. Mas o que resta quando se subtraem as vestes do corpo? Ou na cirúrgica formulação de G. Agamben (AGAMBEN, 2010, p. 95), "Que se conhece quando se conhece uma nudez?" Questão que também poderia ser apresentada da seguinte maneira: qual o significado da corporeidade nua? Antes de passar daquele truísmo a essa questão de ordem especulativa e com laivos metafísicos, façamos perguntas ainda mais pedestres.

Por exemplo: deve ter ocorrido de imediato ao leitor a presente indagação: em quais circunstâncias concretas pratica-se o ato de despir? Descrevê-las, ainda que sucintamente, torna-nos aptos a dar mais um passo e perguntar: tais ocasiões, que favorecem o ato de despir, oferecem quais sentidos ou prometem quais configurações simbólicas?

Desnudamo-nos como parte de um hábito de higiene (por exemplo, quando tomamos um banho); como a manifestação mais efusiva do lúdico (para brincar no mar, nos lagos, na piscina, embora isso seja mais comumente aceito no período da infância); como parte de um ritual erótico (o jogo travado de regras no qual a dialética do ocultar e do revelar dão o ritmo para os corpos). Despimo-nos para que possamos ser examinados pelos médicos (a semiologia das doenças); como expressão de um ritual religioso, quando na antiga tradição cristã, despiam-se os catecúmenos antes de submergi-los nas águas batismais (a transformação ontológica da natureza humana).

Dessa descrição dos lugares comuns do ato de se despir, fica evidente que a veste (a roupa) é norma social com forte acento prático e simbólico em certas comunidades, espécie de dobradiça entre o mundo da natureza e da cultura. Se como norma faz aparecer um princípio de racionalidade em nossa relação e diferenciação com o mundo ou com os outros, em contrapartida, da perspectiva de um olhar mais comezinho, a veste possui a função de nos proteger das intempéries da natureza, uma vez que, diferentemente dos animas, não possuímos pelos ou penas.

Nossa epiderme, exposta ao inclemente sol ou excessivo frio, padece mais fortemente do que a pele de outros animais. Assim, seguindo a linha desse raciocínio, a nudez recobre tanto o campo moral quanto o campo das necessidades fisiológicas e naturais. A nudez evoca a fragilidade da nossa epiderme, mas também as sensações táteis e visuais desfrutáveis com a contemplação do olho ou a carícia das mãos. Mas se na nudez o que está em jogo é algo que se expõe ao olhar e de uma perspectiva cristã, algo que pode ser motivo de vergonha (pensemos na cena de Adão e Eva tomando consciência de que estão nus), que importância teria para o poema *Arte Poética*, de Daniel Faria, o fato de palavra e silêncio se despirem?

Não sabemos quais são as vestes que ambos retiram. Tampouco qual seria a relação entre esse ato de despir e o ato da criação poética. Não sabemos, por exemplo, se desnudar (mostrar, revelar, tomar consciência) se alinha ou se contrapõe ao ato de metaforizar. Se à metáfora compete amplificar o campo semântico dos construtos linguísticos, à cena de desnudamento caberia uma redução ou ampliação do corpo "poético"?

Para dar sequência à interpretação desse poema de Daniel Faria, levemos no percurso argumentativo essa dúvida: a metáfora desnuda ou oculta? Ou, ainda, a metáfora mantém em estado de emergência a tensão entre mostrar e esconder? Se, na metáfora ou no corpo do poema, a tensão não se resolve na extração de um conceito ou de um conhecimento ensinável ao leitor, qual a necessidade ou a compulsão que sentimos pela leitura de obras poéticas?

Uma segunda hipótese de trabalho, muito modesta, poderia aqui ser formulada: O silêncio se despir significaria "falar"; a palavra se despir significaria "calar". Então o silêncio falaria e a palavra calaria. Ambos se metamorfoseariam, passariam por uma mudança ontológica, deixariam de não ser para ser algo diferente, como em uma espécie de fusão amorosa onde as subjetividades são feridas ou esvaziadas. Desse esvaziamento, e para que o real intercâmbio ou a interface verdadeira aconteça, emerge uma política e uma ética da imaginação: o sensível não é transcendido, como em uma ascese racional, mas encarna uma encruzilhada, para ficarmos com a percuciente imagem de Jacques Maritain, qual seja, "a poesia é a encruzilhada do singular"[4], a

---

4 A esse propósito, valeria a pena citar esse excerto de Maritain, onde se procura distinguir a metafísica da poesia. "A metafísica anda à cata de essências e definições, a poesia

apreensão do universal na singularidade mais expressiva. Mas, como disse, esta é uma hipótese muito modesta ou uma tentativa brutal de síntese.

A metáfora da encruzilhada encontra-se presente em um poema sem título do livro *Dos Líquidos* (2000, p. 268) de Daniel Faria:

> Voz pisada como o vinho
> De onde bebo
> A perda dos sentidos
>
> Silêncio tão pisado que não verte
> O verbo
> Silêncio encruzilhado
>
> Na voz do homem calado no caminho

De um "silêncio encruzilhado" pode-se afirmar que é um silêncio crucificado, caso se queira evocar o aspecto religioso latente no primeiro adjetivo. Estar em uma encruzilhada é reconhecer que a decisão a ser tomada, por implicar algumas possibilidades, significa liberdade, mas também a capacidade de se sacrificar ou de assumir o risco de uma transformação, afinal escolher uma possibilidade significa abandonar as demais. Mas a encruzilhada é o espaço onde realidades distintas ou sentidos diferentes se manifestam. E se escutarmos ainda mais as ressonâncias da imagem, perceberemos que a encruzilhada é um local sagrado.

Como local onde o sagrado se manifesta e dele se faz algum tipo de experiência, a imagem da encruzilhada com seu potencial de escolha pode paralisar o caminhante. Primeiro, metonimicamente, na voz que se cala; depois, na totalidade do corpo que hesita entre recuar, prosseguir em frente, à esquerda ou à direita: coordenadas espaciais que figuram a imagem da cruz e de um *pathos* (uma paixão) que aguça a experiência do sagrado e da busca espiritual por meios dos símbolos.

Da expressão "encruzilhada do singular e do contingente", presente em Jacques Maritain, à imagem do "encruzilhado silêncio", de Daniel

---

se contenta com qualquer forma que brilhe, de passagem, com o menor reflexo de uma ordem invisível. Uma isola o mistério para conhecê-lo; a outra, graças aos equilíbrios que constrói, o maneja e utiliza como uma força desconhecida... Poesia, neste sentido, não é, evidentemente, privilégio de poetas. Força todas fechaduras, espera-vos onde menos a imagináveis encontrar" (MARITAIN, 1947, p. 9-10).

Faria, o que há de comum é a recorrência do sintagma, mas a diferença é que, em Maritain, ele é um construto argumentativo que aspira à ordem conceitual para se apreender o que seria o específico do fenômeno poético, ao passo que a imagem de Daniel Faria é nó indissolúvel entre o fenômeno e o discurso a respeito dele. Se o filósofo explica o fenômeno recorrendo à imagem da encruzilhada; o poeta apresenta a imagem como explicação e realização do fenômeno poético. Em ambos a imagem está presente. Contudo, no filósofo ela prepara o degrau na escada do conceito; no poeta, a imagem é degrau (parte) e a escada (todo) ou, dito de outro modo, ela é meio e fim, por paradoxal que isso possa parecer. E mais: não atuaria a imagem poética na condição de revelar e ocultar ao mesmo tempo? É o que discutiremos na questão do tema da nudez, fazendo um desvio pelas reflexões de Agamben (2010).

4. O dispositivo teológico: veste (graça) e nudez (natureza)

Vanessa Beecroft, Berlin, 2005.
<https://juanitavassallo.wordpress.com/2017/05/07/the-artists-obsession-with-the-body/>

Giorgio Agambem, em seu ensaio "Nudez" (AGAMBEN, 2010, p. 71-105), evoca uma cena, uma exposição artística de Vanessa Beecroft, conforme imagem acima, ocorrida em Berlim no ano de 2005, em que um grupo de mulheres estão nuas (na verdade, elas trajam *collants* transparentes que simulam nudez) enquanto um outro grupo de visitantes adentra o recinto da exposição para flagrá-las em sua suposta nudez. O filósofo italiano afirma que um processo curioso e uma reversão da cena ocorrem nessa exposição performática, pois a posição das mulheres (o gestual e seus olhares inquisitivos), que como dizíamos não estão nuas, faz falhar aquilo que supostamente seria o cerne da performance: desnudarem-se diante do grupo de visitantes. De fato, se levarmos às últimas consequências o raciocínio de Agamben, quem são desnudados pelo simulacro de nudez dos corpos femininos são justamente os visitantes, curiosos e ávidos pelo que se promete acontecer na cena artística.

Portanto, os desejos e as intenções dos visitantes é que são despidos no acontecimento artístico. Esse jogo artístico entre o olhar expectante do visitante e a performance elaborada pela artista é, segundo Agamben, atravessado por um dispositivo teológico da nudez, que a sua análise fará questão de descrever e desativar ao final de seu ensaio. Aliás, para Agamben, a nudez é constituída de uma marca teológica, posta de modo paradigmático na cena da expulsão do paraíso (*Gênesis* 3). A primeira consequência depois que o casal primevo prova do fruto da árvore do conhecimento do bem e do mal é que ele toma consciência de que está nu.

The Metropolitan Museum of Art, New York. Title: The Expulsion from Paradise, from The Small Passion. Artist: Albrecht Dürer (German, Nuremberg 1471–1528 Nuremberg) Date 1510. Credit line: The George Khuner Collection, Gift of Mrs. George Khuner, 1975. <https://www.metmuseum.org/art/collection/search/388038>.

O capítulo 3 do livro do *Gênesis* contém, em que pesem as infinitas possibilidades de leituras hermenêuticas sobre o seu sentido, o núcleo duro das noções de nudez, justiça e pena: Querubins expulsam o casal primevo, pelo desrespeito à ordem divina, e, ato contínuo, guardam a entrada do paraíso com espadas flamejantes para que Adão e Eva não retornem ao paraíso.

Da cena brevemente relatada, conclui-se que não há lei sem demonstração de força. Separação e privação são decorrências lógicas dessa força da lei divina, também são categorias do âmbito do sagrado e operam simbolicamente para a divisão entre tempo e eternidade. Nenhuma pena é infinita, se a perspectivamos do ângulo da história da salvação: todo corpo é mortal e sujeito à temporalidade. É claro que a essa punição terrena, a que são submetidos o casal primevo, pode se transformar em danação eterna, cuja imagem mais veemente é a do inferno, apesar da "realidade teológica" dessa categoria ser passível de discussão ao longo da tradição judaico-cristã.

Na gravura de Albrecht Dürer (1471-1528), pintor renascentista, a nudez do casal contrasta brutalmente (nádegas expostas e a face crispada de Adão) com as vestimentas angelicais e a espada empunhada do querubim. A justiça divina nunca está despida e requer gestos ostensivos e dramáticos para convencer e educar. Quem deve ser despido e desnudado é o réu. Faz parte da liturgia do poder opor a nudez do infrator à vestimento do que garante da ordem. Espada, vestimenta e gestos incisivos investem de autoridade o guardião da ordem. Contrastando com as vestes do querubim, aparece a corporeidade nua que é a ausência da graça. É esse jogo entre a veste divina (sinônima de **graça**) e a nudez da culpa e do corpo (expressão da **natureza**) que organiza a liturgia da lei, seduz os destinatários da mensagem religiosa porque atualiza a cena primitiva da expulsão e, por fim, constitui o que Agamben chama de dispositivo teológico.

Pode-se perguntar se a crítica literária que praticamos não procede ao modo do querubim de Albrecht Dürer que, solenemente vestido e com gesto ostensivo, faz aflorar nossa indignação e obsessão diante da nudez e presença dos corpos. Ao invés de um Querubim empunhando sua espada, teríamos leitores vestidos com suas tralhas teóricas ou seu equipamento conceitual a nos advertir que a visibilidade dos significantes e da letra do poema é aparência superficial de algo mais profundo, mais significativo.

Todavia, o que tudo isso tem a ver com o poema de Daniel Faria intitulado *Arte Poética*? Que analogia haveria entre a cena performática, evocada por Agamben, onde os visitantes são despidos dos seus desejos e intenções, a gravura do pintor Dürer, na qual o casal primevo tem expostas as partes pudendas de seu corpo, e o poema *Arte Poética*, de Daniel Faria, que ritualiza de um modo minimalista o desnudamento de duas realidades essenciais ao poema: o silêncio e a palavra?

Semelhantes aos ávidos frequentadores de performances artísticas, mencionados por Agamben em seu ensaio, também nossos desejos são despidos e revelados no ato de leitura de um poema, enquanto esse último, que evoca em seu núcleo semântico o tema da nudez, permanece vestido com a graça da metáfora (no sentido teológico e estético). O desnudamento completo do poema, no ato da leitura, caso isso fosse possível, significaria reduzi-lo à condição de objeto inerte à disposição do olhar concupiscente. Significaria o poema não na condição de um corpo, dotado de "vontade própria", mas na qualidade de carne trêmula e de letra morta. Esse desnudamento completo seria não apenas uma espécie de infração moral, mas uma mudança metafísica ou ontológica no próprio ser do poema. Seria a negação de que o poema é criação, ou seja, é ao mesmo tempo o fruto proibido (o conhecimento), o casal primevo (os leitores), a serpente irônica e o criador (a potência e o ato expressivo da linguagem).

Dessacralizado e ofertado na sua pura visibilidade, o poema seria somente um símile do fruto proibido da árvore do conhecimento do bem e do mal: ao comê-lo, ao devorá-lo com nossos olhos, esses se abririam a ponto de nos reconhecermos como pequenos deuses. Contudo, a polissemia da palavra poética não resguardaria a linguagem da mecânica luciferina ou ofídica da inveja ("Sereis como Deuses", diz a Serpente)? A polissemia evitaria que a explicação fosse cabal e desnudasse completamente o corpo do poema. Mas se ela for capaz de realizar isso, estaria preservado o caráter sagrado da criação poética? Talvez, a crer que a criação poética é criação verdadeira, isto é, faz aparecer algo que antes não existia.

Lendo o ensaio de Agamben a partir dessa analogia entre dispositivo teológico da nudez e gesto crítico, é como se com esse último repetíssemos "a falha" ontológica dos nossos pais ancestrais ou reiterássemos consciente ou inconscientemente o binômio veste (graça) e nudez (natureza). É "como se" esse dispositivo trouxesse a paixão, o ciúme, a inveja e a curiosidade congênitas da natureza humana. É por isso que Agamben argumenta em seu ensaio que é preciso desarmar esse dispositivo teológico, resquício da metafísica da Presença, que promete haver, por trás de um sentido manifesto ou da presença singular, um outro latente e mais decisivo.

Porém, pensando com e contra Agamben, seria de se supor se o poema de Daniel Faria não contrariaria a estratégia crítica do filósofo, ao pretender desarmar tal dispositivo. E mais: lendo os poemas de Daniel Faria nos perguntaríamos se é possível uma leitura não teológica do poema, na medida em que a transcendência ou a suposição de que ela exista é o que nos faz apostar no "sentido do sentido", para usar uma expressão, que se encontra na base da leitura crítica de George Steiner, antípoda das propostas antiteológicas de Agamben. Refiro-me ao livro *Presenças reais* (STEINER, 1993), para quem Deus não é um fóssil na linguagem, mas Presença real e viva. Sem considerar essa Presença real, como compreenderíamos os seguintes versos de Daniel Faria?

> Quero a fome de calar-me. O silêncio. Único
> Recado que repito para que não me esqueça. Pedra
> Que trago para sentar-me no banquete.
>
> A única glória do mundo – ouvir-te. Ver
> Quando plantas a vinha, como abres
> A fonte, o curso caudaloso
> Da vergôntea – a sombra com que jorras do rochedo
>
> Quero o jorro da escrita verdadeira, a dolorosa
> Chaga do pastor
> Que abriu o redil no próprio corpo e sai
> Ao encontro da ovelha separada. Cerco
>
> Os sentidos que dispersam o rebanho. Estendo as direções, estudo-lhes
> A flor – várias árvores cortadas
> Continuam a altear os pássaros. Os caminhos
> Seguem a linha do canivete nos troncos
>
> As mãos acima da cabeça adornam
> As águas nocturnas – pequenos
> Nenúfares celestes. As estrelas como as pinhas fechadas

Caem – quero fechar-me e cair. O silêncio
Alveolar expira – e eu
Estendo-as sobre a mesa da aliança
(FARIA, 2009, p. 279).

Referências

AGAMBEN, Giorgio. *Nudez*. Trad. Miguel Serras Pereira. Lisboa: Relógio D'Água, 2010.

ALVES, Ida. A poesia de Daniel Faria: a claridade da morte. *Via Atlântica*, n. 11, p. 103-115, 2007.

BELIN, Christian. *O corpo pensante. Ensaio sobre a meditação cristã*. Trad. Abner Chiquieri. Rio de Janeiro: Forense, 2004.

BENTO, São. *A regra de São Bento: latim-português*. Trad. João Evangelista Enout. 4. ed. Rio de Janeiro: Lumen Christi, 2017.

FARIA, Daniel. *Poesia*. 3.ed. Vila Nova de Famalicão: Quasi, 2009.

GARCIA, Mário. Daniel Faria, vinte anos após a sua morte. *Ponto SJ – Portal dos Jesuítas em Portugal*, 8 jul. 2019. Disponível em: <https://pontosj.pt/especial/daniel-faria-vinte-anos-depois-da-sua-morte/>. Acesso em: 3 dez. 2019.

GILSON, Étienne. *Introdução às artes do belo. O que é filosofar sobre a arte?* Trad. Érico Nogueira. São Paulo: É Realizações, 2010.

MARITAIN, Jacques. *Arte e poesia*. Trad. Edgar de Godói da Mata-Machado. Rio de Janeiro: Agir, 1947.

PÉCORA, Alcir. Literatura como ato irredutível a conhecimento. *Remate de Males*, n. 34.2, p. 307-312, 2004.

PESSOA, Fernando. Mário de Sá-Carneiro (1890-1916). In: *Obra em prosa*. 11. ed. Rio de Janeiro: Editora Nova Aguilar, 2005, p. 455-456.

RICOEUR, Paul. *Interpretação e ideologias*. Trad. Hilton Japiassu. 4. ed. Rio de Janeiro: Francisco Alves, 1990.

STEINER, George. *Presenças reais*. Trad. Miguel Serras Pereira. Lisboa: Editorial Presença, 1993.

Apresentação dos autores

Carlos Caldas

Doutorado em Ciências da Religião pela Universidade Metodista de São Paulo, com estágio de pós-doutorado (PNPD-CAPES) em Teologia pela Faculdade Jesuíta de Filosofia e Teologia (FAJE). É professor no Programa de Pós-graduação em Ciências da Religião da PUC Minas, onde lidera o GPPRA – Grupo de Pesquisa sobre Protestantismo, Religião e Arte.

Michel Mario Kors

Mestre (Radboud University Nijmegen, Países Baixos) e Doutor em Letras (Radboud University Nijmegen, Países Baixos; UFMG, Belo Horizonte, Minas Gerais). Especialista em literatura mística da Idade Média. Pesquisador com bolsa do PNPD/Teologia da Capes na Faculdade Jesuíta de Teologia e Filosofia (Belo Horizonte, MG). Pesquisador no centro de pesquisa "Ruusbroecgenootschap", da Universidade de Antuérpia, Bélgica. Tem pós-doutorados da Royal Netherlands Academy of Arts and Sciences (KNAW), Amsterdam, Holanda; da Dutch Research Council (NWO), Haia, Holanda; da Research Foundation Flanders (FWO), Brussels, Belgium; da Radboud University Nijmegen, Nijmegen, Holanda.

Maria Simone Marinho Nogueira

Doutora em Filosofia pela Universidade de Coimbra. Professora da Universidade Estadual da Paraíba, atuando como Docente Permanente no Programa de Pós-Graduação em Literatura e Interculturalidade e como Professora Efetiva no Curso de Graduação em Filosofia. É pesquisadora do *Apophatiké* – Grupo de Estudos Interdisciplinares em Mística. Suas publicações se ocupam, principalmente, da Mística Feminina e da escrita feita por mulheres na Filosofia e na Literatura, além da Filosofia de Nicolau de Cusa.

Lúcia Pedrosa-Pádua

Teóloga leiga. Graduada em teologia na FAJE e em Economia pela UFMG. Doutora em Teologia pela PUC-Rio, professora e pesquisadora na mesma Universidade. Realizou estudos de Pós-Doutorado na Pontifícia Universidade Gregoriana (Roma) e de Espiritualidade de Santa Teresa de Ávila no Centro Internacional Teresiano-Sanjuanista (CITeS) d'Ávila, Espanha. Atua nas áreas de Antropologia Teológica, Mariologia e Mística. Coordena o Ataendi, Centro de Espiritualidade da Instituição Teresiana no Brasil e realiza trabalhos pastorais junto a comunidades, com ênfase na formação teológica de cristãos leigos e leigas.

Geraldo Luiz De Mori

Bacharel em Filosofia (1986) e Teologia (1992) pelo Centro de Estudos Superiores da Companhia de Jesus (CES)/Faculdade Jesuíta de Filosofia e Teologia (FAJE); licenciado em Filosofia pela PUC-MG (1990); mestre (1996) e doutor (2002) em Teologia pelo Centre Sèvres – Facultés Jésuites de Paris (França); pós-doutorado pelo Institut Catholique de Paris (2012). Professor titular no Departamento de Teologia da FAJE (graduação e pós-graduação), no qual ensina disciplinas da Teologia Sistemática. Bolsista do CNPq, líder do Grupo de Pesquisa "As Interfaces da Cristologia e da Antropologia na Teologia Contemporânea", membro do Board da revista *Concilium*.

Eduardo Guerreiro Brito Losso

Graduação e mestrado em Letras, pela Universidade Federal do Rio de Janeiro (UFRJ), doutorado em Ciência da Literatura na UFRJ e na Universität Leipzig. Professor associado de Teoria Literária do

Departamento de Ciência da Literatura da UFRJ e membro permanente do Programa de Pós-Graduação do mesmo Departamento. Editor do periódico *Revista Terceira Margem*. Ensino e pesquisa na área de Letras, com ênfase em teoria da literatura, poesia moderna e contemporânea, literatura e sagrado, teoria crítica, prosa moderna e música pop experimental.

Imaculada Nascimento

Doutora em Teoria da Literatura e Literatura Comparada e Mestre em Literatura Brasileira, ambos pela FALE-UFMG; professora de Língua Portuguesa e Língua Espanhola no IF-Sudeste MG – Campus Santos Dumont; membro do Grupo de Pesquisa Mulheres em Letras (FALE-UFMG); Grupo de estudos ATLAS – Análises transdisciplinares entre Literatura, Arte e Sociedade e Grupo de Pesquisa Senhoras do Almanaque de Lembranças Luso-Brasileiras (FALE-UFMG e CLEPUL da Universidade de Lisboa).

Paulo Antônio Couto Faria

Mestrado e doutorado em teologia pela FAJE. Em ambas pesquisas empenhou-se no diálogo entre a teologia e a filosofia e demais ciências humanas, sendo este um campo de interesse para pesquisa. É professor na PUC Minas há 20 anos, onde leciona Introdução à filosofia e Cultura religiosa nos mais diversos cursos, que demanda o diálogo interdisciplinar. Membro do comitê de ética em pesquisa da mesma universidade, contribuindo em equipe nas implicações ética dos projetos de pesquisa com seres humanos.

Marcio Cappelli Aló Lopes

Professor no programa de Pós-graduação em Ciências da Religião da PUC-Campinas. Atua na linha de pesquisa Fenômeno religioso: dimensões epistemológicas. Graduação em Teologia pela Faculdade Batista do Rio de Janeiro e pela Escola Superior de Teologia-RS. Mestrado e Doutorado em Teologia pela PUC-Rio, com período de estágio na Universidade Católica Portuguesa (Lisboa). Realizou pós-doutorado na FAJE. Foi membro da diretoria da ALALITE Associação

Latino Americana de Literatura e Teologia (Seção Internacional, 2016-2018). Integra o grupo de pesquisa Ética, epistemologia e religião (PUC-Campinas), o grupo Apophatiké – de Estudos interdisciplinares sobre Mística (UFF/PUC-Rio), o CELTA – Centro de Estudos Literários, Teorias do Fenômeno Religioso e Artes, vinculado ao Instituto de Estudos da Linguagem (UNICAMP) e o CITER – Centro de Investigação em Teologia e Estudos de Religião (Universidade Católica Portuguesa).

Andréia Cristina Serrato

Graduação (1996) em Artes Plásticas pela Faculdade de Artes do Paraná; bacharelado (2005) em Teologia pela PUCPR; mestrado (2009) em Teologia pela FAJE; doutorado (2015) em Teologia pela PUC-Rio, com bolsa sanduíche da CAPES na Université Catholique de Lyon (França). Professora de Teologia na PUCPR, onde também atua como assistente de coordenação na graduação. Membro do Grupos de Pesquisas Teopatodiceia (PUCPR) e Apophatiké (PUC-Rio).

Dom Vicente de Paula Ferreira

Bispo auxiliar da Arquidiocese de Belo Horizonte, atua na Região Episcopal Nossa Senhora do Rosário, cuja sede está em Brumadinho, MG. Membro da Comissão de Ecologia Integral e Mineração, acompanha as comunidades atingidas por violações socioambientais. Poeta e escritor, tem doutorado em Ciência da Religião pela UFJF e Pós-doutorado em Teologia pela FAJE. É membro do grupo de pesquisas Interfaces da Antropologia na Teologia Contemporânea da FAJE.

Paulo Sérgio Lopes Gonçalves

Doutorado em Teologia pela PUG (Roma, Itália); Pós-doutorado em Filosofia pela UE (Évora, Portugal), e em Teologia pela FAJE (Belo Horizonte), com bolsa do PNPD (CAPES). É docente-pesquisador do Programa de Pós-graduação *Stricto Sensu* em Ciências da Religião e docente dos cursos de graduação em Teologia e Filosofia da Pontifícia Universidade Católica de Campinas (SP).

José Sebastião Gonçalves

Graduação (2006) em Filosofia pelo Instituto Santo Tomás de Aquino (ISTA), Belo Horizonte; bacharelado (2009) em Teologia pelo CES/FAJE; mestrado (2014) e doutorado (2018), com bolsa sanduíche da FAPEMIG na Université Catholique de Louvain-la-Neuve. Professor de Teologia no ISTA. Membro do Grupo de Pesquisa As Interfaces da Antropologia na Teologia Contemporânea.

Alex Vicentin Villas Boas

Bacharelado (2004) em Teologia pelo Instituto Superior de Teologia João Paulo II (ISTJP); mestrado (2008) em Teologia pela PUC-SP; doutorado (2012) em Teologia pela PUC-Rio; pós-doutorado (2016) na Pontificia Università Gregoriana. Professor de Teologia na PUC-SP e na PUCPR. Atualmente é professor na Universidade Católica Portuguesa, além de atuar como professor visitante e colaborador em várias universidades no Brasil e no exterior. Membro da Comissão Editorial de *Teoliterária*. Revista de Literaturas e Teologia, Pistis & Praxis, Cultura Teológica.

Marcos Lopes

Graduação (1993) em Filosofia pela Universidade Estadual de Campinas (UNICAMP); mestrado (1999) e doutorado (2005) em Teoria e História Literária pela UNICAMP. Professor de Literatura Portuguesa e Brasileira, no Departamento de Teoria Literária, nos cursos de licenciatura em Letras e bacharelado em Estudos Literários na UNICAMP. Coordena, com Jefferson Cano, o Centro de Estudos Literários, Teorias do fenômeno Religioso e Artes (CELTA), vinculado ao Instituto de Estudos de Linguagem na mesma Universidade.

Apresentação do grupo de pesquisa "As Interfaces da Antropologia na Teologia Contemporânea"

O Interfaces estuda a questão do ser humano à luz das distintas disciplinas sistemáticas da teologia cristã, abrindo-se às questões antropológicas levantadas na atualidade pelas ciências (exatas e humanas), pela filosofia e pelas antropologias de outras religiões.

Temáticas de interesse do triênio 2017-2019: aprofundamento da questão corporeidade-encarnação nas perspectivas do *pathos*, da dádiva e do enigma. O viés estético-literário, à luz das teorias da metáfora e da narração de Paul Ricoeur, em diálogo com as leituras de Michel de Certeau, orientou a caminhada do Grupo no período. Um diálogo importante foi então estabelecido, sobretudo com pesquisadores/as das áreas da literatura (dando origem ao II Colóquio Interfaces, em 2017) e da mística (culminando no III Colóquio Intervades, em 2019).

Para o triênio 2020-2022, o Grupo vai continuar aprofundando as perspectivas do *pathos*, da dádiva e do enigma, trazendo para sua reflexão três novas problemáticas: 1. A da biopolítica, em diálogo com Foucault e Agamben; 2. A das tecnologias aplicadas ao corpo, para aperfeiçoá-lo, melhorá-lo, corrigi-lo, dando-lhe mais performance, vitalidade, juventude e beleza, em diálogo com o pensamento pós-humanista e trans-humanista; a das temáticas relacionadas com os saberes que se preocupam com o corpo padecente.

Índice Remissivo

Autores de textos místicos, literários, teológicos, filosóficos ou científicos

ADORNO, 102, 160
AGAMBEN, Giorgio, 9, 149, 150, 235-237, 241-244, 249, 250, 260, 263-268, 275
AGOSTINHO, Santo, 25, 32, 33, 89, 90, 93, 94, 98, 143, 189
ALTER, Robert, 31, 143, 159
ALVAREZ, Tomás, 60, 67, 68, 70
ANDRESEN, Sofia de Mello Breyner, 146, 156, 159
AQUINO, Santo Tomás, 33, 144, 273
AREZZO, Leonardo Bruni de, 20
ARISTÓTELES, 90, 98, 99, 237, 238, 250
AUERBACH, Erich, 143, 159
BARTHES, Roland, 118, 119, 121, 144
BAUDELAIRE, Charles, 151, 159, 160
BINGEMER, Maria Clara, 77, 78, 80, 81, 83, 84, 172, 175, 178, 182, 183
BLAKE, William, 143, 145
BLOCH, R. Howard, 93, 103
BRUNI, Leonardo, 20, 39, 40
BYNUM, Caroline Walker, 21, 31, 33, 37, 39, 48
CAEIRO, Alberto, 155, 159
CARDENAL, Ernesto, 9, 12, 219-225, 227-229, 231, 232

CARTUSIANO, Ludolfo, 74
CASALDÁLIGA, Pedro, 9, 12, 201-218
CASTRO, Gabriel, 65, 72, 206
CERTEAU, Michel de, 42, 43, 48, 275
CERVANTES, Miguel, 144
CHARDIN, Teilhard de, 227
CIRLOT e GARÍ, 46, 47, 54
CLARAVAL, São Bernardo de, 19, 44
CRUZ, Sóror Juana Inés de la, 106-108, 110, 112, 114, 118, 121
CRUZ, São João da, 225, 228
DAILEY, Patricia, 19, 30-32, 39, 40
DELEUSE, Gilles, 149, 159, 240, 250
DOSTOIÉVSKI, Fiódor, 166, 189
ECKHART, Mestre, 44
ELIADE, Mircea, 145, 146, 159
FARIA, Daniel, 9, 12, 253-261, 263, 266-268
FLAUBERT, Gustave, 98
FÍLON DE ALEXANDRIA, 92, 93
FOUCAULD, Charles de, 204
FOUCAULT, Michel, 54, 103, 250
FREUD, Sigmund, 99, 116, 118
FRYE, Northrop, 143, 159
GOSSET, Thierry, 42, 54
GOZIER, André, 46, 54

GUTIÉRREZ, Gustavo, 201, 218
HABERMAS, Jürgen, 239
HABIB, Rafey, 90, 91, 103
HADEWIJCH DE ANTUÉRPIA (AMBERES), 9, 12, 30-33, 37, 41-55, 108
HADOT, Pierre, 91, 103
HAQUIN, André & DELVILLE, Jean-Paul, 33, 40
HARTLEY, Leslie Pole, 20
HARTNELL, Jack, 22, 40
HILLESUM, Etty, 185-190, 194-196
HORÁCIO, 91, 96, 97, 103, 224
HÖLDERLIN, Friedrich, 145, 254
JUNG, Carl Gustav, 189
LOYOLA, Santo Inácio de, 9, 11, 12, 54, 60, 72-74, 84, 136, 140, 141, 159, 173, 175, 183, 232, 250
KEMPIS, Tomas de, 74
KOROLENKO, Vladimir, 9, 245-250
KUSCHEL, Karl-Josef, 144, 159
LE GOFF, Jacques, 21, 40
LEVINAS, Emmanuel, 174, 177, 183, 230-232, 248
LOPES, Adília, 9, 12, 13, 143, 146-155, 157-160
MALLARMÉ, Stéphane, 98
MARÉCHAL, Joseph, 81, 82, 84
MARION, Jean-Luc, 53, 54
MARITAIN, Jacques, 261-263, 268
MARTY, François, 77-79, 81, 82, 84
MARX, Karl, 133, 240-242
MCGINN, Bernard, 26, 40, 42, 54
MENDONÇA, José Tolentino, 125-132, 134, 136-139, 141, 143
MONT-CONILLON, Julienne, 33
NAZIANZO, São Gregório, 143
NIETZSCHE, Friedrich, 93, 100, 102, 170, 236, 238-241, 250
NIRENBERG, David, 22, 40
PAZ, Octavio, 108, 110, 118, 121, 144, 145, 152, 160

PEDROSA-PÁDUA, Lúcia, 12, 59, 62, 67, 72, 270
PERROT, Michelle; KLAPISCH-ZUBER, C., 55
PESSOA, Fernando, 253, 254
PETRARCA, 94, 97
PLATÃO, 89-91, 94, 96, 98, 99, 181, 251
PLOTINO, 90, 92, 98
POMMIER, Gérard, 106, 107, 110, 117, 121
RABELAIS, 144
RAMBLA, Josep, 76, 84
RÉGNIER-BOHLER, Danielle, 43, 48, 55
RICOEUR, Paul, 241, 242, 251, 255, 268, 275
RILKE, Reiner Maria, 189, 254
ROMAGNOLI, Alessandra Bartolomei, 42, 43, 48, 55
RUH, Kurt, 42, 46, 55
RUUSBROEC, Jan van, 8, 12, 19, 24-40
SÊNECA, 95, 104
SCHNEIDER, Michel, 109, 110
SCHOLEM, Gershom, 145, 160
SPIER, Julius, 186-188
STEINBERG, Theodore, 22, 40
STEINER, George, 147, 160, 167, 268
STOCK, Brian, 89-91, 93, 94, 98, 104
TABUYO, 44, 52, 54, 55
TERESA D´ÁVILA, Santa, 59, 60, 72, 270
TIERRA, Pedro, 109, 213, 215, 222
TOSCANO, María; ANCHOCHEA, Germán, 45, 55
UNDERHILL, Evelyn, 24, 40
VALLARSA, Alessia, 46, 55
VARAZZE, Jacopo de, 74
VIRGÍLIO, 89, 95
VOLTAIRE, 144
WARNAR, Geert, 25, 40
WEBER, Max, 126
WEIL, Simone, 165-184
ZAMBRANO, María, 41, 55
ŽIŽEK, Slavoj, 242, 251

Textos místicos, literários, filosóficos, teológicos ou científicos

A mística do instante, 128, 132, 134, 138, 141
Arte e poesia, 268
Arte poética, 146, 152, 157, 258, 259, 261, 266
Attente de Dieu, 180, 183
Cahiers, 169, 174, 177, 179, 184
Caminho de perfeição, 59, 60, 66, 72
Cântico cósmico, 221, 223-225, 228, 231, 232
Cântico dos Cânticos, 42, 69, 139, 225
Cântico espiritual, 225
Carta IV, 44
Carta VI, 47
Carta IX, 45
Carta XI, 45
Carta XXI, 49
Casamento espiritual, 25, 26, 34, 35, 38, 39
Castelo interior ou Moradas, 59, 60, 72
Confissões, 89, 93
Diário, 20, 166-168, 187, 190, 192, 196, 259
Dobra, 49, 146, 160
Elogio da sede, 142
Exercícios Espirituais, 73, 74, 84, 92-94, 98-100, 140, 141, 173, 183

Flos Sanctorum, 74
Fragmentos de um discurso amoroso, 114, 118, 121
Imitação de Cristo, 74, 83
Inundación castálida, 111
Lettere, 196
Livro da Vida, 60, 63, 72, 154
Livro das fundações, 68, 69
Metafísica, 175, 229, 237-240, 250, 255, 261, 266, 267
Missa dos quilombos, 215
Nudez, 52, 121, 259-261, 263-266, 268
O tabernáculo, 26, 38
Perdão, 127, 134, 194
Poemas estróficos, 49
Poemas rimados, 50
Poesias, 60, 72, 204, 217, 223
Poética, 250
Promised bodies, 30, 32, 40
República, 235, 251
Sermões sobre o Cântico dos cânticos, 19
Teologia mística, 27, 53
Um espelho de bem-aventurança eterna, 26, 34
Visões, 46, 47, 51, 52, 68, 107
Vita Christi, 74
Yom Kippur/El sueño de Makar, 250

Termos recorrentes

A

Abismo, 27, 50, 52, 106, 110, 117, 118, 183, 195
Absoluto, 139, 141, 194-196
Afeto destrutível, 121
Alegria, 35, 38, 63, 75, 127, 133, 170, 171, 175, 181, 182, 188, 194, 211
Alimentar-se, 50, 51
Alma, 12, 30, 33, 34, 36, 45, 46, 51, 52, 59-65, 69, 70, 73-75, 78-80, 83, 92, 97-99, 106-108, 111, 115, 136, 157, 168-171, 173-176, 178-181, 187-189, 191, 193, 194, 196, 206, 207, 216, 217, 235, 236, 242, 246, 253, 257, 259
Alteridade, 147, 208, 230, 239, 242, 243, 246, 256
Amado, 45, 48, 49, 55, 69, 114-116, 172
Amantes, 25, 45, 46, 51, 52, 111, 126
Amizade, 116, 118, 126-128, 137, 140-142, 190
Amor ao saber, 108
Amor, 26, 27, 32, 34-39, 41-54, 59, 63-66, 69-71, 76, 77, 80, 81, 83, 84, 89, 94, 103, 107, 108, 112, 114-116, 118, 126-128, 130, 134, 139-141, 153, 157, 165, 170-172, 175, 179-183, 185, 188-191, 193-196, 208, 209, 211, 213, 216, 222, 238, 239, 244, 245, 256
Angústia, 108, 116-118, 133, 168, 190, 191
Aplicação dos sentidos, 77-84, 140
Artista, 24, 101, 102, 117, 118, 189, 237, 241, 263
Ascese, 76, 90, 91, 93, 96, 97, 99, 100, 102, 254, 261
Audição, 77-81, 92, 131, 140

B

Beguinas, 26, 42-45, 47, 108
Beirabismo, 117, 118, 120, 121

Beleza, 44, 63, 106, 109, 150, 166, 170, 175, 182, 185, 194, 217, 248, 275
Biopolítica, 236, 237, 241, 249, 275

C

Caos, 153, 189, 190, 226
Carne, 34, 44, 54, 65, 73, 74, 76, 84, 131, 154, 157, 166-171, 174, 176-178, 182, 183, 210, 214-216, 229, 266
Casa, 42, 111, 130, 132, 137, 139, 143, 146, 151-153, 157, 203, 246, 247
Castidade, 93
Comédia, 114, 243-246, 249
Condição humana, 170, 175, 228, 240, 241
Confiança, 127, 134, 138, 190, 192, 203, 244
Consciência, 45, 50, 66, 67, 77, 91, 93, 94, 100, 138, 147, 152, 182, 190, 205-207, 238, 241, 246, 261, 264
Consolação, 208
Contemplação, 19, 64, 75, 78, 80, 81, 92, 97, 99, 101, 107, 132, 133, 176, 183, 261
Contemplação para alcançar amor, 80, 81
Contingente, 157, 262
Corpo, 8, 9, 11, 13, 19, 21, 22, 24, 29-34, 36, 37, 39, 41-50, 52-55, 59-71, 73-77, 80-83, 93, 107, 111, 120, 126, 128, 129, 131, 133, 134, 137-140, 142, 157, 166, 167, 169-183, 186, 188, 202, 207, 208, 216, 217, 232, 235, 236, 238, 239, 241, 242, 245, 246, 249, 253, 255-257, 259-262, 265-268, 275
Coração, 24, 33, 35-38, 45, 48, 49, 52, 53, 69, 70, 73, 126, 127, 168, 179, 190, 193, 197, 209, 228, 239, 247, 253
Corporeidade, 8, 9, 11, 12, 17, 19, 25, 29, 30-33, 35-37, 39, 43, 52, 57, 59, 65, 70, 73, 82, 186, 188, 207, 217, 245, 260, 265, 275

Cotidiano, 12, 101, 117, 126, 136, 138, 140, 143, 150-155, 157, 158, 185, 188, 190, 192, 195, 224, 228-230
Crise, 145, 237, 255

D

Dádiva, 11, 13, 149, 275
Desejo, 35, 37, 39, 41, 46-48, 51, 53-55, 60-62, 96, 109, 116, 119, 135, 142, 147, 157, 166, 175, 178, 187, 189, 190, 202, 228, 230, 235-238, 243-245
Desencanto, 125, 126, 141
Desolação, 136
Despir, 260, 261
Deus, 8, 13, 19, 24, 26, 27, 29-37, 43-47, 49, 51-54, 61-65, 67-72, 75-78, 81, 94, 95, 99, 100, 107, 125, 126, 128, 131-133, 135-137, 139-142, 144, 148, 149, 168, 169, 171-177, 179-182, 185, 188-197, 201-204, 207-218, 220, 226, 227, 238, 239, 245, 246, 248, 255, 256, 267
Deus Trino, 61
Disciplina, 188, 202
Dinamismo, 27, 32, 46, 47, 181, 242
Dom, 12, 35, 66, 67, 76, 82, 127, 133, 134, 141, 183, 185, 192, 193, 201, 203, 211, 272
Dor, 46, 49, 71, 75, 76, 109, 116, 129, 131, 166, 168-171, 173, 175, 178, 181, 182, 188, 210, 211, 213, 215, 247-249
Dualismo, 30, 61, 65, 73, 74, 207
Dramática, 226
Dúvida, 21, 76, 98, 102, 106, 111, 116, 144, 178, 187, 225, 256, 257, 261

E

Encarnação, 8, 11, 61, 73, 81, 83, 84, 170, 175, 176, 204, 229, 232, 248, 255, 275
Encontrar-se, 51, 83, 145, 190
Epifania, 225, 228
Escravidão, 168-170, 195, 214

Escuta, 78, 82-84, 131, 132, 140, 220, 221, 223, 228
Esperança, 70, 82, 117, 182, 192, 209, 211, 216, 218, 227, 245, 246, 248-250
Espírito, 28, 32-36, 38, 44, 48, 49, 52-54, 61, 62, 64, 68, 69, 71, 73, 84, 91, 102, 132, 140, 145, 157, 158, 165, 176, 188, 196, 201, 202, 204, 207-211, 216, 217, 242, 257
Espírito Santo, 28, 29, 35, 84, 158
Estado de exceção, 239, 242
Estética, 90, 98, 101, 102, 106, 111, 116, 183, 236, 245
Esvaziamento, 154, 169, 182, 196, 261
Eternidade, 26, 137, 151, 230, 265
Experiência, 7-9, 12, 22, 24, 29, 30, 33, 35, 36, 38, 44, 46, 49, 50, 52, 59, 61-67, 69, 71, 74, 75, 83, 101, 116, 119, 126-129, 132-134, 139, 146-148, 150-152, 154, 155, 159, 165-174, 176, 178-183, 186, 190-194, 196, 208, 222, 237, 238, 242, 254-257, 262
Eucaristia, 33-35, 38, 137, 173-177, 182
Evangelização, 207
Êxtase do amor, 115
Exteriorismo, 223, 224

F

Fadiga, 166, 168, 173, 175
Feminino, 43, 65, 71, 93, 111, 119
Feridas místicas, 69
Ficção, 99, 147
Fonte viva, 51, 52
Força, 46, 50-53, 64, 65, 79, 130, 132, 136, 144, 147, 151, 165, 170, 182, 185, 186, 191, 193-195, 205, 209, 212, 240, 262, 265
Fragilidade, 65, 66, 130, 136, 141, 151, 173, 181, 186, 261
Fraternidade universal, 207
Furor, 46, 52

Furor do amor, 41, 44-46, 48, 51

G

Gozo, 34-36, 38, 48, 103, 106, 121, 126, 231
Graça, 64, 68-70, 75, 76, 80, 83, 138, 169, 172, 216, 263, 265, 266
Gratuidade, 64, 76, 82, 127, 129

H

Habitar, 45, 137, 147, 219-221, 223, 225, 227-232
História da salvação, 255, 265
Hospitalidade, 127, 131, 132, 138
Humanidade, 34, 49, 51, 186, 191, 204, 214, 238, 243, 248
Humanidade de Cristo, 33, 59, 61, 63, 71, 73, 80, 83, 238
Humanização, 61, 64, 66, 71, 72, 241
Humildade, 83, 129, 159

I

Imagem de Cristo, 62, 154
Imaginação, 66, 69, 78, 81, 91, 94, 97, 98, 100, 140, 172, 136, 248, 261
Imanência, 151, 238, 241
Imitação de Cristo, 74, 83
Infinito, 42, 176, 229
Instante, 52, 126-128, 131-134, 136, 138, 140, 141, 151, 191
Interpretação, 32, 82, 100, 141, 152, 257, 261, 268

J

Jesus Cristo, 59, 70, 71, 80, 116, 182, 202, 208, 244
Júbilos, 69

L

Leitor, 29, 60, 90, 93, 94, 128, 153, 155, 180, 257-261

Liberdade, 60, 66, 67, 71, 96, 99, 111, 135, 153, 186, 188, 194, 195, 201, 203, 209, 218, 221, 236, 240, 244, 249, 262
Libertação, 66, 150, 201, 205, 206, 208-211, 213, 215, 217, 218, 243
Limites, 7, 21, 50, 52, 61, 92, 147, 149, 158, 172, 182, 196, 240, 241, 255
Linguagem, 9, 22, 26, 32, 37, 42, 43, 45, 48-53, 60, 62, 96, 100, 102, 107, 146-148, 151, 160, 172, 175, 188, 210, 220, 221, 226, 229, 237, 255, 256, 266, 267, 272, 273
Literatura, 9, 11, 30, 31, 42, 43, 48, 59, 89, 90, 97-100, 102, 111, 142-145, 158-160, 221, 222, 235-237, 241, 244, 249, 253, 256, 268-273, 275
Logos, 8, 91, 236
Loucura do amor, 175

M

Mal, 76, 113, 192, 194, 197, 215, 230, 246, 264, 266
Martírio, 215, 217
Matrimônio, 64
Meditação, 77, 81, 82, 94, 96, 103, 156, 188, 202, 268
Memória, 33, 49, 135, 136, 138, 205, 253, 257
Metáfora, 9, 36-38, 119, 130, 227, 228, 244, 256, 261, 262, 266, 275
Militância, 12, 222
Mistério, 7, 8, 13, 42, 52, 67, 82-84, 126, 172, 176, 181, 191, 194-196, 223, 248, 262
Mística, 7-9, 11, 12, 19, 22, 24-27, 29-31, 33-39, 41-45, 48-51, 53-55, 59, 61, 63-65, 67, 68, 70-73, 76, 82, 89, 94, 100, 125-128, 132-138, 140, 141, 143, 145, 146, 150, 160, 165, 166, 170, 172, 178-180, 182, 183, 185, 192-196,

208, 219, 221-223, 225-228, 230, 231, 236, 254, 269, 270, 272, 275

N
Narrativa, 12, 50, 54, 63, 134, 140, 141, 154, 159, 224, 225, 244, 250, 255
Natureza, 22, 26, 27, 34-38, 45, 46, 50, 70, 71, 75, 92, 94, 97, 99, 100, 118, 134, 168, 176, 213, 217, 218, 229, 244, 258-260, 263, 265, 267
Nome de Deus, 107
Nostalgia, 116

O
Obediência, 175
Olfato, 77-81, 83, 84, 137-139
Ômega, 225
Opressão, 66, 183, 184, 195, 201, 214, 215
Oração, 63, 66, 69, 74-77, 80, 83, 84, 133, 153, 157, 174, 208, 216, 222, 253
Outro, 8, 13, 26, 27, 38, 45, 46, 48, 49, 51, 63, 70, 75, 83, 84, 90, 91, 93, 95, 97, 100, 102, 106, 108, 112, 128, 129, 131-133, 136, 140, 144, 147, 148, 151, 152, 154, 156, 167, 169, 173-178, 180-182, 185-187, 190, 192-195, 208, 219, 228, 231, 236, 244-246, 248, 249, 255, 256, 259, 263, 267

P
Paixão, 53, 63, 76, 79, 81, 84, 108, 159, 172, 182, 185, 206, 239, 244, 259, 262, 267
Paixão de Cristo, 166, 170, 171
Paladar, 77, 79-82, 84, 135-138, 140
Pastoral, 202, 203, 207, 212, 213
Pathos, 11, 13, 106, 110, 129, 131, 133, 134, 136, 235-237, 240, 262, 275
Pecados, 34, 75, 76, 80, 130, 247
Penitência, 74-77, 84

Pensamento crítico, 237, 241
Perdão, 127, 134, 194
Perder-se, 50, 51, 147, 187
Pessoa, 22, 26, 35, 37, 38, 53, 60, 62-66, 71, 76, 78-80, 83, 84, 126, 130, 131, 133, 137, 141, 146, 186, 187, 189-195, 201, 202, 208, 216, 221, 241, 244, 253, 254, 268
Plenitude, 49, 53, 169, 226
Pobres, 132, 136, 146, 201, 203, 204, 206-209, 211, 213-215, 217, 218, 221, 223, 245, 248
Poema, 42, 49-51, 54, 91, 95, 97, 107, 112-114, 119, 120, 146, 148, 149, 152-154, 156, 157, 170-172, 180, 212, 225, 254-262, 265-267
Poesia, 8, 9, 12, 13, 37, 47, 54, 60, 61, 89-91, 94-100, 106, 111, 115, 125, 135, 143-147, 149, 151, 154-156, 158, 159, 165, 166, 202, 204, 217, 219-224, 227, 228, 230-232, 237, 238, 240, 253-256, 258, 261, 262, 268, 271
Poesia lírica, 96, 98
Poética, 12, 13, 46, 49, 90, 91, 94, 95, 101, 105, 106, 108, 109, 115-117, 119, 125, 146-153, 155, 157, 160, 210, 221, 222, 229-232, 235, 236, 238-240, 243-246, 249, 250, 254, 256, 259, 261, 263, 266
Política, 12, 93, 137, 167, 186, 196, 209, 220-224, 232, 233, 235-237, 239, 241-243, 245, 247, 249-251, 255, 257, 259, 261, 263, 265
Povo, 21, 90, 137, 165, 166, 173, 188, 192-194, 202-210, 212-217, 222, 224, 229, 245, 249
Práxis, 102, 182, 208, 209, 218, 223, 236-238, 240, 241, 243, 273
Prazer, 26, 35, 38, 60, 90, 96, 98, 101, 102, 128, 129, 135, 149, 173

Presença, 61, 79, 82, 126, 127, 129, 138-140, 172, 175-177, 180, 188, 209, 213, 230, 238, 243, 244, 248, 257, 265, 267, 268
Primeira Semana, 75, 77, 81
Princípio e fundamento, 173
Profanação, 146, 149, 153, 156, 158
Profano, 73, 126, 130, 134, 150, 151, 154, 159

Q

Quarta Semana, 75, 79
Querer, 36, 61, 62, 77, 79, 155

R

Realidade, 7, 8, 33, 59, 66, 70, 71, 89, 116, 125, 128, 130, 132, 137, 147, 159, 169, 175, 180, 187, 189, 190-193, 196, 208, 212, 217, 236, 238, 239, 243, 265
Reino de Deus, 201, 208, 209, 216-218
Representação, 29, 47, 109, 129, 159, 240, 242
Ressurreição, 70, 74, 81, 139, 216, 244
Revelações, 69
Rosto, 34, 47, 49, 63, 81, 133, 156, 167, 172, 205, 210, 215, 228, 229, 248

S

Sabedoria, 45, 67, 80, 136, 189, 238, 239, 242, 253, 256
Sabor, 50, 83, 135-137, 140, 179
Sacralidade, 141, 143, 151
Sacrifício, 120, 149, 182
Sagrado, 7-13, 42, 49, 73, 128, 130, 134, 144, 145, 149-151, 153-155, 158, 160, 177, 196, 254, 262, 265, 266, 270-272
Sede, 52, 90, 119, 135, 136, 142, 166, 272
Segunda Semana, 74, 77-79, 81, 82
Seguimento de Jesus, 209

Sentido, 11, 13, 24, 37, 42, 48, 50, 66, 75, 78-80, 82, 84, 91, 92, 99, 107, 109, 128, 129, 131, 133-139, 141, 144, 149, 151, 152, 155, 168, 174, 177, 189, 191-195, 208, 210, 212, 216, 218-221, 225, 228-230, 237, 238, 240, 243-245, 249, 255, 257, 259, 262, 265-267
Sentidos, 7, 19, 33, 36, 38, 46, 51, 52, 68-71, 73, 75, 77-84, 90, 128, 129, 131-133, 140, 141, 172, 211, 217, 243, 260, 262, 267
Sentir e saborear, 78, 82-84, 136
Serviço, 62, 65, 66, 70, 77, 90, 107, 137, 193, 209, 236, 249
Silêncio, 42, 43, 47, 50, 51, 53, 94, 101, 102, 107, 110, 118, 120, 131, 191, 194, 214, 216, 226, 228, 230, 232, 258-262, 266-268
Singularidade, 127, 191, 195, 256, 262
Sociedade, 21, 48, 93, 102, 104, 107, 111, 112, 127, 135, 136, 166, 201, 208, 236, 237, 240-242, 245, 255, 271
Sofrimento, 49, 63, 64, 89, 92, 118, 127, 165-173, 177, 180, 182, 210, 211, 214, 215, 239, 240, 248, 249
Solidão, 108, 112, 114, 116, 118, 238, 239, 255
Sublimação, 117, 118, 120
Sublime, 7, 26, 35, 51, 143, 151, 154

T

Tato, 77-80, 82, 84, 129, 229
Teologia negativa, 52, 160
Terceira Semana, 79, 81
Terra sem males, 213-215
Testemunho, 50, 53, 127, 129, 139, 178, 186, 201, 202, 215-218, 222
Toque, 129, 130
Tragédia, 90, 96, 191, 195, 236, 239, 240, 243-245, 249
Transcendência, 59, 65, 71, 267

U

Unidade, 26, 27, 34, 35, 49, 51-53, 72, 73, 99, 140, 172, 175, 181, 208, 235-237, 239, 243, 249, 250

Utopia, 208, 209, 211, 212, 214-216, 218, 221, 228, 230, 231, 243

V

Vazio, 8, 43, 52, 53, 103, 110, 118, 144, 169, 188, 226

Vestes, 260, 261, 265

Vida monástica, 93

Virgindade, 93

Visão, 22, 24, 31, 32, 46, 48, 49, 60, 63, 66, 73, 74, 77-80, 132-134, 138, 140, 169, 173, 189, 193

Vocação, 65, 83, 191, 202, 221

Vulnerabilidade, 173, 186, 208

Edições Loyola

editoração impressão acabamento

Rua 1822 nº 341 – Ipiranga
04216-000 São Paulo, SP
T 55 11 3385 8500/8501, 2063 4275
www.loyola.com.br